유학은 어떻게 현실과 만났는가

선진 유학과 한대 경학

연구총서 24

유학은 어떻게 현실과 만났는가 — 선진 유학과 한대 경학
How did Confucianism meet Realities

지은이 박원재
펴낸이 오정혜
펴낸곳 예문서원

편 집 김병훈 · 명지연
인 쇄 상지사
제 책 상지사

초판 1쇄 2001년 5월 20일

주   소 서울시 동대문구 용두2동 764-1 송현빌딩 302호
출판등록 1993. 1. 7 제5-343호
Homesite http//www.yemoon.com
E-mail   yemoonsw@unitel.co.kr

ISBN 89-7646-139-8 03150

YEMOONSEOWON 764-1 Yongdu 2-Tong, Tongdaemun-Ku Seoul KOREA 130-824
Tel) 02-925-5914, 02-929-2284 Fax) 02-929-2285

값 7,500원

연구총서 24

유학은 어떻게 현실과 만났는가

선진 유학과 한대 경학

박원재 지음

예문서원

지은이의 말

　　동아시아의 전통 문화 속에서 유학의 지위는 독보적이다. 흔히 동아
시아 사상사를 이야기할 때면 유가와 도가, 불교가 삼족三足의 형세를
유지한 사상사였다고들 말한다. 그러나 동아시아인들의 관념 세계에서부
터 그들의 현실 제도와 일상적 윤리 규범에 이르기까지 광범위한 영향력
을 행사한 것은 이 가운데 유학밖에 없다고 해도 그리 틀린 말은 아닐
것이다. 어떻게 보면 이제는 무공훈장을 가슴에 주렁주렁 단 채 거칠 것
없었던 한 시절을 회상하는 것으로 자족하는 퇴역장군쯤으로 전락한 느
낌도 아주 없지는 않지만, 그래도 우리에게 유학의 영향력은 아직 만만치
않다. 지금 우리들 삶의 표면이 제 아무리 근대성이나 탈근대성의 담론들
로 무두질되고 있다 하더라도 아직까지 우리들 의식의 유전자는 여전히
전근대적인 유학적 가치들로 상당 부분 코드화되어 있음을 솔직히 인정
하지 않을 수 없기 때문이다.
　　그런데 동아시아의 문화사 속에서 그렇게 막강한 영향력을 행사해
온 유학이 정작 중국 철학사 속에서 시대의 현학顯學으로서 지배적인 위
치를 점하였던 때는 횟수로 고작 두 번에 지나지 않는다. 한대의 경학經學
과 송대 이후의 성리학性理學이 그것이다. 하지만 유학은 그 두 번의 기회
를 십분 활용함으로써 결과적으로 중국뿐만 아니라 동아시인들의 의식

세계에 자신을 지배적인 이념으로 각인시키는 데 성공했다. 현실에서의 이와 같은 성공은 당연히 유학의 내부적인 힘만으로 가능했던 것은 아니다. 그것은 시대적 요청이라는 외적인 요인과 그 요청에 부응하기 위해 진행된 유학 자체의 변신이라는 내적인 요인이 서로 호응된 결과이다.

유학과 현실의 첫 번째 결합의 산물인 한대 경학의 경우, 그 호응은 춘추전국의 오랜 분열 상황을 극복하고 중국의 역사가 진秦·한漢의 제국적 질서로 이행되는 과정에서 요청된 여러 가지 현실적 수요와, 거기에 응답하기 위한 노력의 일환으로 전개된 선진 유학의 이론적 변신 사이에서 일어났다. 따라서 이런 점에서 본다면 유학의 역사에서 첫 번째 마디는 선진 유학만이 아니라 그것의 역사적 귀결인 한대 경학의 성립 시점까지를 포괄하는 보다 넓은 시간 단위로 구성되어야 마땅한 측면이 있다. 특히 철학을 현실과의 상호 관계 속에서 바라보아야 하는 사상사적인 관점에서 본다면 이 점은 한층 분명하다.

선진 유학에서 한대 경학으로 이어지는 유학사의 이 첫 번째 마디는 유학의 역사에서 중요한 의미를 지닌다. 이 과정을 통하여 유학은 자신의 정체성과 관련된 전통, 특히 그 가운데에서도 특히 정치 사상 면에서 주목할 만한 전통 하나를 확립하기 때문이다. '가부장적 온정주의'라는 말로 불리는 것이 가장 적절할 듯한 이 전통은 이후 동아시아의 정치 문화에서 하나의 이념형으로 작용하였다. 이것은 구체적으로 군주전제라는 동아시아의 전통적인 정치 체제와 덕치라는 유학적 이상의 결합으로 탄생한 이념형이다. 이것이 유학사의 첫 번째 마디에서 이루어진 가장 주목할 만한 사건이다. 지금도 우리의 정치 문화에 강하게 스며들어 있는 정치와 도덕의 근접성에 대한 과도한 희망은 그 진원지가 바로 여기인 것이다.

그런데 덕치와 전제의 이와 같은 결합은 내면적으로 권력과 유학간의 모종의 이면 거래를 암시한다. 그것은 당시 새로 재편되던 제국적 질서의 정당성을 유학이 옹호해 주는 대신에 권력은 유학에게 배타적인 권리 하나를 보장하는 거래이다. 이른바 "공자의 가르침에 근원을 두지 않는 학설은 모두 끊어 버리고 뻗어 나가지 못하게 하는" 독점적 지위를 유학에게 부여하는 것이 그 권리의 실질적인 내용이다. 이 결과로 탄생하는 것이 곧 한대 경학이다. 이런 점에서 보면 유학이 현실과 손을 잡는 첫 번째 모습이었던 한대 경학은 태생적으로 일정 부분 친권력적일 수밖에 없는 한계를 안은 학술 사조였다고 할 수 있을 것이다.

그러므로 선진 유학에서 한대 경학으로 넘어오는 과정에 대한 검토는 유학과 현실의 관계, 특히 그 중에서 정치 권력과의 관계에 대한 하나의 범형을 추출해 볼 수 있는 계기를 제공하는 측면이 있다. 그것이 추구하는 모든 가치가 종국엔 정치의 장에서 구현될 수밖에 없는 유학의 본성을 생각할 때 이 부분에 대한 검토는 유학의 실천성을 이해하는 데 중요한 의미를 지닌다.

이 조그만 책자의 탄생 과정에는 많은 인연들이 배어 있다. 그 무수한 인연들에 대한 감사는 새로운 인연의 매듭으로 갈음하기로 하고, 아무튼 이 책이 유학과 현실의 문제들을 천착해 나가는 데 하나의 참고가 되었으면 한다.

2001년 4월

쌍무재雙無齋에서 박원재

1. 유학만을 존숭하라

중국 한漢나라 무제武帝 원광元光 원년(기원전 134), 당시 『춘추春秋』에 대한 학식으로 명망이 높던 동중서董仲舒는 무제와 세 번에 걸쳐 대책을 주고받는 자리에서 마지막으로 다음과 같은 건의를 올린다.

『춘추』에서 일체를 하나로 통일시키는 것은 천지의 항상된 원칙이고 고금에 두루 통용되는 마땅한 이치입니다. 그런데 오늘의 상황을 보면 가르치는 이들은 추구하는 도가 다르고, 사람들이 논의하는 내용이 다르며, 여러 학파가 나아가는 길이 갈리고, 지향하는 바가 서로 같지 않습니다. 이로 말미암아 위로 통치자는 모든 것을 하나로 통일하는 원칙을 견지하지 못하고, 법제가 자주 바뀌어 아래로 백성들은 무엇을 준수해야 하는지를 모릅니다. 따라서 저의 어리석은 생각으로는, 육예六藝의 학문과 공자의 가르침에 근원을 두지 않는 학설은 모두 그 길을 끊어 버리고 함께 뻗어 나가지 못하게 하여야 합니다. 거짓된 학설들이 사라진 뒤라야 통치의 근본 원리가 하나로 귀결되고 법도가 분명해질 수 있는 것이니, 그래야 백성들이 따라야 할 바를 알게 될 것입니다.[1]

---

[1] 『漢書』 권56, 「董仲舒傳」, 2523쪽, "『春秋』大一統者, 天地之常經, 古今之通誼也. 今師異道, 人異論, 百家殊方, 指意不同. 是以上亡以持一統;法制數變, 下不知所守. 臣愚以爲諸不在六藝之科孔子之術者, 皆絶其道, 勿使並進. 邪辟之說滅息, 然後統紀可一而法度可明, 民知所從矣."

제국을 이끌어 갈 새로운 통치 이념의 모색에 골몰하던 패기만만한 23살의 청년 황제 무제는 동중서의 이 건의를 받아들여 유학을 한제국의 공식적인 통치 이념으로 확정한다.[2] 건원建元 원년(기원전 140) 학식이 뛰어나고 품행이 방정하며 바른말을 할 줄 아는 지식인들을 널리 천거하라는 칙령을 내린 지 6년만의 일이었다. 이 사건을 계기로 유학은 자신의 역사에서 처음으로 지배적인 이데올로기로 등장하는 감격을 맛본다. 이 사건 이후 중국 역사에서 유학이 다시 공식적으로 헤게모니를 잡는 것은 이로부터 천 오백여 년 뒤의 일로, 원元나라 황경皇慶 2년(1313)에 잠시 끊어졌던 과거제를 재시행하면서 유학 경전에 대한 기본 텍스트로서 정이程頤와 주희朱熹의 주석만을 공인한 사건을 통해서이다. 결과적으로 유학은 이 두 번의 사건을 계기로 중국뿐만 아니라 동아시아인들의 의식 세계와 일상 세계에 거의 절대적이라고 할 수 있는 영향력을 확보한다. 이런 점에서 한나라 원광 원년에 일어난 이 첫 번째 사건은 동아시아 문화사 속에 한 획을 긋는 사건이라고 해도 결코 지나치지 않다.

동중서의 건의를 무제가 받아들이는 형식으로 이루어진 이 사건은 유학의 입장에서 보면 소중한 승리였다. 그것은 일찍이 공자에서부터 시작된 자신들의 학문이 말 그대로 '갖가지 학파가 자신들의 주장을 외쳐 대던' 선진先秦의 백가쟁명의 상황을 견뎌 내고, 법가적인 통치 기술에 의해 정치가 수행되던 진秦대의 암흑기와 한초의 드세었던 황로도가黃老道家의 격랑을 헤쳐 나온 끝에 얻은 승리였기 때문이다. 한

---

2) 동중서의 이른바 '天人三策'이 상주된 정확한 연도에 대해서는 몇 가지 이설이 있다. 그 가운데 비교적 널리 받아들여지는 것이 建元 원년설과 元光 원년설인데, 여기서는 원광 원년설을 따랐다. 이 문제의 추가적인 정보에 대해서는 다음을 참조하라. 周桂鈿,『董學探微』, 9~19쪽; 章權才,『兩漢經學史』, 77~78쪽; 華友根,『董仲舒思想硏究』, 199~201쪽.

때는 위정자들로부터 현실과 동떨어진 이야기나 한다고 냉대받기도 하고,[3] 또 한때는 예식의 집행을 도와 줍네 하면서 뒷구멍으로 남의 무덤이나 도굴하는 도둑의 무리로 취급받기도 하다가,[4] 급기야는 나라를 갉아먹는 다섯 가지 좀벌레 가운데 하나로까지 폄하되었던[5] 그간의 형편에서 본다면 확실히 이것은 대반전이었다.

하지만 모든 역사적 사건이 그렇듯이, 이 사건도 동중서의 건의와 무제의 수용이라는 일회적인 사실史實에 의해서 이루어진 것만은 아니다. 유학이 자신의 지위를 일거에 반전시켜 국가적으로 '유학만을 존숭하라'는 이른바 '독존유술獨尊儒術'의 결실을 획득하기까지에는 선행하는 다양한 노력들이 있었다. 사상사적으로 볼 때 원광 원년의 사건은 그런 다양한 시도들이 날실과 씨실로 축조되면서 만들어 낸 결과일 뿐이다.

『사기』를 보면 진시황 34년(기원전 213)에 함양궁咸陽宮의 연회에서 일어났던 논쟁 하나를 전하는 기록이 있다. 당시 여러 신하들이 시황제의 위엄과 덕망을 앞다투어 칭송하는 자리에서 순우월淳于越이라는 학자는 자제와 공신들에게 영지를 분봉하여 다스리게 하는 봉건제를 시행하는 것이 국가를 길이 보존할 방책임을 주청한다. 당시 법치 이데올로기의 실질적인 제공자였던 승상 이사李斯는 그 말을 전해 듣고 다음과 같은 요지의 상소를 올려 그 견해를 반박한다.

옛날에는 천하가 혼란스러워 하나로 통일시킬 수가 없었습니다. 그런 까닭에 제후들이 동시에 일어났고, 시중의 언론은 모두 옛 일만을 들먹이면서

---

3) 사마천은 梁의 惠王이 맹자의 말을 듣고 '멀리 돌아오는, 현실과 동떨어진'(迂遠而闊
   於事情) 이야기라고 평가했다고 전한다. 『史記』 권 74, 「孟子荀卿列傳」, 2343쪽.
4) 郭慶藩, 『莊子集釋』, 「外物」, 927~928쪽 참조.
5) 『韓非子』, 「五蠹」편의 내용 참조

오늘의 비판하였으며, 알맹이 없는 말들로 실질을 어지럽혔습니다. 그리하여 사람들은 자기가 사사로이 배운 것을 훌륭하다고 생각하여 위에서 수립한 법제를 비판했습니다. 하지만 지금은 폐하께서 천하를 통합하고 흑과 백을 명백히 가려, 한 분의 존귀함만이 있음을 분명히 하신 상황입니다. 그런데도 사사로이 배운 것에 빠져 있는 자들이 서로 어울려서는 나라에서 만든 법제를 비난하고 있습니다.…… 이와 같은 행태들을 금지시키지 않으면 위로는 군주의 위세가 추락하고 아래로는 붕당이 이루어지는 일이 생길 것입니다. 그러니 금지시키는 것이 마땅합니다. 신은 『시경』과 『서경』을 비롯한 여러 글과 제자백가의 저서들을 폐기시킬 것을 주청드립니다. 금지령이 반포된 지 30일이 되었는데도 폐기시키지 않은 자가 있으면 이마에 먹물을 들이는 형벌을 내리고 4년간 아침 일찍 성 쌓는 일에 노역케 하십시오. 폐기하지 않아도 되는 책은 의약서와 점서, 농림서입니다. 만약 배우고자 하는 자가 있으면 관리를 스승으로 삼으면 됩니다.6)

봉건제는 기원전 221년 진시황이 육국을 통일할 당시 완전히 폐지되었는데, 이사는 이 봉건제를 다시 실시하자는 순우월의 주장을 법령으로 정해진 국가의 정책을 사사로이 배운 것을 근거로 왈가왈부하는 행태라고 비판하고 있다. 여기서 이사가 거론하는 '사사로이 배운 학문'(私學)은 여러 정황을 고려할 때 유학을 지칭하는 것임이 분명하다. 순우월이 주장했던 봉건제라는 것이 유학적 세계관의 형성 과정과 깊숙이 맞물려 있는 제도 가운데 하나라는 점에서 보더라도 특히 그렇다. 따라서 『사기』의 이 기록은 진이 비록 상앙商鞅의 변법變法 이후 일사

---

6) 『史記』 권87, 「李斯列傳」, 2546쪽, "古者天下散亂, 莫能相一. 是以諸侯並作, 語皆道古以害今, 飾虛言以亂實, 人善其所私學, 以非上所建立. 今陛下并有天下, 別白黑而定一尊; 而私學乃相與非法教之制.……如此不禁, 則主勢降乎上, 黨與成乎下. 禁之便. 臣請諸有文學『詩』·『書』百家語者, 蠲除去之. 令到滿三十日弗去, 黥爲城旦. 所不去者, 醫藥卜筮種樹之書. 若有欲學者, 以吏爲師." 이하 『史記』의 번역에는 정범진 외 옮김, 『사기』를 참고한다.

불란한 법가적 시스템에 의해 운영된 나라이긴 하지만, 육국을 통일한 뒤부터 일부 유학적 지식인들을 중심으로 제국 통치의 기본 방향을 어떻게 잡아갈 것인가에 대한 논의가 진행되고 있었음을 보여 준다. 그러나 여기에서 보듯이, 그런 논의들은 결과적으로 '분서焚書'라는 불행한 사건의 빌미로 작용하고 종국에는 '관리를 스승으로 삼는다'(以吏爲師)는 법가의 지도적 이념을 재확인시키는 선에서 마무리된다.

진나라와 유학의 그런 불편한 관계는 진나라가 멸망하는 장면에서도 다시 한 번 확인된다. 진승陳勝이 진나라의 폭정에 대항하여 난을 일으킨 후 왕위에 오르자 공자의 8세손 공갑孔甲을 필두로 한 노魯나라의 유학자들은 대대로 전해 온 예기禮器들을 싸 들고 진승에게 귀속하였다. 뿐만 아니라 공갑은 진승의 박사博士가 되어 진승과 함께 일생을 마치기까지 하였다. 일개 필부의 신분으로 몸을 일으켜 채 반년도 지탱하지 못한 진승에게 노나라의 유학자들이 그렇듯 제 발로 걸어가 신하되기를 자청한 사태를 두고, 사마천은 그건 아마도 진나라가 자신들의 본업을 불태워 버린 것에 대한 분노를 진승을 통해 풀려 한 때문일 것이라고 말한다.[7]

그런데 한나라에 들어 와서도 처음 얼마 동안 위정자들과 유학 사이의 그런 악연은 계속된다. 한고조 유방劉邦은 본래 농민 출신으로서 겨우 정장亭長이라는 최하급의 말단직을 거친 신분으로 군사를 일으킨 인물이다. 따라서 그는 처음부터 학문적 소양과는 관계가 없는 인물이었다. 그는 특히 유학자를 싫어하여 유학자들이 사용하는 모자를 쓴 사람이 있으면 그것을 벗겨 안에다 오줌을 쌀 정도였다고 전한다. 또 숙손통叔孫通이라는 당시의 유명한 유학자가 진나라로부터 유방에게

---

7) 같은 책 권121, 「儒林列傳」, 3116~3117쪽 참조.

투항해 온 일이 있었는데, 유방이 숙손통의 유생 복장을 매우 싫어하기에 짧은 옷으로 된 초나라 복식으로 바꾸어 입자 그제서야 만족해했다는 기록도 있다.[8]

하지만 다른 한편에서 보면 이 시기는 유학이 지닌 통치 이념으로서의 장점에 대해 위정자들이 서서히 눈을 뜨기 시작하던 때이기도 하다. 이 점을 살펴볼 수 있는 상징적인 대화 하나가 『사기』에 실려 있다. 한고조와 한초의 저명한 학자 육가陸賈의 대화 내용이다.

> 육생은 황제 앞에서 진언을 올릴 때면 늘 『시경』과 『서경』을 인용하며 말하였다. 그러자 고조가 나무라며 이렇게 말했다. "나는 말 위에서 천하를 얻었소이다. 그러니 어찌 『시경』이나 『서경』 따위에 얽매이겠소?" 육생이 대답하였다. "말 위에서 천하를 얻었지만 어찌 말 위에서 천하를 다스릴 수 있겠습니까? 은나라 탕왕과 주나라 무왕은 거슬러 취하는 방식으로 천하를 얻었지만 순리에 따르는 방식으로 천하를 지켰습니다. 이처럼 문과 무를 함께 사용하는 것이 천하를 오래 보존하는 방책입니다. 옛날 오吳나라 왕 부차와 진晉나라의 지백은 무력만을 너무 믿다가 망했고, 진秦나라는 가혹한 형법에만 의거하는 정치를 바꾸지 않아 끝내는 조씨에게 망했습니다. 만약 진나라가 천하를 병합한 뒤 인의를 실천하고 성왕을 본받는 정치를 실행했다면 폐하가 어떻게 천하를 차지할 수 있었겠습니까?" 그러자 고조는 불편해 하면서도 한편으로 부끄러워하는 기색을 보이며 육생에게 말했다. "시험삼아 나를 위해 진이 천하를 잃게 된 이유와 내가 천하를 얻게 된 이유가 무엇인지, 그리고 옛날의 성공한 나라와 실패한 나라의 경우를 저술해 보도록 하시오." 그러자 육생은 국가의 존망의 징후를 간략히 서술하여 모두 12편의 글을 지었다.[9]

---

8) 차례대로 같은 책 권97, 「酈生陸賈列傳」, 2692쪽과 권99, 「劉敬叔孫通列傳」, 2721쪽 참조
9) 같은 책 권97, 「酈生陸賈列傳」, 2699쪽, "陸生時時前說稱『詩』·『書』. 高帝罵之曰: '迺

여기서 개진되고 있는 육가의 논리는 이른바 공성攻城과 수성守成
의 논리에 입각한 일종의 역할분담론이다. 즉 천하를 취해 나가는 상황
에서는 힘에 기초한 법가적 통치 방식이 적절했지만, 그 천하를 지켜
나가고자 할 때는 도덕성에 기반을 둔 유학적 통치 방식이 필요하다는
것이다. 그런데 우리는 여기서 육가의 그런 논리가 유학에 대해 적대적
이던 한고조에게 호소력을 지니는 모습을 볼 수 있다.

당시 유학에 대한 위정자들의 시선을 조금씩 바꾸어 나가는 시도
들은 실제적인 차원에서도 이루어져 갔는데, 유학은 그 과정에서 자신
의 장점을 하나씩 발휘해 가기 시작했다. 앞에서 한고조의 출신과 관련
된 언급을 잠깐 했었지만, 유방을 비롯한 한나라 초기의 통치 계층들은
대부분 높은 수준의 교양은 갖추지 못한 인물들이었다. 따라서 한나라
가 아직 제도적으로 안정되지 못한 초기의 상황에서는 여러 가지 불협
화음이 발생하는 경우가 많았다. 심한 경우에는 공신들이 조정에서 술
을 마시고 공을 다투다가 칼로 대궐의 기둥을 내려치는 일까지 있을
정도였다. 이런 상황을 간파한 숙손통은 고조에게 자신에게 조정의 의
례를 제정하는 일을 맡겨 달라고 건의한다. 그러고는 유학자들과 논의
하여 의례를 만든 뒤 조회를 예식에 맞게 엄숙하게 치러 내어 고조를
탄복시키기에 이른다.[10] 말 그대로 '수성'의 과정에서는 탁월한 기능
을 발휘하는 유학의 강점들이 하나씩 현실적인 호소력을 지니게 되는
모습들이다.

公居馬上而得之, 安事『詩』·『書』?' 陸生曰: '居馬上得之, 寧可以馬上治之乎? 且湯·武
逆取而以順守之, 文武並用, 長久之術也. 昔者吳王夫差·智伯極武而亡; 秦任刑法不變,
卒滅趙氏. 鄕使秦已幷天下, 行仁義, 法先聖, 陛下安得而有之?' 高帝不懌而有慙色, 酒
謂陸生曰: '試爲我著秦所以失天下, 吾所以得之者何, 及古成敗之國.' 陸生酒粗述存亡之
徵, 凡著十二篇.'

10) 같은 책 권99, 「劉敬叔孫通列傳」, 2722~2723쪽 참조 숙손통이 의례의 제정을 위해
고조를 설득하는 과정에서 동원한 논리도 육가가 구사했던 攻城과 守成의 논리였다.

한의 건국에서부터 동중서의 건의가 받아들여지던 때까지의 70여 년 동안은 이렇듯 유학이 자신의 존재를 현실 속에 확인시켜 가는 투쟁의 시기였다. 그런데 이 과정에서 유학이 가장 힘겨운 싸움을 벌여야 했던 상대는 역시 도가였다. 이 때의 도가는 주로 황로학黃老學으로 통칭되던 황로도가黃老道家 계열이 주류이다. 그런데 사마천이 "세상에서 노자를 배우는 사람들은 유학을 배척하고 유학 역시 노자를 배척하니, '도가 다르면 함께 논의하지 않는다'는 것이 어찌 이런 경우를 두고 한 말이겠는가"라고 한탄하고 있는 것을 보면, 당시 유가와 도가의 세력 싸움은 상당히 심하였던 듯하다.[11]

유가와 도가의 세력 싸움이 가장 치열했던 때는 대체적으로 문제文帝의 황후이자 무제의 조모인 두태후竇太后가 생존해 있던 시기였다. 특히 이 때는 두태후를 위시한 한나라의 위정자들 대부분이 황로학에 심취해 있던 관계로 유학은 상대적으로 냉대를 받고 있었다. 이 때의 상황을『사기』의「유림열전儒林列傳」은 다음과 같이 전한다.

혜제와 여후 시대에 공·경의 지위에 있던 사람들은 모두 무공을 세운 사람들이었다. 문제 시대에 오면서 유학자들이 다소 등용되기도 했지만, 문제는 원래 형명의 학문을 좋아하였다. 그러다가 경제 때에 와서는 유학자들을 등용하지 않았고 두태후 역시 황로의 학설을 좋아하였으므로, 여러 박사들은 형식적으로 관직에 있으면서 대기할 뿐 실질적으로 승진하는 사람이 거의 없었다.[12]

---

11) 같은 책 권63,「老子韓非列傳」, 2143쪽, "世之學老子者則絀儒學, 儒學亦絀老子. '道不同不相爲謀', 豈謂是邪?"
12) 같은 책 권121,「儒林列傳」, 3117쪽, "孝惠·呂后時, 公卿皆武力有功之臣. 孝文時頗徵用, 然孝文帝本好刑名之言. 及至孝景, 不任儒者, 而竇太后又好黃老之術, 故諸博士具官待問, 未有進者." 惠帝는 고조의 뒤를 이은 2대 황제이고 呂后는 고조의 황후이다. 그리고 '刑名'이란 당시의 용례로 보면 지금의 황로도가의 별칭쯤에 해당한다. 이것의 사상적 특징은 도가적 사유와 법가적 사유가 각각 형이상과 형이하로 연결된 것으로

여기서 언급되고 있는 사람들 가운데 두태후는 대표적인 황로도가의 신봉자로서 유학에 가장 적대적인 태도를 보였던 인물이다. 그녀는 경제 때에 『노자』를 비판하는 원고생轅固生이라는 유학자에게 돼지우리에서 돼지를 찔러 죽이게 하는 벌을 내리기도 하였고,[13] 또 무제 때에는 명당明堂의 설치를 비롯한 일련의 유학적인 제도를 시행하고자 한 조관趙綰과 왕장王臧 등의 유학자들을 미워하여 이들의 결점을 들춰내 급기야는 자살을 택할 수밖에 없는 상황으로 내몰기도 하였다.[14] 그러다가 무제 건원 6년(기원전 135) 두태후가 죽고 나자 평소 유학에 우호적이었던 전분田蚡이 승상이 된 것을 계기로 황로도가의 학설을 배척하고 많은 수의 유학자를 초빙하게 되는데, 이런 일들을 거치면서 유학이 대세를 장악하는 분위기가 서서히 성숙되어 간다.[15]

성숙의 과정에는 당연히 이론적 논쟁도 개입된다. 경제 때에 유학의 역성혁명론의 해석을 둘러싸고 경제의 면전에서 벌어진 황생黃生과 원고생 사이의 논쟁이 그 대표적인 사례이다. 황생은 탕왕과 무왕은 천명을 받은 것이 아니라 임금을 시해한 것이라고 주장한다. 이에 대하여 원고생은, 탕왕과 무왕은 민심을 얻어 불가피하게 왕위에 오른 것이니 천명을 받은 것이나 다름없다고 옹호한다. 그래도 황생이 계속해서 신분 질서의 절대성을 내세워 탕왕과 무왕의 행위를 비난하자, 원고생은 그렇다면 진나라를 멸망시키고 한나라를 건국한 고조의 행위도 부당한 것이냐고 반격한다. 논쟁이 이처럼 한제국 건국의 정당성 문제로

서, 한때 연구자들 사이에서 통용되던 '道法家'라는 용어가 이 사상의 그런 특징을 잘 드러내 준다.

13) 같은 책, 같은 곳, 3123쪽 참조

14) 이와 관련된 언급은 『사기』의 다음과 같은 곳들에 산재해 있다. 권12, 「孝武本紀」, 452쪽; 권107, 「魏其武安侯列傳」, 2843쪽; 권121, 「儒林列傳」, 3121쪽.

15) 같은 책 권121, 「儒林列傳」, 3118쪽 참조

까지 옮겨 붙을 기미를 보이자 경제는 학문을 하는 사람이 탕왕과 무왕이 천명을 받은 일을 논하지 않는다고 해서 어리석다고 할 수는 없다는 말로 마무리하며 서둘러 논쟁을 종결시켜 버린다.[16]

하지만 이런 문제는 그렇게 흐지부지 묻혀 버릴 성격의 것이 아니었다. 왜냐하면 이것은 한이라는 제국의 정당성과 관련된 문제로서, 한의 집권층 입장에서는 어떤 식으로든 해결이 되어야 하는 문제였기 때문이다. 나중에 무제가 동중서에게 던진 세 가지 질문 가운데 하나가 바로 이 문제에 관한 것이었다는 점을 보더라도 이것이 당시 집권층에게 얼마나 중요하게 받아들여졌을지 충분히 짐작할 수 있다.

한 무제 원광 원년에 일어난 일은 전체적으로 볼 때 바로 이상과 같은 일련의 흐름들이 모여 만들어 낸 맥락적 사건이다. 이런 점에서 당시 무제와 동중서 사이에 오고간 문답은 마땅히 이들 개인의 관심이 아니라 유학이 추구하는 세계와 제국적 질서의 만남이라는 보다 큰 틀 속에서 그 의미가 독해되어야 한다.[17] 황제의 질문에 신하가 답하는 '대책對策'이라는 형식으로 진행된 무제와 동중서 사이의 문답은 모두 세 번에 걸쳐 이루어졌는데, 그 세 차례의 문답에서 제기된 문제의 요지는 다음과 같다.

첫 번째는 고대의 제왕들이 천명을 받은 징표가 무엇이며 그것이

---

16) 같은 책 권121, 「儒林列傳」, 3122~3123쪽 참조.
17) 앞에서도 언급했던 對策이 올려진 연도 문제를 비롯하여, 심지어 무제와 동중서 사이에 실제로 그런 일 있었고 또 바로 그 일의 결과로 '獨尊儒術'이라는 사건이 이루어졌는가 하는 문제들에 대해서 학계에서는 아직 완전히 합의된 내용이 없다. 하지만 지금 우리들 논의의 초점은 그런 문제들의 사실성 여부를 확인하는 데 있는 것이 아니라 유학이 한대에 독점적인 이데올로기로 등장하는 사상사적인 맥락을 살펴보는 데 놓여져 있으므로, 여기서는 무제와 동중서를 독존유술 사건의 두 주역으로 상정하는 일반적인 시각을 그냥 수용하면서 논의를 전개한다. 이 문제를 비롯하여 동중서의 사상 전반에 걸친 논쟁점에 대해서는 이연승, 「董仲舒 연구사의 검토와 새로운 방향 모색」을 참고하라.

20   유학은 어떻게 현실과 만났는가

다시 회수되는 이유는 또 무엇인가 하는 것이다. 이것은 곧 앞에서 말한 한제국의 정통성 해명이라는 문제와 직결된다. 여기에 대해 동중서는 일단 덕치의 효용성을 주장하면서, 한편으로는 음양론적인 사고에 기반을 둔 수명설受命說과 재이설災異說로 그 질문에 답한다. 두 번째는 고금의 성왕의 도가 시대에 따라 다른 모습으로 시행된 이유가 무엇인가 하는 질문이다. 이에 대해 동중서는 그것은 제왕들이 처한 시대가 달라서 그 구체적인 실천 방식에 차이가 있었기 때문일 뿐이라고 답하면서, 따라서 한나라도 성왕이 남긴 도를 따르되 구체적으로는 시대적 상황에 맞는 정치를 실천해야 한다는 취지로 대답한다. 마지막 세 번째는 지상의 현실 정치에 하늘이 감응하는 방식에 대한 질문인데, 이것은 결국 동중서의 건의 내용을 채택하여 시행할 경우 그것이 옳은 방향임을 어떻게 확인할 수 있는가 하는 질문이다. 동중서는 이 문제에 대해서는 이후 한대 경학을 관통하는 특징적인 이데올로기인 '천인상감론天人相感論'으로 답한다.[18]

이상을 통해서 볼 때 무제는 외견상으로는 천인 관계와 고금을 관통하는 통치 원리라는 보편적인 문제의 테두리 속에서 질문을 진행시키면서도,[19] 구체적인 측면에서는 한제국의 정통성 문제와 제국적 질서에 적합한 통치 방식 및 그런 통치 방식에 대한 확신 등에 대한 답을 요구하고 있음을 알 수 있다. 즉 철저하게 한제국의 태동이라는 시대적

---

18) '天人三策'의 구체적인 내용에 대해서는 『漢書』 권56, 「董仲舒傳」, 2495~2523쪽 참조하라. '천인삼책'이라는 표현은 무제와 동중서 사이에 오고간 대책이 이처럼 궁극적으로 천인 관계에 대한 세 가지 질문과 응답으로 이루어졌다는 점에서 사용되는 명칭이다.

19) 당시 유명한 유학자 가운데 한 사람이었던 公孫弘의 다음과 같은 발언도 평소 무제의 주된 관심은 늘 이 테두리에 속해 있었음을 보여준다. 『史記』 권121, 「儒林列傳」, 3119쪽, "臣謹案詔書律令下者, 明天人分際, 通古今之義, 文章爾雅, 訓辭深厚, 恩施甚美."

현실로부터 비롯된 문제의식을 반영하고 있는 것이다. 이런 점에서 무제의 질문에 응해서 제출된 동중서의 대책 내용은 공자에서부터 시작된 중국 선진 시대의 유학적 전통이 일차로 마무리되는 상황을 반영한다고 할 수 있다. 왜냐하면 중국 사상사, 특히 그 가운데에서도 선진의 사상사는 시종일관 시대 문제에 대한 응답으로서 자신의 존재 이유를 설정하고 있었기 때문이다. 따라서 무제의 질문이 중국 춘추전국 시대의 난립상으로부터 한제국의 태동으로 이어지는 '분열에서 통일로'라는 정치사적 과정을 반영하는 것과 동일한 맥락에서, 동중서의 대답 역시 그런 역사의 흐름과 함께 호흡해 온 선진의 사상사가 유학을 대표 주자로 내세워 그 역사의 끝자락에서 제기된 시대의 문제에 응답한 것이라고 볼 수 있다. 이것은 사상사적인 맥락에서 볼 때 공자로부터 시작된 선진 유학사를 결과적으로 '제국적 질서와의 성공적인 만남의 과정'으로 재해석해 낼 수 있음을 뜻한다. 지금부터의 내용은 그 과정에 대한 추적기追跡記이다.

2. 공자 철학의 갈등 구도

하나의 철학을 해석해 들어가는 과정에서 가장 중요하게 고려되어야 할 요소는 그 철학을 탄생시킨 철학자의 문제의식이다. 유학적 사유의 원형질을 구성하는 공자 철학의 경우도 이 점은 마찬가지이다. 그런데 한 철학자의 사유 내용을 이해하기 위한 전제로서 그 철학적 문제의식을 확정하고자 하는 시도는, 그것 역시 하나의 해석적인 행위라는 점에서 해석학적 순환의 고리를 완전히 벗어날 수는 없다. 이것은 곧 하나의 철학을 이해해 들어가는 과정에서 누구나 동의할 만한 객관적 출발점이란 존재할 수 없음을 뜻한다. 하지만 공자의 경우는 조금 양상이 달라서, 전통적으로 연구자들 사이에는 공자 철학의 문제의식이 무엇인가하는 점에 대한 일종의 합의가 있는 듯하다. 그것은 '주례周禮의 부흥'이곧 공자의 평생을 지배한 철학적 문제의식이라고 보는 시각이다.

사실『논어』에 담겨 있는 여러 생각의 단편들을 종합적으로 고려할때, 공자의 평생을 지배한 꿈이 서주 초기에 구현된 예제禮制적 질서를자신의 시대에 다시 부흥시키는 것이었다는 점에는 의심의 여지가 없어보인다. 주나라의 문화에 대한 찬사와 그런 주 문화의 초석을 마련한주공周公에 대한 강한 흠모의 정이『논어』의 내용들 속에 심심찮게 등장하는 것을 보더라도 이 점은 분명하다. 하夏와 은殷 두 왕조를 거울삼아

찬란한 문화를 이룬 주나라를 찬양하면서 자신은 주의 문화를 따르겠다고 선언하는 대목은 이 점에 대한 가장 직접적인 자료이다.[1] 당시 공산불요公山弗擾라는 대부가 반란을 일으킨 후 공자를 초빙했을 때 제자인 자로子露의 비판을 무릅쓰고 초빙에 응하려 하면서, 자신을 등용하는 사람이 있으면 반드시 그의 나라를 동쪽의 주나라로 불릴 만큼 이상적인 나라로 만들어 보이겠다고 말하는 데서도 주 문화에 대한 공자의 강한 열망을 읽을 수 있다.[2] 하지만 공자의 이와 같은 태도를 가장 인상적으로 보여 주는 대표적인 자료는 역시 공자가 자신의 늙음을 자각하면서 이제는 주공周公조차도 꿈에 보이지 않는다고 한탄하는 부분일 것이다. 어렴풋이 죽음을 예견하고 있는 상황에서 행해진 것으로 보이는 이 발언은 주공으로 대표되는 주 문화에 대한 공자의 열망이 얼마나 강렬한 것이었는지를 상징적으로 보여 준다.[3]

공자 철학과 예제적 질서 사이에 존재하는 이와 같은 친밀도는 예에 대한 발언들이 『논어』 전체에서 상대적으로 높은 점유율을 점하고 있다는 사실을 통해서도 확인된다. '예'는 『논어』에서 모두 75회 등장하는데, 『논어』에 등장하는 중요한 개념어 가운데 '예'보다 높은 빈도수를 보이는 것은 '인仁'(109회)과 '지知'(119회) 둘뿐이다. 하지만 '지'의 경우는 '알다'

---

1) 楊伯峻, 『論語譯注』, 「八佾」 14, "子曰: '周監於二代, 郁郁乎文哉! 吾從周.'"
2) 같은 책, 「陽貨」 4, "公山弗擾以費畔, 召, 子欲往. 子路不說, 曰: '末之也已, 何必公山氏之之也?' 子曰: '夫召我者, 而豈徒哉? 如有用我者, 吾其爲東周乎?'" 이 내용은 전통적으로 그 성립시기에 대해 논란이 많은 『논어』의 마지막 다섯 편(16~20편) 가운데 하나인 「양화」편에 들어 있기 때문에 공자의 생각을 반영하는 일차자료로서의 지위에는 문제가 있을 수 있다. 하지만 공자가 자신을 팔려가길 기다리는 아름다운 옥에 비유하고 있는 「子罕」 13의 내용을 염두에 둔다면, 「양화」편의 이 내용이 공자의 생각으로부터 많이 벗어나는 것이라고 보기는 힘들 듯하다. 『논어』의 자료적 가치에 대한 역사비판적인 작업에 대해서는 이 문제를 개괄적으로 정리하고 있는 김승혜, 『원시유교』, 19~27쪽을 참조하라.
3) 楊伯峻, 『論語譯注』, 「述而」 5, "子曰: '甚矣吾衰也! 久矣吾不復夢見周公!'" 張秉楠은 『논어』의 내용을 연대순으로 재편집하는 작업 속에서 「술이」편의 이 발언을 연대기상으로 가장 나중에 배열해 놓고 있다. 『孔子傳』, 322쪽.

라는 동사로 쓰인 경우가 상당수여서 출현 빈도 자체에 별다른 의미는 없다. 따라서 일반적으로 알려진 내용과 마찬가지로 '예'가 '인'과 더불어 『논어』의 가장 중심적인 주제라는 사실은 틀림없어 보인다.

공자의 철학이 예와 불가분의 관계에 있다는 사실은 『논어』 이외의 자료에서도 나타난다. 예를 들면 『좌전』에 실린 공자에 대한 기사들이 대표적인 경우인데, 『좌전』에서 묘사되고 있는 공자는 한결같이 예에 정통한 군자로서의 모습이다. 이것은 자신과 비슷한 시대를 산 사람들의 눈에 비친 공자에 대한 이미지가 곧 예와 불가분의 관계에 있었음을 말해 준다.[4] 따라서 공자 철학의 출발점을 '예'에 대한 공자의 관심에서부터 풀어 나가려는 일반적인 태도는 텍스트 상으로도 충분한 설득력을 지닌다고 할 수 있다.

하나의 개념어를 이해하는 작업에서 종종 시도되곤 하는 자원字源학적 접근 방식을 적용하여 예의 원형적인 의미를 살펴보면, 그것은 종교적인 의미와 연관되어 있다. 예에 대한 『설문해자』의 정의가 무엇보다 이 점을 잘 보여 주는데, 여기에 따르면 예는 회의자會意字로서 의식의 실천을 통해 귀신을 섬기고 복을 비는 종교적인 행위를 의미한다.[5] 그런데 '예禮'라는 글자가 갑골문에서부터 나타나고 있는 점을 고려하면 예가 가리키고 있는 그 의식은 아마도 은대의 조상숭배 문화와 밀접한 연관이 있을 것이다.[6] 이런 점에서 예는 일단 조상에 대한 제례 의식과 불가분의 관계를 가지고 있는 용어라고 정리할 수 있다.

---

4) 김승혜, 『원시유교』, 38쪽. 여기에 따르면 공자는 『春秋』에 2번 나오고 『左傳』에 7번 나오는데, 이 9번의 경우 모두가 객관적이고 지나가는 사건으로 간략하게 보고되고 있다.

5) 『說文解字』, "禮履也. 所以事神致福也. 從示從豊."

6) 갑골문에서 '禮'가 2번 보이는데, 모두 지금의 자형에서 旁에 해당하는 '示'가 없고 다만 제기 안에 두 개의 옥이 담겨 있는 모습으로만 되어 있다. 馬如森, 『殷墟甲骨文引論』, 273쪽의 0011항목 참조.

종교성과 관련된 예의 이런 원형적 의미는 예에 대한 인문화 작업
이 활발하게 벌어지는 『논어』에서도 기본적으로 지속된다. 가령 『논
어』 가운데 예에 대한 내용이 가장 많이 들어 있는 「팔일八佾」편의 경
우 그 속에는 제례 의식과 관련된 예와 일상적인 인간사와 관련된 예
에 대한 언급이 거의 절반 정도씩 들어 있는데, 이는 공자가 제례 의식
에서 요구되던 '경敬'과 같은 태도가 일상적인 인간 관계에도 그대로
적용되어야 한다고 생각했음을 의미한다.7) 특히 이 '경'은 예의 본질을
거론할 때 종종 언급되는 덕목인8) 동시에 고대 중국의 왕조 가운데
종교적 요소가 가장 강했던 은나라의 문화적 특징으로 지목되기도 하
는 덕목이라는 점에서 예의 종교성이 인문화되는 맥락을 가장 잘 보여
주는 고리라고 할 수 있다.9)

그런데 『논어』에서의 예가 이처럼 종교적 의미와 인문적 의미를
동시에 지니고 있다는 것은 공자의 의식 속에서 예가 여전히 종법적인
규범 체계로 인식되고 있었음을 의미한다. 왜냐하면 주나라 초기에 확
립된 종법宗法 제도야말로 예의 그런 이중적 특성을 절묘하게 결합한
제도이기 때문이다. 따라서 여기까지 오면 왜 공자의 철학 세계에 짙은
가족주의적 요소가 스며들어 있는지를 이해할 수 있게 된다. 그리고

---

7) 김승혜, 『원시유교』, 116쪽.
8) 다음에서 보듯이, 禮를 敬과 연결시키는 시각은 선진 문헌에서 보편적인 발견된다. 楊
   伯峻, 『春秋左傳注』, 「僖公 11年」, 338쪽, "禮, 國之幹也; 敬, 禮之輿也. 不敬, 則禮不
   行."; 楊伯峻, 『孟子譯注』, 「萬章」 28, "君子以仁存心, 以禮存心. 仁者愛人, 有禮者敬
   人. 愛人者, 人恒愛之, 敬人者, 人恒敬之.'"; 孫希旦, 『禮記集解』, 「樂記」, 986쪽, "樂者
   爲同, 禮者爲異. 同則相親, 異則相敬. 樂勝則流, 禮勝則離." 『논어』에 나오는 다음과
   같은 내용에서도 禮의 본질은 敬으로 간주되고 있음을 볼 수 있다. 「八佾」 26, "子曰:
   '居上不寬, 爲禮不敬, 臨喪不哀, 吾何以觀之哉?'"; 「子路」 4, "上好禮, 則民莫敢不敬,
   上好義, 則民莫敢不服, 上好信, 則民莫敢不用情."
9) 『史記』 권8, 「高祖本紀」, 393쪽, "太史公曰: '夏之政忠. 忠之敝, 小人以野, 故殷人承之
   以敬. 敬之敝, 小人以鬼, 故周人承之以文. 文之敝, 小人以僿, 故救僿莫若以忠.'"; 『漢
   書』 권56, 「董仲舒傳」, 2518쪽, "夏上忠, 殷上敬, 周上文者, 所繼之捄, 當用此也."

같은 맥락에서 『논어』를 포함한 유학의 대부분의 텍스트 속에서 공자 철학의 또 하나의 중심축인 '인仁'이 왜 항상 혈연적인 유대감을 본질로 하는 도덕적 정서로 규정되고 있는지도 알 수 있게 된다.

공자의 철학에서 인과 예는 이중적인 관계에 있다. 일단 인은 공자의 철학에서 예라는 전통적인 규범 체계의 정당성을 승인하고 지지하는 내면의 정서적 토대이다. 그것은 종법제에서 출발한 기존의 신분제적 질서를 지탱하는 규범이었던 예의 의미가 공자에 의해 주체적·자각적으로 내면화되는 과정에서 등장하는 개념이다. 따라서 인은 예의 실천이 의미 있는 행위가 될 수 있게 해 주는 원천이다. 인의 태도를 견지하고 있지 못한 사람에게서 예의 실천이라는 것이 무슨 의미가 있겠느냐고 비판하는 공자의 발언으로부터 우리는 인과 예의 그런 일차적인 관계를 확인할 수 있다.10)

그런데 다른 한편에서 보면 사회적 규범 체계인 예의 의미를 주체적으로 자각하고 지지하게끔 해 주는 내면적 토대는 바로 그 예의 지속적인 실천을 통해서만 숙성될 수 있다. 인을 이야기할 때 자주 인용되는 『논어』「안연顔淵」편의 내용은 이 점을 분명하게 보여 준다.

> 안연이 인에 대해 물었다. 공자가 대답하였다. "자신을 극복하고 예에 부합되게 행위하는 것이 인이다. 하루라도 자신을 극복하여 예에 부합되게 행위한다면 천하 사람들이 모두 인으로 귀의할 것이다. 그러니 인을 실천하는 것은 자신으로부터 말미암는 것이지 다른 사람으로부터 비롯되는 것이겠느냐?" 안연이 말하였다. "그 구체적인 실천 조목을 여쭙고 싶습니다." 공자가 말하였다. "예가 아니면 보지 말고, 예가 아니면 듣지 말고, 예가 아니면 말하지 말고, 예가 아니면 행동하지 말라."11)

---

10) 楊伯峻, 『論語譯注』, 「八佾」 3, "子曰: 人而不仁, 如禮何? 人而不仁, 如樂何?"

인은 자각적으로 획득되는 덕목이다. 그러므로 인의 성취는 궁극적으로 주체적인 영역에서 이루어진다. 즉 '나로부터 말미암는 것'이다.[12) 하지만 그런 주체적인 자각을 가능하게 하는 계기는 예라는 외면적 규범을 성실히 실천하는 행위를 통하여 주어진다. 어떤 행위의 의미를 주체적이며 자각적으로 내면화시키는 작업은 그 행위에 대한 능동적인 실천을 전제로 한다는 점에서 인과 예의 이중적 관계는 필연적이다. 『논어』에서 '배움'(學)이 강조되는 까닭 역시 여기에 있다. 인의 획득을 가능하게 하는 조건인 예의 실천은 어디까지나 학습을 통해 달성되는 것이기 때문이다.[13) 따라서 이렇게 본다면 공자 철학에서 예의 올바른 실천은 인을 획득하기 위한 필수적인 요소이며, 또 그 예를 통해 자신의 인을 드러내는 것은 예에 생명을 부여할 수 있는 유일한 방법인 셈이다.[14)

우리는 공자의 철학이 기본적으로 가족주의적인 요소에 토대를 두고 있는 이유를 위와 같은 맥락 속에서 이해할 수 있다. 왜냐하면 예와 인의 그런 이중적 관계가 이상적으로 성취되는 장소는 바로 가족 안에서이기 때문이다. 공자에게 있어서 가족이란 물리적 강제가 아니라 혈연적 유대에 기초한, 종교적이며 도덕적인 정서가 갖는 결속력에 의해 신분적 질서로부터 유래한 권위가 용인되고 행사되는 바로 그 영역이다.[15) 그러므로 공자에게서 정치는 곧 그런 가족적 질서가 사회적으로 연장된 장에 지나지 않는다. 『논어』의 다음과 같은 내용은 정치의 영역

---

11) 같은 책, 「顏淵」 1, "顏淵問仁. 子曰: '克己復禮爲仁. 一日克己復禮, 天下歸仁焉. 爲仁由己, 而由人乎哉?' 顏淵曰: '請問其目.' 子曰: '非禮勿視, 非禮勿聽, 非禮勿言, 非禮勿動.'"
12) 仁의 이런 측면은 공자의 다음과 같은 발언에서도 잘 드러난다. 같은 책, 「述而」 30, "子曰: '仁遠乎哉? 我欲仁, 斯仁至矣.'"
13) '배움'에 대한 공자의 강조가 가장 잘 드러나 있는 자료는 「衛靈公」 31의 내용이다.
14) 벤자민 슈월츠, 나성 옮김, 『중국 고대사상의 세계』, 125쪽.
15) 같은 책, 115쪽.

이 따로 있는 것이 아니라 곧 가족적 질서의 연장이라고 보는 공자의
생각의 일단을 잘 보여 준다.

> 어떤 사람이 공자에게 말했다. "선생께서는 왜 정치를 하지 않습니다?"
> 공자가 말했다. "『서경』에서 말하기를 '효일지니! 오직 부모에게 효도하
> 고, 형제간에 우애 있으라. 그것이 확장되면 곧 정치이니라'라고 하였으
> 니, 이 또한 정치인데 어찌 정치에 실제로 종사해야만 곧 정치를 한다고
> 할 수 있겠소?"16)

공자 철학의 궁극적인 지향점은 이처럼 하나의 공동체 속에서 전
통이라는 형식으로 주어지는 삶에 대한 외면적 규정들을 내면의 도덕
적 정서와 일치시키는 것이다. 이것을 만약 '도道'라는 말로 표현할 수
있다면, 공자가 추구하는 도는 삶의 이 두 부분, 즉 관습적 · 외면적인
영역과 주체적 · 내면적인 영역이 완벽하게 합일된 상태를 가리킨다고
할 수 있을 것이다.

넓게 보았을 때, 예와 인으로 이루어진 이상과 같은 측면은 공자의
철학을 구성하는 두 개의 영역 가운데 한쪽을 차지한다. 공자의 철학에
서 나머지 한쪽 부분은 이 영역이 개인적 차원에서 사회적 차원으로,
그러니까 앞에서 말한 것처럼 가족적 질서의 원리가 정치의 영역으로
확장될 때 등장한다. 공자의 철학에서 예와 인이 합일되는 영역, 즉
도의 영역은 당위적 영역이다. 그것은 그 당위를 실천하는 주체의 능동
성에 따라 그 실현 여부가 결정되는 영역이다. 인간이 도를 넓히지 도
가 인간을 넓히는 것이 아니라는 주장이나,17) 나이 칠십을 넘어서자

---

16) 楊伯峻, 『論語譯注』, 「爲政」 21, "或謂孔子曰: '子奚不爲政?' 子曰: '『書』云, 「孝乎惟孝,
友于兄弟, 施於有政.' 是亦爲政, 奚其爲政?'"
17) 같은 책, 「衛靈公」 29, "子曰: '人能弘道, 非道弘人.'"

사회적인 규범의 내용과 자신의 내면적 욕구의 세계가 완벽한 조화를 이루게 되었다고 하는 발언은 이 점에 대한 공자의 자전적인 술회라고 보아도 좋다.18) 하지만 그런 도의 실현이 개인을 넘어서서 사회정치적 차원으로 확장되면 문제는 달라진다. 여기에서 우리는 공자 철학의 나머지 한쪽을 구성하는 필연성의 영역과 만난다.

『논어』에는 사회정치적 차원에서의 도의 실현 여부가 인간의 주관적 능동성에만 달려 있지는 않다는 암시는 곳곳에 산재해 있다. 그리고 그런 암시는 대부분 '명命'이나 '천天'이라는 용어와 결부되어 나타난다. 이와 관련하여 우리는, 인간이 노력해야 될 이상의 것을 말할 때 공자는 도란 용어 대신 '명'이나 '천'이란 용어를 사용한다는 지적에 한 번쯤 귀기울일 필요가 있다.19) 공자에게 있어서 '천'의 의미는 복합적이다. 그것은 때로는 전통적인 용어로 '주재천主宰天'이라고 불리는 종교적인 주재자의 성격을 지니기도 하고, 또 때로는 '의리천義理天'이라고 불리는 의미론적 측면을 가리키기도 한다.

당시 위衛나라의 실력자였던 왕손가王孫賈가 자신을 회유하자 하늘에 죄를 지으면 기도할 곳이 없다면서 거부하는 장면이나, 위나라 영공靈公의 음탕한 부인 남자南子를 만난 후 제자 자로에게 자신의 결백을 하늘에 대고 맹세하는 장면 속에서의 공자의 의식 속에 들어 있는 천은 분명히 지상에서 벌어지는 일에 일일이 화와 복으로 반응하는 종교적 권능을 지닌 천이다. 특히 애제자 안연이 죽었을 때 하늘이 자신을 버린다며 절규하던 공자의 모습 속에서는 그런 종교적인 천이 객관화되어 인간의 의지와는 무관하게 진행되는 운명론적인 것으로까

---

18) 같은 책, 「爲政」4, "子曰: '吾十有五而志于學, 三十而立, 四十而不惑, 五十而知天命, 六十而耳順, 七十而從心所欲, 不踰矩.'"
19) 김승혜, 『원시유교』, 130쪽.

지 확장되고 있다.[20]

그런데 『논어』를 보면 그런 천이 때로는 인간의 의지가 개입하는 영역과 모종의 호응 관계를 유지하고 있는 듯한 모습으로 나타나기도 한다. 이와 같은 천관은 특히 공자가 곤경에 처해 있는 상황에서 주로 등장한다는 특징이 있다. 송宋나라의 환퇴桓魋라는 인물로부터 생명의 위협을 받았을 때나 광匡이라는 지방의 사람들에게 포위되어 어려움을 겪고 있을 때 보인 태도가 대표적인 경우인데, 우리는 거기서 공자가 소명 의식과 유사한 일종의 사명감을 피력하고 있는 모습을 볼 수 있다.[21] 하지만 어느 경우든 『논어』에서는 '천'이 주로 인간의 능동성을 넘어선 모종의 필연성의 영역을 가리키고 있다는 점은 분명하다. '명'은 그런 필연성의 의미가 특히 강조되는 문맥에서 주로 쓰인다.[22]

> 공백료가 계손씨에게 자로를 참소하였다. 그러자 자복경백이 공자에게 고하면서 말하였다. "계손씨는 분명히 공백료에게 속았을 겁니다. 제 힘으로 공백료를 죽여서 저자거리나 조정에 내걸 수 있습니다." 공자가 말했다. "도가 장차 실현되는 것도 명이고 도가 장차 없어져 버리는 것도 명이다. 그러니 공백료 정도가 그 명을 어떻게 할 수 있겠는가?"[23]

공백료라는 사람이 당시 노나라의 실권자였던 계손씨에게 공자의 제자인 자로를 참소한 데 대해 같은 노나라의 대부 자복경백이라는 사람이 분개하는 모습을 보고 공자가 보이는 반응이다. 이것을 보면

---

20) 차례대로 「八佾」 13, 「雍也」 28, 「先進」 9에 나온다.
21) 같은 책, 「述而」 23과 「子罕」 5 참조
22) '命'과 '天'을 구분하여 『논어』에서 전자는 인간에게 정해진 '運命'이라는 소극적 의미로 쓰이고, 후자는 인간에게 '使命'을 주는 주체라는 적극적 의미로 주로 쓰인다고 보는 시각도 있다. 김승혜, 『원시유교』, 133쪽.
23) 같은 책, 「憲問」 36, "公伯寮愬子路於季孫. 子服景伯以告, 曰: '夫子固有惑志於公伯寮, 吾力猶能肆諸市朝.' 子曰: '道之將行也與, 命也, 道之將廢也與, 命也. 公伯寮其如命何!'"

공자에게 있어서 도가 실현되어야 한다는 문제와 그 도가 실제로 실현될 수 있느냐 하는 문제는 별개의 영역에 속하는 것으로 인식되고 있음을 분명히 볼 수 있다.[24]

전체적인 측면에서 보았을 때, 공자의 철학 속에는 이처럼 도로 표현되는 능동성의 영역과 천이나 명으로 표현되는 필연성의 영역이 긴장을 유지하며 공존한다. 공자에게서 도는 인간이 마땅히 걸어가야 하는 당위로서의 길이다. 그 길은 '예'의 지속적인 실천과, 그런 의례儀禮적 행위의 의미를 행위 주체가 스스로 자각하는 '인'이라는 내적 태도의 융합에 의해 달성된다. 하지만 도의 구현을 위한 그런 주체적인 노력이 개체의 차원을 넘어 당대의 현실에서 결실을 맺을 수 있는가 하는 문제는 결국 필연성의 영역으로 넘어가고 만다. 그곳은 당연히 인간의 주관적인 능동성을 넘어서는 영역이다.

하지만 그렇더라도 만약 그 필연성의 영역이 그리는 궤적과 인간의 당위적 실천의 영역이 그리는 궤적이 방향을 같이한다면 문제될 것은 없다. 위기에 빠졌을 때마다 천명을 거론하는 공자의 태도는 이 일치감에 대한 신념을 전제로 한다. 그러나 공자의 말년의 삶에서 보듯이, 그 일치성에 대한 신념이 무너지면 도의 구현을 향한 유학적 시도는 무력해질 수밖에 없다.

『논어』에 나오는 은자隱者들과 관련된 일화들 속에서 우리는 그런 무력감들을 읽어낼 수 있다. 그 가운데 특히 자로子路와 하조장인荷蓧丈人이라고 불리는 은자 사이에 오고간 대화는 이 부분을 함축적으로 보여준다. 제후들을 상대로 한 유세 여행 도중 일행에 뒤쳐진 자로가 길에서 하조장인을 만나 혹 공자의 행방을 아느냐고 묻자, 하조장인은 공자의

---

24) 勞思光, 정인재 역, 『중국철학사: 고대편』, 93쪽.

집단을 실제적인 노동에 종사하지도 않는 무위도식하는 무리라며 비판한다. 그러자 자로는 다음과 같은 말로 자신들의 신념을 변호한다.

> 관직에 나아가지 않는 것은 마땅함을 결여한 행동이다. 장유의 법도도 없앨 수 없는데, 군신간의 마땅함을 어떻게 폐기할 수 있겠는가? 그것은 자신의 몸을 깨끗이 하고자 크나큰 인륜의 질서를 어지럽히는 것이다. 군자가 관직에 나아가는 것은 그 마땅함을 실천하는 것일 뿐이다. 도가 구현되지 않으리라는 사실은 이미 알고 있었다.[25]

비록 자로의 입을 통한 발언이기는 하지만, 이로부터 우리는 이미 자신의 헌신이 자기 당대에 어떤 구체적인 성과를 낳을 수 있으리라는 기대를 접어 버린 공자의 모습을 엿볼 수 있다. 그런 상실감을 대신해 주는 것은, 다만 그럼에도 불구하고 옳은 길을 가고 있다는 자기확신뿐이다.

여기서 '마땅함'이라고 옮긴 '의義'는 『논어』에 등장하는 개념들이 통상 그렇듯이 의미가 단선적이지는 않다. 그러나 그것이 쓰이고 있는 전반적인 문맥을 고려할 때 『논어』의 '의'는 모든 행위의 적합성 여부를 판단하는 궁극적인 기준 역할을 한다는 점에서, 넓게 보아 오늘날의 공정성의 의미를 함축한 '정의正義'(justice)라는 문맥 안으로 수렴될 수 있을 듯하다. 이것은 무엇보다 『논어』에서 '의'가 '이익'(利)이라는 말과 대비적으로 쓰이는 경우가 많다는 점에서 특히 그렇다. "군자는 의에 관심이 많고, 소인은 이익에 관심이 많다"는 공자의 발언이 그런 예 가운데 하나이다.[26] 공자의 이 말은, 군자는 이익에 관심을 기울이지 않는다는 것이 아니라 이익을 추구할 때도 그것이 누구나 동의할 수 있는 합당한 방식

---

25) 같은 책, 「微子」 7, "不仕無義. 長幼之節, 不可廢也, 君臣之義, 如之何其廢之? 欲絜其身, 而亂大倫. 君子之仕也, 行其義也. 道之不行, 已知之矣."
26) 같은 책, 「里仁」 16, "子曰: '君子喩於義, 小人喩於利.'"

을 통해 주어진 것이냐에 일차적인 관심을 기울인다는 뜻이다. '이익'을 앞에 두었을 때 항상 '의'부터 생각할 것을 권고하는 공자의 반복되는 발언은 이것에 대한 끊임없는 주의환기로 볼 수 있다.27)

『논어』에서 의가 예와 연결되는 이유도 대체로 이와 같은 맥락 속에서이다. 공자의 철학에서 예는 그 자체로서 의미가 있는 것이 아니라 오직 의를 구현해 낼 수 있을 때에만 의미가 있다. 이 점은 공자가 예의 가변성을 긍정하는 이유이기도 하다.28) 인과 예의 관계에서도 보았듯이, 예의 존립 근거는 일차적으로 그 형식적 완결성에 있는 것이 아니라 그것이 담아 내고자 하는 가치의 내용에 있다. 이는 예의 가변성을 긍정하는 공자의 태도가 '시대가 변하면 규범도 변해야 한다'는 단순논리에 근거한 것이 아님을 의미한다. 문제의 핵심은 여전히 예가 무엇을 담아 내느냐 하는 데 있다. 이런 점에서 『논어』에서의 '의'는 예에 의미를 부여하는 핵심적인 요소이다. 그것은 예가 궁극적으로 구현해야 하는 실질인 것이다.29) 그리고 바로 그런 이유 때문에, 즉 예를 진정으로 예답게 해 주는 토대라는 점에서 의는 또 인의 본질적 속성 가운데 하나이기도 하다.30)

---

27) '見利思義'(「憲問」 12)나 '見得思義'(「季氏」 10; 「子路」 1) 또는 '義然後取'(「憲問」 14) 등의 표현들이 여기에 해당한다. 통치자의 명령이 義에 입각해 있으면 백성들이 복종하지 않음이 없을 것이라는 이야기 역시 이런 맥락에서 이해될 수 있다(「子路」 4, "上好義, 則民莫敢不服"). 정치적 명령의 정당성 여부는 당연히 그것이 확보하고 있는 공정성의 정도에 달려있을 것이기 때문이다. 백성들을 부릴 때 가장 중요한 요소는 이 '義', 즉 공정성의 확보라는 공자의 생각은 「公治長」 16과 「雍也」 22에서도 보인다.

28) 공자의 그런 태도에 대해서는 「爲政」 23과 「子罕」 3의 내용을 참조하라.

29) 같은 책, 「衛靈公」 18, "子曰: '君子義以爲質, 禮以行之, 孫以出之, 信以成之. 君子哉!'" '法'의 근원은 '禮'이고 예의 근원은 '義'라는 동양의 일반적인 법 전통은 이런 유학적 사고로부터 비롯된 결과이다. 이승환, 『유가 사상의 사회철학적 재조명』, 15쪽.

30) 벤자민 슈월츠, 나성 옮김, 『중국 고대사상의 세계』, 129쪽. 비록 인과 의를 직접적으로 대비시키는 발언은 『논어』에 등장하지 않지만, 군자와 필연적인 관계에 있는 것은 다만 의뿐이라고 강조하는 공자의 태도로부터 우리는 인과 의의 그러한 관계를 유추해 볼 수 있다. 楊伯峻, 『論語譯注』, 「里仁」 4, "子曰: '君子之於天下也, 無適也, 無莫也, 義之與比'"

그러므로 군자가 관직에 나가는 것은 오직 의를 구현하는 데 그 목적이 있다고 한 앞의 자로의 말은, 결국 군자가 지향하는 것은 인과 예가 조화된 세계, 즉 당위로서의 도의 실천일 뿐이라는 점을 분명히 한 발언이라 할 수 있다. 하지만 그런 희망이 자신의 시대에서 이루어 지지는 않을 것이라는 점 또한 이미 감지하고 있었다고 자로는 토로한 다. 표면적인 그림은 분명 도의 구현에 대한 유학의 당위적 소명 의식 을 거듭 천명하는 모습이지만, 그 이면에서는 필연성의 벽 앞에서 좌절 하는 유학적 사유의 무력감이 짙게 배어 나오는 장면이기도 하다.

당위적 실천의 영역과 필연성의 영역이 연출하는 이와 같은 긴장이 공자의 철학 세계를 관통하는 근본적인 갈등 구도이다.[31] 동시에 이것 은 공자 사후 선진 유학사를 관통하는 기본적인 갈등 구도이기도 하다. 공자 이후의 선진 유학이 공유하는 최대의 문제의식은 각자가 몸담고 있는 시대적 환경 속에서 이 두 영역의 관계를 어떻게 정립할 것인가 하는 문제라고 요약할 수 있기 때문이다. 그런데 이것이 선진 유학의 중심적인 과제로 등장하는 배경에는 하나의 현실적 조건이 가로놓여 있다. 한편으로 유학적 당위의 영역을 구성하는 요소들의 위상을 사정 없이 흔들어 대고 다른 한편으로는 또 그 당위의 영역과 필연의 영역의 궁극적인 일치를 갈망하는 유학적 신념에 끊임없는 회의를 불러일으켰 던, 춘추에서 한대로 이어지는 중국의 역사가 바로 그것이다.

---

31) 예로부터 구두점을 어디다 찍을 것인가를 두고 논란이 많은 『論語』 「子罕」의 첫 번째 구절, 즉 "子罕言利與命與仁"를 이 관점에서 끊는다면 그것은 당연히 "子罕語利, 與 命與仁"으로 되는 것이 타당하다. 그럴 경우 이것은 '命'과 '仁'을 고리로 삼아 지금 말하는 공자 철학의 긴장관계를 함축적으로 드러내는 내용이 될 것이기 때문이다. 이 구절에 대한 다양한 독법에 대해서는 程樹德, 『論語集釋』, 565~568쪽을 참조하라.

3. 제도사에 대한 검토

중국 역사에서 춘추에서 한대에 이르는 시기는 제도사적인 측면에서 볼 때 이 시기에 이웃해 있는 두 시대, 즉 서주와 진·한대를 근본적으로 구분짓는 변화가 일어난 시대였다. 특히 이 변화는 정치적 지배 구조 분야에서 두드러지게 나타났다. 이 변화를 근본적이라고 부르는 이유는 이것이 단순한 제도상의 변화를 넘어 사회 구성원들의 관계맺음의 방식 자체에 변화를 가져왔기 때문이다. 사상사적으로 볼 때 선진 사상사에서 유학을 중심으로 놓고 전개되는 학파들의 길항 관계는 이 제도적 변화와 그로부터 파생된 일련의 부수적 변화들을 어떻게 받아들일 것인가 하는 문제와 밀접하게 관련되어 있다. 이것을 '봉건封建-종법宗法'과 '군현郡縣-군작軍爵'라는 제도사의 대비적인 범주쌍을 중심으로 살펴보자.

기원전 11세기 은나라를 멸망시키고 천하의 패권을 장악하여 중원의 새로운 주인으로 등장한 주왕조는 정치적 지배 구조 면에서 새로운 제도를 시행한다. 그것은 전국을 여러 개의 지역으로 나눈 뒤 주왕실의 '천자天子'가 그의 일족과 공신을 '제후諸侯'로 각지에 분봉한 뒤 세습적으로 그 지역의 씨족을 지배해 가도록 한 일종의 간접적인 지배 구조이다. 이것이 그 유명한 봉건 제도이다. 봉건제는 기본적으로 혈연

관계에 의거한 지배 구조이다. 그것은 마치 낟가리가 쌓여 올라가듯 각 지역의 씨족 연맹에 의하여 주왕실의 천자가 천하의 공주共主로 옹립됨으로써 구조적 통일을 기하는 그런 제도이기 때문이다.[1] 그러므로 봉건제에서 천자의 권력은 제후에게만 직접적으로 미치고 각 제후의 영내에 속한 일반 백성들에게는 미치치 못하였다. 즉 각 제후는 자국에 속해 있는 백성들에 관한한 천자에 대하여 배타적인 권리를 행사할 수 있었던 것이다.

　주대를 포함하여 은대부터 춘추 시기까지 중국 사회를 구성하던 기본 단위는 독립적인 자연취락에서 출발한 '읍邑'이다. 그런데 이 읍으로 구성된 주대의 행정 구역은 대체로 다음의 세 단계로 구분된다. 먼저 제후가 거주하는 중심적인 읍인 '국國'이 있다. 다음으로 '국' 이외의 중요읍인 '도都'가 있는데, 이 '도'는 제후에 의해 그 아래 계층인 대부에게 재분봉된 행정 구역이기도 하다. 마지막으로 이 '국'이나 '도'가 아닌 일반읍이 있는데, 이들은 그냥 '읍'이라고 불리거나 혹은 '비鄙'라고 불렸다.[2]

　주의 천자는 이러한 행정 구역 체계내에서 다만 주읍周邑에 속하는 백성에게만 그 권력을 직접적으로 행사할 수 있었다. 이것은 제후의 경우에도 마찬가지여서 각 제후는 자신의 '국'이나 그 '국'에 속하는 '도'의 백성과 '도'의 지배자에게만 직접적인 지배권을 행사할 뿐이다. 천자는 제후에게 그 '국'의 토지와 백성들에 대한 지배권을 주는 대신 제후국 내에 있는 '읍'의 특산물을 천자에게 바치는 이른바 '공貢'·'헌獻'의 의무 및 '부賦'라고 불리는 군사 의무를 부과하였다.[3] 이러한 지

---

1) 김충열, 『중국철학산고』 II, 123쪽.
2) 西嶋定生, 변인석 역, 『중국고대 사회경제사』, 35~36쪽; 이성구, 「춘추전국시대의 국가와 사회」, 92~95쪽.
3) 西嶋定生, 변인석 역, 『중국고대 사회경제사』, 37~38쪽.

배 구조 속에서 천자는 자기 종족의 대표자로서의 지위만 보장받았을 뿐, 그 외의 어떠한 전제적 권한도 부여받지 못했다. 따라서 봉건제란 '천자-제후-일반민'으로 이어지는 간접 지배 구조였던 셈이다. 이러한 봉건제는 비록 제도의 해이와 세부적 명칭의 변화 등은 겪었지만 진秦이 천하를 통일할 때까지 줄곧 중국의 주도적인 지배 구조로서의 기능을 수행하였다.

봉건제는 이처럼 혈연 관계에 기초한 정치적 지배 구조라는 특징을 지니고 있었기 때문에, 그것이 제대로 작동되기 위해서는 불가피하게 그 혈연 관계를 규범화시켜 줄 수 있는 또 다른 장치를 필요로 할 수밖에 없다. 이 역할을 수행한 것이 바로 종법 제도이다. 그런데 이것이 서주 시대의 지배 구조를 이해하는 데 중요한 이유는 종법제가 그대로 서주 사회의 신분적 질서를 유지하는 원리로 차용되었기 때문이다.

서주 시대의 종법제의 내용을 구체적으로 보여 주는 자료는 현재 없다. 다만 후대의 기록들에 투영되어 있는 종법제와 관련된 자료들을 가지고 그 내용을 재구성한다면 그것은 대체로 다음과 같다.[4]

종법제는 기본적으로 동성同姓의 종족 집단을 대종大宗과 소종小宗으로 구분하고 이들간에 존재하는 권리와 의무 관계를 규정한 일련의 제도적 장치를 가리킨다. 종법제는 지금 말한 대종과 소종의 구분을 비롯하여 종자宗子와 별자別子의 구분, 재산과 권력의 적장자 승계 원칙 및 적嫡·서庶 사이의 불평등 원칙, 형제간의 경우 혈연 관계에 대한 상하 관계의 우위 원칙,[5] 그리고 이런 불평등의 원칙들을 지속적으로 확인시키는 상복제喪服制와 또 반대로 종족의 공동체 의식을 확인

---

4) 이하 종법제와 관련된 기술은 徐揚杰, 『中國家族制度史』, 108~121쪽의 내용에 근거한 것이다.
5) 비록 형제간일지라도 군주와 신하의 관계처럼 형제가 지배와 피지배의 관계가 있으면 그 신분상의 상하관계가 형제간의 혈연관계에 우선한다는 것을 말한다.

시키는 경제적 부조 제도 등을 주된 내용으로 하여 구성된다.

여기서 대종은 한 종족 집단에서 종자에서 종자로 이어지는 중심 라인 즉 종가宗家를 말하고, 소종은 별자들이 분가하여 구성하는 가계를 가리킨다. 종법제의 중심 범주인 대종과 소종이 이처럼 종자와 별자에 의해 이루어지는 종족의 구성 단위를 가리키고 종법제를 구성하는 나머지 부분들 역시 기본적으로 종자와 별자의 관계로부터 파생된 이차적인 규정들이라는 점에서 볼 때, 종법제에서 가장 중요한 요소는 무엇보다 종자와 별자의 구분 문제라고 할 수 있을 것이다. 따라서 종자와 별자의 관계에 대한 규정을 이해하는 것은 종법제의 제도적 성격을 이해하는 데 중심적인 문제가 된다. 그런데 이 중심 문제는 다시 대종의 종자를 어떻게 결정하는가 하는 문제로 축약될 수 있다. 별자란 대종에 속하는 직계 자식 가운데 종자를 제외한 나머지를 가리키므로 종자가 결정되는 원칙을 이해하면 종자와 별자의 관계 또한 자연스럽게 드러날 수 있기 때문이다.

종자를 결정하는 데 있어서 일단 최우선의 원칙은 정처正妻 소생 가운데 가장 연장자, 즉 '적장자嫡長子'를 종자로 삼는다는 것이다. 이른바 "적장자는 현명함의 여부가 아니라 나이에 의해 결정한다"[6]는 것이 그것이다. '적장자'라는 말 자체가 '정처(嫡)의 자식 가운데 최연장(長)인 자식(子)'을 뜻한다. 따라서 이것은 정처正妻 소생의 자식이 여럿이 있을 때 적용되는 원칙이다. 정처 소생의 자식이 여럿 있을 때 그 자식들의 지능이나 능력에 따라 종자를 결정하는 것이 아니라 오직 '나이'를 기준으로 연장자를 종자로 결정한다는 것이다.

그러면 정처 소생의 자식이 없는 경우는 어떻게 될까? 이 경우에

---

6) 李宗侗 註譯, 『春秋公羊傳今註今譯』, 「隱公 元年」, 1쪽, "立適以長不以賢."

적용되는 것이 "종자는 나이가 아니라 신분의 귀천에 따라 결정된다"[7] 는 원칙이다. 정처의 소생은 없고 후실의 소생만 있는 경우는 나이가 아니라 가장 신분이 높은 후실의 소생을 종자로 삼는다는 규정이다. 그런데 같은 반열에 있는 여러 후실의 소생이 복수로 있는 경우가 생길 수 있는데, 이 때는 연장자 우선의 원칙이 이차적으로 적용된다. 이 원칙으로도 해결되지 않으면, 즉 나이도 같은 경우라면 품덕으로 결정하고 이마저도 비슷한 경우는 최종적으로 점복으로 결정한다. "왕후에게 적자가 없으면 서자 중에서 연장자를 종자로 세우고, 나이도 같으면 품덕으로 하고, 품덕도 같으면 점복으로 한다"[8]는 규정이 여기에 해당한다.

마지막으로 후처에게도 소생이 없는 경우가 있을 수 있다. 이럴 경우는 소종에서 양자를 들여와 대종을 잇게 한다. 이것은 소종의 경우 후손이 없으면 대를 그냥 끊어버리는 것과 대비되는 부분이다. 그런데 양자를 들여 대종을 잇게 할 경우 특징적인 것은 소종의 적장자는 대종의 양자로 들어올 수 없다는 점이다. "별자로 대종을 잇는다. 적장자로 대종을 이어서는 안 된다"[9]는 규정이 이 점을 말한다. 이렇게 하는 이유는 소종의 적장자는 소종의 혈연적 적통을 이어야 하기 때문이다. 이 점에서 보면 종법제의 최우선 가치는 단순히 대종의 유지 그 자체라기보다는 한 종족 집단의 위계 질서를 부자상속을 골간으로 하는 부계제적 원리에 따라 확립하려는 데 놓여있음을 알 수 있다. 따라서 이것은 가족 제도 면에서 모계제를 기반으로 하는 은대의 형제상속제

---

7) 같은 책, 같은 곳, "立子以貴不以長."
8) 楊伯峻, 『春秋左傳注』, 「昭公 26年」, 1478쪽, "王后無適, 則擇立長. 年鈞以德, 德鈞以卜." '鈞'은 '均'이다.
9) 『儀禮正義』 권22, 「喪服二」, 1423쪽, "(大宗者, 尊之統也, 大宗者, 收族者也, 不可以絶.) 故族人以支子後大宗也. 適子不得後大宗."

를 대체하는 성격을 지닌다.

이렇게 본다면 종법 제도는 결국 구조적인 측면에서 볼 때 대종의 종자를 중심으로 하여 평면적으로는 동심원 구조를 이루고 수직적으로는 피라미드식 구조를 이루는 종족 위계 질서의 한 유형이라고 정리할 수 있다. 이 때 그 구조의 중심 내지 정점에 위치하는 대종의 종자는 자신의 종족을 대표하고 종족을 지배·통치하며 자신의 관할 지역 안에 있는 이성異姓 종족에 대해서 동등한 권한을 행사한다. 이런 지배 구조가 정치적으로 확장된 것이 곧 봉건 제도이다.

이것을 서주를 세운 주족周族의 경우를 가지고 말한다면, 주족의 대종의 종자가 곧 서주라는 국가의 천자가 되고 여러 소종 및 이성 친족들이 제후가 되어 그 천자를 받드는 구조인 것이다. 이와 같은 구조는 각 제후국 내에서도 반복된다. 천자에 대해 소종의 위치에 있는 제후는 자신의 제후국 내에서는 대종의 종자가 되고, 나머지 종족 집단은 다시 제후국 내의 소종으로서 '대부大夫'가 되어 제후를 받드는 구조이다. 이런 점에서 종법 제도의 본질은 서주 시대 사회 구성원들의 관계맺음의 방식에 대한 총괄적인 규정 체계라는 성격을 지닌다. 이 규정 체계에 의해 유지되어 온 것이 혈연에 기초한 서주 이래의 신분제적 질서인 것이다. 공자 철학의 모티브였던 주례는 바로 혈연에 기초한 이 신분제적 질서를 유지시켜주는 규범의 총체를 가리킨다. 그리고 앞에서도 말했듯이 봉건 제도는 이 종법제의 정치적 표현 양식이었던 것이다.

그런데 잘 알려진 대로, 춘추에서 전국에 걸치는 시기는 이러한 종법제가 붕괴일변도로 치달아 온 시기이다. 이 시기에 일어난 종법제의 붕괴는 여러 가지 요인들에 의해 유발되었다. 우선 가장 먼저 지적할 수 있는 것은 춘추 시대로 들어오면서 급격히 쇠락하기 시작한 주왕실의 권위이다. 주왕실의 천자 자리는 종법 제도의 대종에 해당하는 정점이라는 점에서 주왕실의 쇠락은 종법제의 동요를 보여 주는 상징적인 징표였다. 주왕실의 쇠락으로 말미암아 대종과 소종 관계로 묶여 있던 주왕실과 제후국의 관계가 흔들리고, 또 그에 따라 제후국 내부에서도 적장자 계승 제도 등이 동요되기 시작하였던 것이다. 다음으로 이 시기의 일상적인 현상인 장기적인 전쟁과 그런 혼란을 틈탄 신구 귀족의 투쟁 과정에서 대부분의 종족 단위가 소멸되거나 약화되었다는 점이다. 여기에는 전쟁에 따른 과다한 병역 및 요역으로 인해 발생한 종족 구성원의 대량 이탈이라는 현상도 한 몫을 하였음은 물론이다. 마지막으로 각 제후국에서 앞다투어 실시하였던 '변법變法'이라 불린 제도 개혁 운동의 결과로서, 토지사유제의 실시에 따라 공전公田이 폐지되고 호적 및 부세賦稅 제도가 개혁됨으로써 종족 구성원들이 직접 국가에 귀속하게 된 점도 지적되어야 한다. 거기다가 분가의 적극적인 장려 또한 종족 집단의 와해를 가속화시켰다.[10]

특히 가장 주목할 만한 제도적 변화는 군현제郡縣制와 군공작제軍功爵制의 실시인데,[11] 이는 종법 제도의 근간을 뒤흔드는 근본적인 변화를 초래하였다. 군공에 따라 작을 부여하는 군공작제와 전쟁이나 개간을 통해 새로 얻은 영토를 분봉하지 않고 군주의 직접적인 통치 지역으로 편입시키는 군현제의 등장은, 봉건제에 기반을 둔 기존의 지방

---

10) 전국시대에 진행된 변법운동의 각국별 전개 과정과 그 영향에 대한 구체적인 내용은 黃中業, 『戰國變法運動』을 참조하라.
11) 朱紹侯의 정리에 따르면, 군공작제의 정식 명칭은 '軍爵制'이다. '軍功爵制'는 이에 대한 통속적인 명칭이다. 또 '二十等爵制'라는 명칭도 쓰이는데, 이 경우는 주로 상앙의 변법 이후 정착되기 시작한 진대의 작제와 이 진의 작제를 그대로 계승한 한대의 작제를 가리키는 용어이다. 朱紹侯, 『軍功爵制研究』, 2쪽 참조

분권적 구조를 중앙집권적 구조로 이행시킴으로써 정치적 지배 구조에 획기적인 변화를 가져왔다. 이러한 일련의 변화가 획기적인 이유는 그것이 기존의 사회 구성원들의 관계맺음의 방식을 근본적으로 뒤바꾸어 놓았기 때문이다.

종법제에 기초한 기존의 신분제 질서는 사회적 관계가 일차적으로 혈연에 의해 결정되었으며, 각 사회적 단위 집단의 구성원들은 종법제에서 파생된 봉건제적 질서에 따라 배속됨으로써 간접적인 지배 구조하에 놓여 있었다. 하지만 군공작제는 그런 혈연적이고 간접적인 관계맺음의 방식에 근본적인 변화를 가져왔다. 우선 신분제적 질서는 여전히 유지되었지만 그 신분은 혈연이라는 자연적 질서에 의해 결정되는 것이 아니라 국가에서 수여하는 '군작軍爵'이라고 하는 인위적 질서에 따라 결정되었다. 그리고 군현제와 그에 따른 관료 계층의 등장은 국가와 구성원들을 아무런 매개 없이 바로 연결시킴으로써 통치자의 권력이 구성원들 하나하나에 직접적으로 행사되는, 이른바 '제민지배齊民支配'를 가능하게 하였다.12) 이런 점에서 제민지배 체제는 진정한 의미에서 다가올 제국의 시대를 예고하는 지배 체제였다.

군현제는 이처럼 봉건제라는 간접적인 지배 구조를 대신하여 군주의 전제적 성격을 강화시킨 직접지배 구조의 한 유형이다. 군현제는 진의 통일 이후에 처음으로 시행된 제도는 아니다. 그것은 이미 춘추시대부터 진晉, 오楚, 진秦 등에서 부분적으로 시행되고 있었으며13) 특

---

12) '齊民支配'는 주로 토지국유제를 기반으로 하는 중국 고대의 생산 관계에 근거한 지배 구조를 가리키는 용어이다. 이성규는 특히 '齊'가 지니고 있는 균등적·평등적 의미에 주목하여 이 용어를 授田制를 매개로 民을 일률적으로 지배했던 秦의 지배 구조를 가리키는 말로 사용한다. 이성규, 『중국고대제국 성립사 연구』, 10쪽. 여기서는 그런 경제적 맥락보다 이 용어가 가리키는 지배 구조의 형식적 특성에 주로 초점을 맞추어 차용하였다. '齊民'의 몇 가지 용례에 대해서는 이성구, 「춘추전국시대의 국가와 사회」, 135쪽에 있는 각주 198)을 참조하라.

히 진秦에서 상앙의 변법을 거치면서 본격적으로 시행되었는데, 이것이 진의 통일을 계기로 전 중국에 확대 실시되기에 이른 것이다. 군현이란 '군'과 '현'이 합쳐진 것으로, 군은 춘추전국 시기에 각 제후국이 변방에 설치한 행정 조직이고, 현은 원래 서주 시대에 천자나 제후에게 속해 있던 직할지였다. 따라서 군과 현은 애초부터 직할지라는 성격을 가진 행정 구역이었던 셈이다. 제후국 간의 병합이 진행된 춘추전국 시대에 각국은 다른 나라의 읍을 멸한 경우 그곳에 현을 설치하고, 다시 그러한 현을 몇 개 모아 상위 행정 구역으로서 군을 설치하였다.[14] 그리고 군현을 설치하게 되면 제후는 그곳에 자기의 직속 관리를 파견하여 다스리게 하였다. 따라서 군현의 책임자는 세습적인 귀족이 아니라 세습이 인정되지 않는 관료로서 임명자의 권력을 단순히 대행하는 역할만을 수행하였다.[15] 이른바 '제민지배'란 바로 이러한 군현제를 통하여 가능했다.

그러면 이러한 지배 구조가 어떻게 현실적으로 전 인민을 직접통치하는 효과를 발휘할 수 있었을까? 진·한의 경우를 예로 들어 말한다면, 단순히 지방에 군주 직속의 관리를 파견하는 것만으로는 그 당시의 교통, 통신 등의 제반 시설들을 고려할 때 백성에 대한 군주의 직접지배는 충분히 설명되지 못한다. 왜냐하면 그것이 가능하기 위해서는 군주와 백성을 직접적으로 매개하는 무엇인가가 있어야 하기 때문이다. 따라서 군주의 직접 통치에 의한 정치적 지배 구조를 보다 명확히 이해하기 위해서는 군현제와 함께 춘추말기부터 등장하기 시작하는 군공작제라는 특수한 제도에 대해 검토해 보아야 한다.[16]

---

13) 이춘식, 『중국 고대사의 전개』, 141쪽.
14) 같은 책, 141~142쪽.
15) 貝塚茂樹 외, 윤혜영 편역, 『중국사』, 96쪽.
16) 軍功爵制는 중국 역사에서 춘추 시대에 처음으로 초기적인 형태로 등장한 이후 진의

기존의 봉건제에서 제후들은 주왕실과의 혈연 관계에 의거하여 분봉되었으며 혈연 관계에 있지 않은 제후라 하더라도 이에 준하는 관계에 있는 것으로 간주되었다. 즉 주왕실과의 혈연 관계에 의한 종법 제도가 봉건 제도의 근거로 작용한 것이다. 종법이 봉건으로 표현된다는 것은 다른 측면에서 본다면 주족의 제례를 그대로 정치에 확대한 것이라고 할 수 있다. 왜냐하면 제례에 있어서의 서열 관계, 그리고 제사의 주관자와 제사 대상의 관계는 바로 현실 정치의 위계 질서와 권능이 되기 때문이다.[17] 이처럼 봉건제 하에서 통치자와 피통치자는 종법이라는 혈연 관계로 매개되는 관계였다. 그러나 군주와 일반민이 직접적으로 통치와 피통치의 관계를 형성하게 된 군현제 하에서는 당연히 이러한 종법에 의한 혈연적 관계가 더 이상 가능할 수 없게 된다. 그리하여 봉건제에서 그러한 매개 기능을 담당하던 종법적 혈연 관계의 역할을 대신하게 된 것이 바로 군공작제이다.

진·한대의 군공작제는 일명 20등작제라고도 불리는데 이는 그것의 등급이 20등급으로 분류되어 있기 때문이다. 이것은 주의 이른바 '공公−후侯−백伯−자子−남男'의 5등작제와는 전혀 별개의 제도로서 상앙商鞅의 군공작제軍功爵制에서 비롯되었다.[18] 20등작 가운데 제1등

상앙의 변법을 계기로 본격적으로 자리를 잡았으며, 그 뒤 서한을 거쳐 동한대까지 지속된 작제이다. 군공작제의 이 역사적 변천에 대해서는 朱紹侯, 『軍功爵制研究』(특히 上編)를 참조하라. 군공작제를 착근시키는 데 결정적인 역할을 한 商鞅의 1차 變法은 기원전 356년에 시행되었다. 이 때의 정식 명칭은 '軍功爵制'이다. 『史記』 권68, 「商君列傳」 참조. 이하 진·한대의 작제에 대한 기본적인 내용은 貝塚茂樹 외, 윤혜영 편역, 『중국사』, 「제4장 진한제국의 출현」에 근거했다. 이 부분은 중국 한대의 작제 연구의 기념비적인 저서인 『中國古代帝國の形成と構造: 二十等爵制の研究』(東京: 東京大學出版會, 1961)를 쓴 西嶋定生이 집필하였다.

17) 김충렬, 『중국철학산고』 II, 120쪽.
18) 상앙의 군공작제의 내용은 한대의 20등작제와 차이가 나는데, 한대의 20등작제는 아마 상앙의 군공작제가 시대적인 수요에 따라 점차 변화된 결과인 듯하다. 상앙의 군공작제의 내용에 대해서는 『商君書』의 「境內」편을 참조하라. 한대의 20등작제의 세부적인 명칭은 『漢書』 권19 上, 「百官公卿表上」, 739∼740쪽에 나와 있다.

급인 공사公土로부터 제8등급인 공승公乘까지의 하등작은 일반인에게 주어졌고, 제9급인 오대부五大夫 이상에서 제20급 철후徹候까지의 중·상등의 작은 질秩 600석 이상의 관리에게만 주어졌다.[19] 이 중 일반민은 상앙의 군공작제에서 보이는 군공에 대한 포상 규정에 해당하는 경우에 황제로부터 작위를 받을 받을 수 있었고, 이외에도 국가에 곡물을 납부한 때라든가 신척지에 이주 당한 경우 등에도 작위를 받을 수 있었다. 그러나 가장 광범위하게 주어지는 경우는 황제 즉위 때나 연호를 바꿀 때, 황후를 맞아들이거나 황태자를 새로 책봉할 때 등의 국가적 경사에 즈음해서였다. 이 때 작이 부여되는 대상은 호적에 편입되어 있는 양민남자였고 호적에 오르지 않은 무적자나 유민, 그리고 노비, 천민 등은 제외되었다.

작을 받은 사람의 특권으로는 제19급 관내후關內候와 제20급 철후의 경우 식읍을 받았고 제9급 오대부 이상은 요역을 면제받았다. 또한 작을 받은 사람은 작을 박탈당하거나 그 급수가 떨어지는 대가로 형벌을 감면받을 수 있었는데, 제8급 공승 이하의 일반민은 그 작위로써 형벌이 감면되는 특권만을 누렸을 뿐이다. 그리고 작위는 매매가 가능하여 사형에 해당하는 죄를 면하기 위해서는 작 30급이 필요했던 경우도 알려져 있다. 이것이 작제의 대체적인 내용이다.

그러면 이러한 작제가 어떻게 황제를 인민들과 직접 연결시키는 역할을 했을까? 이것은 작제라는 인위적 질서가 어떻게 기존의 '나이'

---

19) 이런 까닭에 1등급에서 8등급까지를 '民爵'이라고 하고 9등급 이상을 '官爵'이라고도 한다. 특히 19등급 關內候와 20등급은 徹候는 다른 등급의 작과 달리 작이 세습되었고 대부분의 경우 식읍이 하사된 점을 들어 '귀족작'이라고도 한다. 이성규, 「漢代의 官과 爵─官爵賜與의 실제와 그 의미를 중심으로」, 277~278쪽. 한편 徹候는 武帝의 이름(劉徹)을 諱하여 '通侯' 혹은 '列侯'라고도 부른다. 『漢書』 권19 上, 「百官公卿表 上」, 740쪽 참조

(齒)의 다소에 의해 유지되던 향리의 자연적 질서를 대체하였는가 하는 문제이다. 왜냐하면 작제라는 인위적 질서가 황제의 직접지배권을 강화시킬 수 있기 위해서는 그러한 질서 체제가 일반민의 생활을 직접적으로 규제할 수 있어야 하기 때문이다. 그것은 작제적 질서가 나이라는 자연적 질서를 대체했다기보다는 그 양자가 서로 조화·병행됨으로써 가능하였다.

한대에는 작이 일반민을 대상으로 주어질 때는 이와 병행하여 고기와 술을 내려 연회를 열 수 있게 하였다. 연회가 허가를 필요로 했던 이유는 한대의 법률에서는 통상적인 연회가 금지되어 있었기 때문이다. 이러한 연회에서 그 연회 참석자들의 서열은 바로 그들이 지닌 작의 고하에 따라 결정되었다. 그런데 작은 상속이 되지 않았으므로 죄를 짓지 않고 오래 산 사람은 자연히 젊은 사람보다 작이 높을 수밖에 없었고, 그 향리의 질서 체계에서 높은 지위를 점할 수 있었다. 그러므로 나이라는 자연적 질서와 작제라는 인위적 질서는 충돌없이 조화될 수 있었다. 이것은 나이에 의해 유지되던 기존의 잠재적인 자연 질서가 작제를 통하여 공식화되었음을 뜻하는 것으로 작제의 실제적인 효력을 보여 주는 것이다. 이러한 기능 외에 작에는 또 특권이 따랐음을 고려한다면, 그러한 특권이 작제에 의해 결정된 사회적 신분에 의거하여 일상 생활에서 여러 가지 형태로 사용되는 효과도 나타났으리라고 생각된다.

이처럼 일반민에 대한 작의 수여 행위가 사회적 신분을 결정하고 그것에 의하여 향리의 질서가 형성되었다면, 그러한 질서는 바로 향리의 질서가 황제의 권력이라는 외부적 요인에 의하여 결정된다는 것을 뜻한다. 즉 통치자로서의 황제의 권력이 피통치자인 일반민의 피부에 직접 와 닿을 만큼 작제가 직접적 기능을 했다는 말이 되는 것이다. 작을 받은 일반민은 황제로부터 직접 그 사회적 신분을 보장받은 셈이며, 또 실제로도 작을 상실한 사람은 그가 속한 사회 질서에서 소외되었다.[20] 이처럼 작제를 이용하여 황제는 군현제라는 외면적 지배 구조 속에서 피통치자를 효율적으로 직접 지배할 수 있었던 것이다.

이상의 내용 속에서 우리는 '봉건에서 군현으로'의 표면적인 지배 구조의 이행 과정 속에 나타나는, 서주에서 진에 이르는 사이에 발생한 두 가지 중요한 변화를 읽을 수 있다. 그것은 바로 씨족적 질서의 해체와 관료의 발생이다. 봉건제에서의 천자나 제후는 씨족 집단의 대표라는 위치를 지닐 뿐이라는 점은 앞에서 말한 바와 같다. 만약 제후가 씨족의 전체적인 의지를 벗어나는 행동을 하려고 하면 씨족 구성원이 이에 대하여 반대하는 것이 가능하였다. 이는 제후가 씨족의 제약으로부터 해방되지 못했음을 보여 주는 것이다.[21] 그러므로 군현제에 의한 직접지배가 가능했다는 것은 통치자와 피통치자 계층 모두가 씨족적 질서의 굴레로부터 해방되었음을 의미한다. 춘추 중기에서부터 시작된 이러한 변화는 진의 통일기에 와서 거의 완전히 달성되기에 이른다.

그리고 군현제에서는 봉건제에서와 같은 세습적 귀족이 아니라 능력을 갖춘 유능한 인재가 요구되므로 이 변화의 과정에서 직업적인 관료 계층의 출현을 가능하게 한 관료제가 중국 정치사에서 처음으로 등장하게 된다. 특히 이 관료제는 작제에 비하여 지금까지 말한 정치적 지배 구조의 변화를 더욱 실질적으로 반영하고 있는 제도라는 점에서 한층 중요한 의미를 지닌다. 서주의 봉건-종법적 지배 구조를 타파하고 새로운 지배 구조를 모색하는 과정에서 등장하는 것이 춘추전국

---

20) 이춘식, 『중국 고대사의 전개』, 234~235쪽.
21) 貝塚茂樹 외, 윤혜영 편역, 『중국사』, 97쪽.

시대의 군공작제와 관료제이다. 그러므로 기존의 혈연적 신분 질서에 의해 결정되던 정치적 지배 구조를 대체한다는 점에서 이것들은 서로 기능이 중복되는 부분이 있다. 하지만 구체적인 내용으로 들어가서 살펴보면 이들은 실제적인 기능 면에서 뚜렷한 차이점을 드러낸다.

그 차이점은 작제라는 제도가 지니고 있는 기본적인 특징으로부터 발생한다. 작제는 작을 수여받는 사람의 전반적인 능력 자체를 공증해 주는 제도가 아니며, 또 설령 공증해 준다고 하더라도 제한적인 측면에 그친다. 예를 들어 작제의 초기 형태인 군공작제의 경우 작이 직접적으로 공증해 주는 것은 작을 수여받는 사람의 전투 능력일 뿐이다. 하지만 군현제라는 새로운 행정적 제도가 필요로 하는 것은 그런 전투 능력만이 아니라 군주의 명령을 받들어 그것을 효율적으로 집행할 수 있는 다양한 실무적인 능력들이다. 요컨대, 작의 등급과 관료적인 능력이 그대로 비례하지는 않는다는 것이다. 이런 이유 때문에 전국 후기로 내려올수록 작제는 새로운 신분 제도로서의 기능을 상실해 가고, 한대에 이르러서는 거의 포상적인 기능만을 수행하는 데 그치게 된다. 그리고 그 자리를 메우는 것이 이른바 '현賢'과 '능能'으로 상징되는 철저한 능력 본위의 관료제였다.22)

관료는 그 성격상 반드시 군주와 혈연적인 관계에 있을 필요가 없고 군주와 자신의 이해 관계에 따라 상호 결합되었을 뿐이다. 따라서 능력을 갖춘 사람은 얼마든지 세습적 귀족 세력을 대신하여 새로이 상부 계층으로 진입할 수 있었다. 전국 시대에 활약한 여러 종류의 '사士'들로부터 이러한 신분변동상을 엿볼 수 있다.23) 한고조 유방은 바로

---

22) 행정운영체제라는 측면에서 본다면 秦의 군공작제는 이처럼 작제가 관료제로 대체되는 과정에서 나타난 과도기적인 운영체제로 볼 수 있다. 이에 대해서는 민후기, 「戰國 秦의 爵制 연구 — 작제에서 관료제로의 이행을 중심으로」를 참조하라. 그리고 전국시대 관료제의 흐름에 대해서는 이성구, 「전국시대 관료제의 전개」를 참조하라.

그러한 신분 변동의 가장 전형적인 예이다. 그는 중국 최초로 평민의 신분으로서 천자의 지위에 오른 인물이었다. 유방은 본래 지금의 중국 강소성江蘇省 패현沛縣 부근의 풍읍豊邑에 속해 있던 중양리中陽里 출신의 농민이었다. 그는 여기에서 정장亭長이라는 최하급 말단직의 신분으로 군사를 일으켜 천자의 지위에 올랐다. 그러므로 이 사건은 춘추 전국 시기의 정치적 지배 구조가 '봉건-종법'에서 '군현-군작'으로 이행되면서 보편화하기 시작한 신분변동 상황을 가장 극적으로 보여 주는 사례에 해당하는 것이다.[24]

진·한 제국은 강력한 관료제를 수반하는 이와 같은 군현제라는 지배 구조를 통하여 중앙집권적 전제 권력을 획득할 수 있었다. 비록 한초에 잠시 군국제郡國制라는 형식으로 봉건제가 부활한 적이 있었지만, 얼마 안 가서 황제의 일족이나 공신들은 자신들의 봉국을 직접 지배할 수 있는 권한을 박탈당했다.[25] 즉 명목상으로는 군현과 다른 '국'이 존재했지만 내부적으로는 중앙에서 파견된 관리가 통치함으로써 황제의 직접지배가 이루어졌고, 제후는 단지 그 토지에서 나오는 조세를 수입으로 받았을 뿐이었다. 이처럼 지배 구조의 내용 면에 있어서 그것은 군현제와 같았으므로 진·한을 통틀어 지배 구조의 기본이 된 것은 바로 군현제였다고 할 수 있다.

---

23) 劉澤華, 「戰國時期的'士'」 참조.
24) 『史記』 권8, 「高祖本紀」; 『漢書』 권1, 「高帝紀」 참조. 일반적으로 평민들은 '布'를 입는다는 의미에서 이런 신분변동을 '布衣將相' 현상이라고 부른다. 이 경우 유방은 '布衣天子'를 실현함으로써 이러한 현상의 정점을 형성한 것이다. 唐贊功, 「漢初 '布衣將相' 淺論」 참조.
25) 한초에 실시된 봉건제의 내용에 대해서는 傅樂成, 신승하 역, 『중국통사』 상, 140~147쪽 참조하라. 한초에는 그렇게 분봉된 제후들이 중앙정부에 필적할 만한 권한을 얼마간 행사하기도 하였지만 景帝때 발생한 吳楚七國의 난을 끝으로 그러한 권한은 모두 박탈되었고 모든 행정권은 중앙에서 파견된 관리에게 일임되었다. 翦伯贊, 『秦漢史』, 264쪽.

춘추말에서 진·한에 이르는 시기가 정치적 지배 구조의 측면에서 이처럼 '봉건-종법'에서 '군현-군작'으로의 변화가 진행된 시기였다는 것은 유학의 입장에서 볼 때 결코 긍정적인 일만은 아니었다. 왜냐하면 '군현-군작'으로 대표되는 이 새로운 지배 구조의 진행 방향은 유학에 강하게 스며들어 있는 종법제적 요소를 전면적으로 거부하는 방향이었기 때문이다. 그러므로 공자 사후의 유학에 주어진 과제 가운데 하나는 무엇보다도 시대가 요구하는 제도적 변화를 어떻게 일정 부분 수용해 내면서 동시에 유학의 정체성을 견지해 나갈 것인가 하는 문제였으리라는 점은 충분히 짐작할 수 있다.

그런데 공자 사후 유학이 제도사적으로 직면했던 이와 같은 문제 상황의 본질을 또 다른 시각에서 간추리면 그것은 '피지스적 질서로부터 노모스적 질서로'의 이행이라고 규정할 수 있다. 왜냐하면 그것은 혈연이라는 자연적 요소에 의해 지탱되던 기존의 사회적 인간 관계의 질서가 군작제나 관료제와 같은 비혈연적 요소들에 의한 인위적 질서로 재편되는 과정이었기 때문이다. 문제의 본질을 이렇게 단순화시켜 놓고 보면 이것이 단순히 제도사적인 변화와만 관계된 것이 아니라 사상사적으로도 당시의 자연관의 전개 과정과 일정 정도 맞물려 있음을 직감하게 된다.

인간 의식의 발전 단계 면에서 볼 때 피지스적인 것으로부터 노모스적인 것으로 관심이 이행되기 위한 전제 조건 가운데 하나는 자연을 가치중립적으로 바라보는 것이다. 이것은 거꾸로 말하면, 문화의 영역을 자연의 일부로서가 아닌 그것 자체로서 바라볼 수 있어야 함을 의미한다. 이와 관련하여 우리는 중국의 사상사에서 자연을 인간적 가치로부터 철저히 분리시켜 바라보는 시각이 등장하는 시점이 대체로 춘추 중기 이후부터라는 점을 주목할 필요가 있다.[26] 뒤에 흔히 도가적 자연관으로 개괄되는 자연관이 바로 여기에 해당한다.

문화라는 노모스적 영역에 독립적인 지위를 부여하기 위한 목적이 아니라 오히려 그것의 독자적 영역을 부정하기 위한 관심에서 등장하는 것이 도가적 자연관이기는 하지만, 역설적으로 그것은 중국 선진 사상사의 중심 주제가 피지스적인 것에서 노모스적인 것으로 이행하는 데 결정적인 역할을 하였다. 선진 사상사를 마무리하는 학파가 결국은 노모스적인 사유로 무장한 법가라는 사실, 그리고 그 법가의 집대성자였던 한비자가 자기 철학의 형이상학적 기반을 삼았던 것이 바로 노자의 도론道論이었다는 사실이 무엇보다 이 점을 잘 말해 준다. 그러므로 공자 이후 선진 유학이 직면한 도전의 성격을 제대로 읽어 내기 위해서는 이와 같은 부분에 대한 이해 역시 필수적이다. 또 실제로 이 자연관의 변화 문제는 공자 이후의 선진 유학이 심각하게 고민한 문제이기도 하다. 그것은 결과적으로 공자가 고민했던 필연성의 영역을 존재론적으로 확인시켜 주는 자연관이었기 때문이다.

---

26) 김충열, 『중국철학사』, 240~263쪽.

4. 사상사의 도전과 응전

공자 사후에 통상 '70여 제자'로 불리는 그의 제자들은 각지로 흩어졌다.[1] 유학이 제자백가 가운데 하나의 학파로서 중국 선진 사상사에 다양한 흔적을 남기기 시작하는 것은 이 때부터이다. 『사기』는 이 과정을 다음과 같이 간략하게 전한다.

공자가 죽은 후 70제자의 무리는 사방의 제후에게로 흩어졌는데, 그 가운데 크게 된 사람은 사부, 경, 상이 되었고, 작게 된 사람은 사대부의 친구나 스승이 되었거나 또는 은거하여 나타나지 않기도 하였다. 그리하여 자로는 위나라에 있었고, 자장은 진나라에 자리를 잡았으며, 담대자우는 초나라에, 자하는 서하에 자리를 잡았고, 자공은 제나라에서 생애을 마쳤다. 전자방·단간목·오기·금활희와 같은 인물들은 모두 자하의 부류로부터 학문을 배워 군주의 스승이 되었다. 이 무렵에는 위나라 문후만이 학문을 좋아하였는데, 그 후로는 점차 쇠퇴하여 진시황 대에 이르렀다. 당시에 천하는 전국戰國의 상황에서 서로 싸우는 상태였으므로 유학은 받아들여

---

1) 공자의 제자수에 대하여 『여씨춘추』에서는 '제자의 예를 표하고 제자가 된 사람이 3천명이고, 그 가운데 일정한 경지에 도달한 사람은 70명'이라고 하고 있고(陳奇猷 校釋, 『呂氏春秋校釋』, 「孝行覽·遇合」, 818쪽), 『史記』의 「孔子世家」에서는 '공자에게 詩·書·禮·樂을 배운 제자가 모두 3천명인데, 그 중 六藝에 통달한 사람은 모두 72명'이라고 전한다(『史記』, 「孔子世家」, 1938쪽). 이밖에 『史記』의 「仲尼弟子列傳」과 『孔子家語』의 「弟子解」에서는 핵심적인 제자의 수를 '77명'으로 전하기도 한다.

지지 않았다. 하지만 제나라와 노나라 주변에는 학자들이 끊기지 않아, 제나라 위왕과 선왕 시대에는 맹자와 순자와 같은 사람들이 공자의 학문을 좇아 그것을 잘 다듬음으로써 학문으로 당대에 명성을 날렸다.[2]

공자 사후 진행된 유학의 이와 같은 분화 과정을 전국 시대 말에 살았던 한비자는 모두 여덟 개의 유파로 정리한다. 자장子張을 우두머리로 삼는 유파를 비롯하여 자사子思의 유파, 안연顏淵의 유파, 맹자의 유파, 칠조씨漆雕氏의 유파, 중량씨仲良氏의 유파, 순자의 유파, 악정씨樂正氏의 유파가 그것이다.[3] 그런데 공자 사후에 그의 제자들을 중심으로 이루어진 선진 유학의 이런 분화 과정은 비단 한비자와 같은 외부자의 시선에만 노출되었던 것은 아니다. 그것은 정작 순자와 같은 내부자 자신의 눈에도 이미 확인된 현상이었다. 순자는 「비십이자非十二子」편에서 '자사子思·맹가孟軻' 계열을 비롯하여 '자장子張', '자하子夏', '자유子游'의 계열을 '천박한 유자들'(賤儒)이라고 비판하고 '중니仲尼·자궁子弓' 계열을 정통으로 추숭하는 모습을 보인다. 이는 선진 유학의 핵심적인 구성원 가운데 하나인 순자의 눈에도 선진의 유집단이 이미 적어도 다섯 갈래의 이질적인 집단으로 나뉘어 있는 것으로 비쳤음을 의미한다.

---

2) 『史記』 권121, 「儒林列傳」, 3116쪽, "自孔子卒後, 七十子之徒散游諸侯, 大者爲師傅卿相, 小者友敎士大夫, 或隱而不見. 故子路居衛, 子張居陳, 澹臺子羽居楚, 子夏居西河, 子貢終於齊. 如田子方·段干木·吳起·禽滑釐之屬, 皆受業於子夏之倫, 爲王者師. 是時獨魏文侯好學. 後陵遲以至于始皇, 天下並爭於戰國, 儒術旣絀焉, 然齊魯之間, 學者獨不廢也, 於威·宣之際, 孟子·荀卿之列, 咸遵夫子之業而潤色之, 以學顯於當世."

3) 陳奇猷, 『韓非子集釋』, 「顯學」, 1080쪽, "自孔子之死也, 有子張之儒, 有子思之儒, 有顏氏之儒, 有孟氏之儒, 有漆雕氏之儒, 有仲良氏之儒, 有孫氏之儒, 有樂正氏之儒." 여기서 '孟氏之儒'와 '孫氏之儒'가 각각 맹자와 순자 일파이다. 『한비자』에 나오는 이 내용을 중심으로 공자 사후 전개된 선진 유학의 흐름을 조망한 연구에 대해서는 다음의 자료들을 참고하라. 高專誠, 『孔子·孔子弟子』; 郭沫若, 조성을 옮김, 『중국고대사상사』, 145~178쪽, 「제3장 유가 8학파의 비판」; 趙吉惠 외, 『中國儒學史』, 90~99쪽.

중국의 선진 유학사는 공자 사후 전개된 유학의 이런 다양한 흐름들이 씨줄과 날줄로 얽히면서 축조된 결과이다. 하지만 그런 가운데에서도 당대에 펼친 활동의 내용이나 후대에 미친 영향 그리고 우리가 지금 접할 수 있는 자료의 유무 등을 기준으로 볼 때, 그와 같은 흐름의 중심에 서서 '백가쟁명百家爭鳴'의 격랑 속에서 유학적 가치를 수호하는 데 핵심적인 역할을 한 인물은 역시 맹자와 순자라고 해야 할 것이다. 따라서 여기서는 이들의 사상을 중심으로 하여 앞에서 살펴본 당대의 제도사적 변화로부터 야기된 사상사의 도전에 유학이 어떻게 대응해 갔는지를 살펴보도록 하자.

공자보다 적어도 한 세기 이상 늦은 시대를 살았던 맹자는 자신이 사상사적으로 직면한 문제를 묵자와 양주의 도전이라는 주제로 스스로 요약한 바 있다.[4] 그 자리에서 맹자는 먼저 자신이 몸담고 있는 문화적 전통에 대한 일종의 역사철학적 조명을 시도하면서 그 연장선상에서 묵자와 양주를 향한 적개심을 드러내는데, 이는 묵자와 양주의 극복이라는 과제를 맹자가 얼마나 심각하게 받아들였는지를 단적으로 보여 준다. 맹자 자신의 이러한 입장을 그대로 받아들인다면, 맹자의 사상사적 문제의식은 일단 유학의 입장에서 묵자와 양주의 도전에 어떻게 응전할 것인가 하는 문제라고 정리할 수 있다.

이 가운데 묵자의 도전은 특히 전면적이었던 것으로 보인다. 현재의 『묵자』의 내용을 가지고 볼 때, 그것은 유학의 예악 문화에서부터 시작하여 운명론적 요소, 귀신의 존재에 대한 회의적 태도, 상례喪禮 제도, 그리고 유학적 실천론의 핵심인 차별애差別愛 등 거의 유학의

---

4) 楊伯峻, 『孟子譯注』, 「滕文公下」 9, "楊朱·墨翟之言盈天下. 天下之言不歸楊, 則歸墨. 楊氏爲我, 是無君也, 墨氏兼愛, 是無父也. 無父無君, 是禽獸也……楊墨之道不息, 孔子之道不著, 是邪說誣民, 充塞仁義也……能言距楊墨者, 聖人之徒也."

모든 관심 분야에 걸쳐 있다. 그런데 여기서 맹자가 가장 심각하게 받아들였던 문제는 마지막 주제, 즉 유학의 차별애에 대한 묵자의 비판이었다. 이것은 묵자의 가장 유명한 학설인 겸애론과도 직접적으로 관련된다.

묵자의 겸애설이 정면으로 공격하는 것은 공자의 철학에서부터 강하게 스며들어 있는 유학의 가족주의적 요소이다. 공자와 마찬가지로 묵자는 역시 자신의 시대가 부딪치고 있는 문제의 해결책으로 '사랑'(愛)을 강조하지만 그렇다고 공자처럼 그것의 실마리를 가족에서부터 풀어 나가지는 않는다.5) 아니 그렇게 하지 않는다기보다 오히려 그는 유학의 가족주의적 요소야말로 인간에 대한 진정한 사랑의 실현을 가로막는 장애라고 주장한다. 묵자의 이런 생각은 사회의 기원에 대한 견해 속에서 잘 드러나고 있다.

묵자가 볼 때 자연 상태에서의 가족이란 혈연적 유대에 기초한 겸양과 공경의 덕목이 지배하는 공간이 아니라 구성원들간에 이해가 충돌하는 불화의 장소이다.6) 가족이 불화의 공간이 되는 것은 구성원들이 자기 이익이라는 동기에 의해서만 행동하는 이기적 성향을 보이기 때문이다.7) 그 구성원들의 본질적인 성향 자체가 이처럼 이기적이기 때문에 가족은 대외적으로도 단지 인간 사회에 존재하는 많은 이기적 집단들 가운데 하나에 지나지 않는다.8) 그러므로 묵자가 볼 때 가족은

---

5) 공자에게서 '사랑'이라는 주제는 인에 대한 제자 樊遲의 물음에 답하는 내용 가운데에 서 표현되고 있다. 「顏淵」 22, "樊遲問仁. 子曰: '愛人.'" 『논어』에서 이 '愛人'이라는 명제는 「學而」 5와 「陽貨」 3에도 나온다.

6) 吳毓江, 『墨子校注』, 「尙同上」, 109쪽, "子墨子言曰: '古者民始生, 未有刑政之時, 蓋其 語人異. 是以一人則一義, 二人則二義, 十人則十義. 其人玆衆, 其所謂義者亦玆衆. 是以 人是其義, 以非人之義, 故交相非也. 是以內者父子史弟作怨惡, 散不能相合……'"

7) 같은 책, 「兼愛上」, 154~155쪽.

8) 같은 책, 「尙同下」, 139~140쪽.

결코 사회 문제를 해결하는 출발점이 될 수 없다. 그것은 진정한 대안인 겸애의 실천을 가로막는 장애물 가운데 하나일 뿐인 것이다.

　가족에 대한 묵자의 이런 태도는 맹자와 비교할 때 여러모로 대조적이다. 여기서도 보듯이, 묵자는 당시의 사회적 혼란이 모든 사람이 자신의 이익만을 추구하는 데에서 비롯된다고 본다. 그런데 이 점은 맹자의 경우도 마찬가지이다. 자신의 나라를 방문한 맹자에게 장차 어떤 이익이 있겠느냐고 묻는 양梁나라 혜왕惠王에게 왜 하필 이익부터 말하느냐고 일갈하는 『맹자』 첫 머리의 저 유명한 구절에도 잘 드러나 있듯이, 맹자 역시 당시의 혼란은 모든 사람들, 특히 그 중에서도 통치 계층이 정의(義)의 실현에 관심을 가지는 것이 아니라 사적 이익(利)에만 일차적인 관심을 가지고 있기 때문이라고 진단한다. 하지만 그 대안으로 맹자가 제시하는 것은 묵자가 말하는 보편적인 사랑이 아니라, 혈연적 유대감에 기초한 가족 구성원들 사이의 사랑의 정서를 타인에게로 점차 확대시켜 나가는 동심원적 구조의 실천 전략이다.9) 『논어』에서 '서恕'로 표현되고 있는 이런 식의 전략은 당연히 가족주의적 색채가 농후한 전략이다.

　그러므로 겸애론을 앞세운 묵자의 도전에 대한 맹자의 응전은 유학의 가족주의적 요소의 강화로 나타난다고 할 수 있다. 맹자의 이와 같은 태도는 인에 대한 시각에서 보다 집중적으로 드러난다. 맹자는 인이란 어버이에 대한 친애의 감정, 즉 가족주의에 기초한 덕목임을 분명히 하면서, 그것이 곧 인간의 선천적인 앎(良知)과 능력(良能)의 핵

---

9) 楊伯峻, 『孟子譯注』, 「梁惠王上」 7, 16쪽, "老吾老, 以及人之老, 幼吾幼, 以及人之幼. 天下可運於掌. 詩云, '刑于寡妻, 至于兄弟, 以御于家邦.' 言擧斯心加諸彼而已." 묵자의 겸애설에 대해 그것은 자신의 혈연적 친속에 대한 인간의 원초적인 친애의 감정에 어긋나는 비현실적 이론에 지나지 않는다고 비판하는 맹자의 입장은 묵가학파의 일원인 夷之라는 사람과의 토론 속에서도 개진되고 있다. 「滕文公上」 5 참조.

심이라고 주장한다.10) 인에 대한 맹자의 이와 같은 시각은 다음과 같은 발언 속에서 보다 분명하게 나타난다.

인의 실질은 어버이를 섬기는 것이고, 의의 실질은 형을 따르는 것이다. 지의 실질은 이 두 가지를 알아 여기서 벗어나지 않는 것이고, 예의 실질은 이 두 가지를 절도에 맞게 꾸미는 것이며, 음악의 실질은 이 두 가지를 즐겁게 여기는 것이다.11)

이것을 보면, 모든 의례적인 행위에 의미를 부여하는 내면의 보편적 토대였던 공자의 인이 맹자에 오면 어떤 면에서 부모와 자식의 혈연적 관계에 적용되는 친애의 감정으로 제한되는 것을 볼 수 있다. 이는 곧 인이 모든 개별적 덕목들을 지지해 주는 토대에서 그 개별적 덕목들 가운데 하나로 내려앉았음을 의미한다. 하지만 자세히 보면 실질적인 면에서는 인의 위상이 거의 손상되지 않았음도 알 수 있다. 왜냐하면 맹자에서도 인은 여전히 모든 개별적 덕목들의 출발점이기 때문이다. 인에 대한 맹자의 이런 견해에 따르게 되면 결국 유학을 구성하는 중심적인 가치들은 모두 혈연에 대해 친애감을 느끼는 인간의 자연스러운 감정을 온전히 구현시키기 위한 이차적 덕목으로서의 의미만을 지니게 된다.

이런 점에서 맹자에 오면 인은 모든 개별적 덕목들의 토대라는 기존의 위상을 거의 손상시키지 않은 채 자신의 가족주의적 성격을 보다

---

10) 楊伯峻, 『孟子譯注』, 「盡心上」 15, "孟子曰: '人之所不學而能者, 其良能也, 所不慮而知者, 其良知也. 孩提之童無不知愛其親者, 及其長也, 無不知敬其兄也. 親親, 仁也, 敬長, 義也, 無他, 達之天下也.'" '親親, 仁也'라는 표현은 「告子下」 3에도 나온다.
11) 같은 책, 「離婁上」 27, "仁之實, 事親是也, 義之實, 從兄是也, 智之實, 知斯二者弗去是也, 禮之實, 節文斯二者是也, 樂之實, 樂斯二者."

분명히 드러내는 쪽으로 각색된다. 맹자가 묵자의 주장을 '아버지를 부정하는(無父) 학설'이라고 단정한 것은 겸애설의 핵심이 결국은 가족주의를 부정하는 것이라고 보았음을 의미한다.12) 그러므로 이런 측면에서 보면 인에 대한 맹자의 각색 작업이 차지하고 있는 사상사적 맥락은 분명하다. 그것은 가족의 가치를 부정하고 겸애의 구호를 앞세우며 유가를 압박해 오던 묵가학파의 도전에 대한 유가 측의 응전인 것이다.

유학에 대한 또 하나의 강력한 도전 세력이었던 양주학파에 대한 맹자의 일차적인 대응은 잘 알려진 대로 그것을 개인주의로 몰아세우는 것이었다. 맹자에 따르면, 양주의 학설은 개체 생명의 가치만을 절대화시키므로 군신 관계로 표상되는 인간의 사회적 관계를 파괴시키는 폐해를 초래한다.13) 그런데 유학의 입장에서 볼 때 사회적 관계는 예에 의해 규정되는 관계이므로 양주의 주장은 곧 유학의 예에 대한 도전으로 간주될 수 있다. 그러므로 양주의 도전도 유학적 가치를 수호하려는 신념으로 충만되어 있던 맹자의 입장에서는 용납할 수 없는 문제였던 셈이다.

그러나 유학적 가치에 대한 양주의 도전과 그것에 대한 맹자의 응전이 지니고 있는 진정한 사상사적 의미는 '예에 의해 지지되는 인간의 사회적 관계'에 대한 부정 또는 옹호라는 표피적인 측면이 아니라 다른 곳에서 찾아져야 한다. 다른 곳이란 그 유명한 맹자의 성선설性善說이다. 어쩌면 맹자 자신은 자신의 성선설이 양주의 도전에 대한 응전이라고는 생각하지 않았을지도 모른다. 하지만 사상사적인 관점에서

---

12) 앞의 각주 4)의 내용 참조
13) 楊伯峻, 『孟子譯注』, 「滕文公下」 9(앞의 각주 4의 내용 참조); 「盡心上」 26, "楊子取爲我, 拔一毛利而天下, 不爲也."

볼 때 그것은 분명 양주의 도전에 대한 응전이다. 양주의 문제 제기를 개체 생명에 대한 무조건적인 옹호라는 단순한 메시지로만 읽는 것은 그것이 지녔던 폭발력을 지나치게 과소평가하는 것이다. 그것은 양주의 문제 제기를 범도가적인 문맥으로 옮겨 놓고 이해할 때 온전히 드러난다. 문맥을 그렇게 옮겨 놓고 보면 양주의 문제 제기가 바로 이미 앞서 말했던 전통적인 자연관에 대한 도가적 도전을 반영하고 있음을 금방 눈치챌 수 있다. 양주는 흔히 '자연천自然天'이라고 표현되는 가치중립적 자연관으로부터 자신의 인간관을 전개하고 있는 것이다.

앞에서도 언급했듯이, 중국의 선진 사상사에서 자연천 개념은 선행하는 자연관들, 즉 주재천과 의리천으로 각각 표현되는 종교적 자연관과 의미론적 자연관에 대한 반동으로 등장한다. 춘추말에서 전국 중기로 이어지는 시기를 중심으로 하여 이들 자연관을 당시의 대표적인 지식인 집단들과 연결시킨다면, 우선 종교적 자연관은 당연히 이른바 '하늘의 의지'(天志)를 자신들 이론의 정점에 놓았던 묵가학파의 중심적인 자연관에 해당한다. 그리고 의미론적 자연관은 공자의 경우에서 보았듯이, 인간의 당위적 실천의 영역을 형이상학적으로 정당화시키고자 했던 유학적 관심에 대응된다.

그런데 인지의 발전에 따른 자연관의 변천 과정을 고려한다면 의미론적 자연관은 종교적 자연관을 극복한 결과로 보는 것이 순리적이다. 따라서 도가 계열에서 주로 발견되는 가치중립적 자연관은 직접적으로 유학이 딛고 있는 의미론적 자연관을 겨냥한 것이라고 할 수 있다. 이런 점에서 본다면 양주의 도전은 곧 당위적 실천의 영역을 의미론적 자연관을 통하여 정당화시키고자 하는 유학의 의도를 근본으로부터 뒤흔드는 사건이었던 셈이다.[14) 이것이 양주의 도전이 지니고 있는 사상사적인 의미이다.

만약 인간의 자연적 생명보다 선행하는 가치는 없으며, 따라서 그
자연적 생명의 온전한 유지야말로 삶의 최대 목표여야 한다는 양주의
주장을 그대로 인정하게 되면 공자로부터 시작된 유학적 프로그램은
심각한 위협에 직면하게 된다. 왜냐하면 그것은 곧 자신들이 추구하는
당위적 실천의 영역을 정당화시켜 줄 아무런 토대를 확보할 수 없게
됨을 의미하기 때문이다. 그리고 그렇게 될 경우 당시 묵자로부터 이미
혹독하게 비판받고 있던 대로, 유학은 결과적으로 운명론적인 패배주
의로 급격히 빠져들어 가지 않을 수 없게 된다.[15) 당위적 실천의 정당
성을 확신할 수 있는 방법이 하나도 없는 상태에서는 인간의 의지나
바람과는 전혀 무관하게 그것의 성공 여부가 오직 필연성의 질서에
따라 결정될 수밖에 없기 때문이다. 의식했든 하지 않았든 맹자가 양주
의 도전으로부터 떠안게 된 과제는 정확하게 이것이었다. 그리고 그
대응으로 나온 것이 맹자의 성선설이다.

유학의 입장에서 볼 때 양주의 도전으로 야기된 문제를 해결하는
방법은 두 가지밖에 없다. 하나는 여전히 필연성의 영역이 당위적 영역
과 궁극적으로는 합일한다는 것을 새로운 각도에서 논증해 내는 것이
고, 다른 하나는 아예 필연성의 영역을 배제한 채 당위적 영역만으로
그 정당성을 새롭게 확보해 가는 것이다. 여기서 맹자가 선택한 것이
앞의 방식이고, 뒤에서 언급되겠지만 순자가 선택한 것은 뒤의 방식이

---

14) Graham은 이것은 기원전 4세기 중국사상계에 던져진 '형이상학의 위기'(metaphysical
crisis)라고 표현한다. *Disputers of the TAO: philosophical argument in ancient China*, 107~111쪽.
15) 벤자민 슈월츠『墨子』「公孟」의 내용을 살펴 볼 때 실제로 당시 묵가와 접촉하고 있
던 유가 집단은 스스로 자신들의 시대에 어떤 직접적인 영향을 끼칠 수 있을 것이라
는 데 대해 별로 희망을 갖고 있지 않은 것 같다고 말한다. 벤자민 슈월츠, 나성 옮
김, 『중국 고대사상의 세계』, 207쪽.

다. 앞의 방식은 구체적으로 자연은 가치중립적인 것이 아니라 도덕적 가치로 충만되어 있는 의미론적인 실체임을 새로운 각도에서 다시 설득력 있게 증명해 보이는 것이다. 다시 말해서 자연은 도덕적 가치로 충만되어 있는 보편성의 영역임을 증명해 내야만 하는 것이다.

그런데 이 문제를 해결하기 위하여 맹자가 나아간 방향은 역설적으로 자연을 향한 외부적 방향이 아니라 인간의 본성을 향한 내면적 방향이다. 시공간의 보편성을 확보하기 위하여 그 시공간 자체를 주관의 직관형식으로 끌어들인 칸트의 경우를 생각하면 맹자의 이런 방향 선회가 의도하는 것이 무엇인지 쉽게 유추할 수 있다. 그것은 자연을 내재화시키고, 그렇게 내재화된 결과로서의 인간의 본성이 도덕적임을 먼저 논증함으로써 역으로 자연의 도덕성을 증명할 수 있다는 의도이다. 맹자의 그런 의도는 다음에서 보듯이 인간의 선천적인 성향들 가운데 도덕적 성향만을 본성으로 인정하려고 하는 데서 보다 잘 드러난다.

입이 좋은 맛을 가리고 눈이 좋은 색채를 좇고 귀가 좋은 소리를 찾고 코가 좋은 냄새를 따르며 사지가 안일함을 추구하는 것은 인간의 본성이긴 하지만, 그것의 실현 여부에는 명이 개입되어 있으므로 군자는 그런 것들을 본성이라고 하지 않는다. 부자간의 인과 군신간의 의와 손님과 주인 사이의 예, 현명한 자가 지혜를 갖추는 것과 성인이 천도와 합일하는 것은 명에 속하는 것이기는 하지만, 그것의 실현 여부에는 인간의 본성이 개입되므로 군자는 그것을 명이라고 하지 않는다.[16]

---

16) 楊伯峻, 『孟子譯注』, 「盡心下」 24, "口之於味也, 目之於色也, 耳之於聲也, 鼻之於臭也, 四肢於安佚也, 性也, 有命焉, 君子不謂性也, 仁之於父子也, 義之於君臣也, 禮之於賓主也, 智之於賢者也, 聖人之於天道也, 命也, 有性焉, 君子不謂命也."

여기서 말하는 '본성'(性)과 '명命'은 각각 능동적 실천의 영역과 필연성의 영역을 가리키는 것으로 이해할 수 있다. 그럴 경우 감각적 욕망은 인간의 능동성이 발휘되는 영역이기는 하지만, 그것이 실현될 수 있느냐의 여부는 궁극적으로 외부적 조건에 달려 있으므로 군자는 그것을 진정한 능동성의 영역으로 인정하지 않는다는 것이다. 반면에 도덕적 덕목들은 비록 필연성의 영역으로부터 주어지는 것이기는 하지만, 그래도 그것은 어디까지나 인간의 능동적 노력의 여하에 따라 실현 여부가 결정된다는 점에서 군자는 그것을 전적으로 필연성의 영역에 속하는 것으로만 보지는 않는다는 것이다. 여기서 도덕적 덕목들이 '필연성의 영역으로부터 주어진다'고 말하는 부분은 바로 자연이 본성으로 내재화되는 경로를 가리킨다.

　그러므로 맹자의 이 논리에 따를 때 이른바 인간이 인·의·예·지라는 도덕적 덕목을 구현하는 과정은 전적으로 주체적인 능동성의 영역으로 자리매김된다.[17] 그것이 가능한 것은 두말할 필요 없이 인간의 본성 속에 선의 가능성이 '사단四端' 즉 '네 가지 정서적 모티브'라는 형식으로 선천적으로 내재화되어 있기 때문이다. 이제 여기까지 오면 자연의 도덕성은 그것이 내재화된 결과인 인간의 도덕적 본성이 드러나는 과정을 통하여 증명된다. 즉 인간의 본성이 선하다는 사실이 그 본성의 원천인 자연의 도덕성을 증명하는 결정적인 증거가 된다는 논리이다. 마치 신의 존재를 증명하는 보증서가 결과적으로 자아에 의해 발급되는 데카르트의 경우와 유사한, 이와 같은 전회轉回를 두고 맹자는 "자신의 마음을 온전히 실현하면 자신의 본성을 알게 되고, 자신의

---

17) 이처럼 능동성과 필연성의 영역을 대비시킨 뒤, 전자의 영역에 속하는 것에 매진하는 것이 올바른 실천적 태도라고 보는 맹자의 이런 태도는 「盡心上」 3에도 나온다. "求則得之, 舍則失之, 是求有益於得也, 求在我者也. 求之有道, 得之有命, 是求無益於得也, 求在外者也."

본성을 알게 되면 곧 하늘을 알 수 있다"는 짤막한 말로 요약한다.[18]

앞에서 말했듯이 인간의 본성에 대한 맹자의 견해는 궁극적으로 양주로부터 제기된 가치중립적 자연관에 대한 응전의 일환이었다고 보는 것이 제대로 된 독법이다. 그래야만 그것이 지니고 있는 사상사적인 맥락을 제대로 짚어 낼 수 있기 때문이다. 하지만 다른 한편으로 그것은 자연 상태에서, 특히 가족 안에서조차 인간은 이기적 욕구의 주체라고 보는 묵자의 도전에 대한 응전이기도 하다. 따라서 맹자의 인간 본성에 대한 견해는 유학적 가치에 대한 당시의 사상사적 도전에 대처하는 맹자의 입장이 가장 잘 드러나 있는 이론이라 할 수 있다.

그러나 맹자의 이런 응전에도 불구하고 묵자와 양주로부터 촉발된 도전은 시간이 지날수록 거세어져 갔다. 이것은 묵자와 양주가 제기한 문제들이 단순히 그들 개인의 철학적 세계관으로부터 비롯된 것이 아니라 시대적 변화를 정확히 반영하고 있는 문제 제기였기 때문이다. 전국 시대는 앞에서도 살펴보았듯이 사회정치적으로 종법적 질서가 걷잡을 수 없이 파국으로 치닫는 시대였고 자연관 방면에서는 도가의 가치중립적인 자연관이 갈수록 지배적인 자연관으로 자리를 잡아가던 시대이다. 이런 점에서 맹자가 직면한 도전은 그와 같은 시대적인 상황을 고려할 때 결코 단발성으로 그칠 수 없는 도전이었다. 그러므로 유학의 입장에서는 갈수록 양상을 달리하며 거세어져만 가는 그 도전 앞에 새로운 응전의 프로그램을 짜야만 했다. 이것이 맹자보다 반 세기쯤 뒤에 오는 순자가 떠안아야 했던 과제이다.

자신이 부딪친 도전의 내용을 묵자와 양주로 특화시켜 표현했던 맹자와 달리 순자는 한두 명의 논적으로 특화시켜 자신이 직면한 도전

---

18) 같은 책, 「盡心上」 1, "盡其心者, 知其性也. 知其性, 則知天矣."

을 뭉뚱그리려 하지는 않았다. 그는 「비십이자」나 「천론天論」, 「해폐解蔽」 등의 단편에서 보듯이 다양한 논적들을 상대로 동시다발적인 전투를 수행한다. 이것은 순자가 직면한 도전이 맹자의 그것에 비해 그만큼 전방위적이었음을 뜻하는 것이기도 하다. 사실 순자가 활동하던 시대는 제자백가의 철학이 서로 합종연횡을 거듭하면서 종합을 향한 난숙기로 접어들어 가던 시대이다. 그러므로 그런 시대적 상황에서 유학적 가치를 지키고자 한 순자의 경우 그 대응 방식이 전방위적일 수밖에 없는 충분한 이유가 있는 것이다. 하지만 그런 가운데에서도 맹자의 시대로부터 물려받은 유산과 순자 자신의 철학 전체를 관통하는 문제의식을 염두에 두고 살펴본다면, 순자가 심각하게 받아들였던 도전 역시 맹자의 경우와 마찬가지로 크게 두 개의 흐름으로 개괄할 수 있다. 그것은 후대의 용어로 말하면 법가와 도가의 도전이다.

순자의 시대에 전개된 유학적 가치들에 대한 법가의 도전은 한 마디로 종법제적 질서에 대한 완전한 붕괴의 시도라고 요약할 수 있다. 종법제는 혈연에 기초한 가족주의적 요소를 핵심으로 하여 서주초에 확립된 사회적 인간 관계의 기본 틀이다. 그런데 앞에서도 살펴보았듯이, 춘추에서 전국에 걸치는 시기는 이 종법제가 붕괴일변도로 치달아 온 시기이다. 중국의 선진 시대, 그 중에서도 특히 전국 시대는 이런 일련의 흐름들이 급격하게 가닥을 잡아갔다. 당시의 지식인들 가운데 이런 변화의 흐름을 누구보다도 먼저 읽어 내고 그 당위성을 적극적으로 옹호한 그룹은 당연히 법가이다. 그들이 제안한 '법法'이라는 대체 규범은 기존의 자연적인 관계를 대신한 새로운 인간 관계, 즉 인위적인 관계를 정당화시키고자 하는 시도였다. 순자의 철학이 숨쉬고 있던 공간은 바로 이런 움직임들이 되돌릴 수 없는 대세로 굳어져 버린 전국

말이었다. 따라서 순자의 철학은 일차적으로 그런 현실을 적극적으로 수용하는 모습을 보인다. 간단하게 '패도覇道'에 대한 순자의 생각을 통해서 그 점을 엿볼 수 있다.

유학이 전통적으로 추구하는 정치 방식은 힘에 통치의 기반을 둔 패도 정치가 아니라 도덕성에 통치의 근거를 둔 왕도 정치로 알려져 있다. 하지만 선진 유학사 속에서만 보더라도 이 문제에 대한 개별 유학자들의 입장은 약간씩의 편차를 보인다. 예로부터 패도의 대명사로 불리는 관중管仲에 대한 평가를 기준으로 살펴볼 때 그 점이 확연히 드러난다.

먼저 공자의 경우 관중에 대한 평가는 복합적이다. 대부의 신분으로 제후에게만 허용된 의례를 참월한 사람이라는 점 때문에 공자는 관중을 일단 비판하지만, 다른 한편으로는 패도를 통하여 중화中華라는 공동체의 안전을 지켜 냈다는 점에서는 높이 평가한다.[19] 이에 비하여 맹자의 경우는 관중에 대하여 시종일관 비판적이다.[20] 맹자의 그러한 태도는 패도란 인정仁政을 가장하여 힘으로 사람을 굴복시키는 것이라고 보는 부정적 시각으로부터 온다.[21] 관중에 대한 공자와 맹자의 평가가 이렇게 차이가 나는 것은 아마도 주왕조를 바라보는 그들의 태도에서 비롯되었을 것이다. 공자는 주왕조의 권위에 여전히 집착하고 있었지만 맹자에게는 주왕조의 존속 여부가 더 이상 관심의 대상이 아니었다.[22] 이런 까닭에 공자로부터 그래도 주왕실을 정점으로 하는

---

19) 전자에 대한 자료는 『논어』「八佾」22가 대표적이고, 후자는 시각은 「憲問」16과 17에 잘 나타나 있다.
20) 관중에 대한 맹자의 평가는 楊伯峻, 『孟子譯注』, 「公孫丑上」1과 「公孫丑下」2를 통해 살펴볼 수 있다.
21) 같은 책, 「公孫丑上」 3 참조.
22) 벤자민 슈월츠, 나성 옮김, 『중국 고대사상의 세계』, 98쪽, 392~393쪽 참조.

중화공동체의 질서를 지켜 낸 역할은 했다고 평가받은 관중의 공도 어느 정도의 확신 속에서 새로운 시대의 도래를 예감하고 있던 맹자에게는 아무런 의미가 없었던 것이다.[23]

그런데 패도에 대한 순자의 생각은 이들과 또 달라서, 그것은 한마디로 패도가 최선은 아니지만 차선으로서 필요하다는 입장이다.[24] 패도에 대한 순자의 이와 같은 태도는 당연히 힘에 의한 통일이 가시화되던 시대적 현실을 반영한다고 보아야 한다. 사람 죽이기를 좋아하지 않는, 즉 인정을 행하는 사람에게로 천하가 귀일될 것이라던 맹자의 예언이 점차 설득력을 잃어 가던 현실에서[25] 왕도에 대한 무조건적인 옹호는 그 현실의 변화를 담아 내지 못하는 공론空論이 되기 십상이다. 패도에 대한 순자의 부분적인 긍정은 아마 이와 같은 배경에서 평가되어야 할 것이다.

순자 철학의 또 다른 특징인 '법후왕法後王'도 이와 동일한 맥락에서 이해될 수 있다. '법후왕'은 당시에 팽배하던 법가적인 진보사관과 법고적法古的 분위기의 유학적 이상이 절묘하게 결합된 산물이기 때문이다.

성왕의 자취를 살피고자 한다면 그것이 찬연히 빛을 발하는 곳을 보아야 하는데, 후왕이 바로 그것이다. 후왕은 천하의 군주이다. 그러니 후왕을 버리고 상고 시대를 말하는 것은, 비유하자면 자신의 임금을 버리고 다른

---

23) 새로운 시대를 예감하는 맹자의 시각은 이른바 '五百年王者必起論'에 잘 나타나 있다. 楊伯峻, 『孟子譯注』, 「公孫丑下」 13 참조.
24) 관중이나 패도에 대해 순자의 발언은 『荀子』의 「王霸」편을 비롯하여 「仲尼」, 「王制」, 「臣道」, 「解蔽」, 「君子」, 「大略」, 「宥坐」 등에 산재해 있다. 이들 편을 통하여 순자는 정치의 성패에 따른 국가의 상태를 '왕도의 상태(王)-패도의 상태(霸)-현상유지 상태(存)-멸망 상태(亡)'라는 등급으로 제시하곤 하는데, 여기서 패도는 항상 차선으로 평가되고 있음을 볼 수 있다.
25) 楊伯峻, 『孟子譯注』 「梁惠王」 6.

사람의 임금을 섬기는 것과 같다. 그러므로 천세 앞을 알려면 오늘을 헤아려야 하고, 억만의 수를 알려면 하나 둘부터 세어야 하며, 상고 시대의 법도를 알려면 주나라의 도를 살펴야 한다.[26]

여기서 순자가 주나라의 도를 본받아야 한다고 이야기하는 것은 유학의 일반적인 시각과 같으나 그렇게 주장하는 이유는 분명히 다름을 볼 수 있다. 순자는 주나라의 도가 훌륭한 옛 법도이기 때문에 배워야 한다고 말하는 것이 아니라 그것이 시기적으로 가장 가까운 조대朝代의 법도이기 때문이라고 이야기하고 있는 것이다.[27] 이것은 분명히 유학의 성왕정치론을 고수하면서도 다른 한편으로 법가류의 진보적 역사관을 수용하는 태도이다. 순자에 오면 예가 맹자와 달리 다시 외재적 규범으로서의 성격이 강화되어 마치『좌전』의 예로 되돌아간 듯한 느낌을 주는 이유도 또한 여기에 있다. 그것은 시대가 요청하는 법의 위상까지 유학의 예가 포괄해야 했기 때문이다. 이런 까닭에 순자의 철학에서 예는 법과 그리 큰 차이를 보이지 않는다.

순자 철학에서 보이는 이런 강한 예치주의는 앞에서도 말했듯이 변법이 일상이 되어 버린 현실에서 유학이 살아남기 위한 자구책의 일면을 보여 준다. 하지만 그렇더라도 마지막 순간에 순자는 자신의 예치주의를 능동적 실천성의 영역 안에 놓아두는 것을 잊지 않는다. 이 점이 순자가 여전히 유가인 한 가지 이유이다. "혼란한 군주가 있지 혼란한 나라가 있는 것이 아니며, 다스리는 사람이 있지 다스리는 법이

---

26) 王先謙,『荀子集解』,「非相」, 80~81쪽, "欲觀聖王之跡, 則於其粲然者矣. 後王是也. 彼後王者, 天下之君也. 舍後王而道上古, 譬之是猶舍己之君而事人之君也. 故曰, 欲觀千歲, 則數今日, 欲知億萬, 則審一二, 欲知上世, 則審周道."

27) 楊倞을 '後王'을 '가까운 시대의 왕'(近時之王)이라고 말한다. 같은 책, 같은 곳의 양경의 주 참조

있는 것이 아니다"[28])라고 하는 유명한 명제로 정식화되는 순자의 이와
같은 태도는 다음에서 보듯이 법치주의의 성패조차 최종적으로 도덕
적 인격에 호소하게 만든다.

> 법은 홀로 설 수 없고, 그 유비적 범주는 스스로 적용될 수 없다. 그것을
> 실행하기에 적합한 사람을 만나면 존속하는 것이고, 적합한 사람을 만나
> 지 못하면 없어지는 것이다. 그러므로 군자가 있으면 법이 비록 간략하더
> 라도 두루 시행되지만 군자가 없으면 법이 비록 갖추어져 있더라도 시행
> 되는 선후의 순서를 잃어버리게 되니, 그렇게 되면 사태의 변화에 대응해
> 나갈 수 없어 어지러워지고도 남는다.[29])

이것은 명백하게 한비자와 같은 법가 계열의 인물들이 줄기차게
선양했던 '법 집행 전문가'(能法之士)의 역할을 평가절하하는 발언이다.
그러므로 여기에 오면 법은 이차적인 것에 지나지 않게 된다. 그것은
군자라는 유덕자有德者의 지도를 받아야 하는 단순한 정치적 도구에
지나지 않게 되는 것이다. 순자가 볼 때 법치에 의거한 정치의 궁극적
인 성패는 그런 유덕자의 존재 여부에 달려 있다. 법치의 대명사인 진
秦나라를 방문한 소감을 말하는 자리에서 여러 가지 긍정적인 요소들
이 있음에도 불구하고 결정적으로 '위대한 유학자'(大儒)를 찾아볼 수
없다고 지적하는 순자의 태도 속에서 우리는 법치에 대한 순자의 그런
기본적인 입장을 다시 한 번 확인할 수 있다.[30])

---

28) 王先謙, 『荀子集解』, 「君道」, 230쪽, "有亂君, 無亂國, 有治人, 無治法."
29) 같은 책, 같은 곳, "法不能獨立, 類不能自行. 得其人則存, 失其人則亡. 法者, 治之端也,
   君子者, 法之原也. 故有君子, 則法雖省, 足以徧矣, 無君子, 則法雖具, 失先後之施, 不
   能應事之變, 足以亂矣." '類'를 '유비적 범주'라고 옮긴 것은 John Knoblock의 견해를
   참고한 것이다. Xunzi: A Translation and Study of the Complete Works, 252쪽 참조
30) 같은 책, 「彊國」, 302~304쪽 참조.

여기까지 오면 예는 법의 단순한 등가물이 아니라 법의 원천으로서 새롭게 자리매김된다.[31] 결국 법이 아니라 예가 여전히 사회적 인간 관계를 규율짓는 궁극적인 규범 역할을 하게 되는 것이다. 사회적 신분 질서는 긍정하되 그 신분을 결정하는 기준은 예의禮義에 대한 합치 여부여야 한다는 주장 속에서 예적 질서에 대한 순자의 절대적인 신념을 엿 볼 수 있다.[32] 예에 대한 순자의 어떻게 보면 과도하다고까지 할 수 있는 이런 집착은 역설적으로 그가 처한 시대가 유학적 가치를 수호해 나가는 데 얼마나 난감한 시대였는가를 말해 준다. 순자의 그런 과단성을 우리는 또 다른 도전에 응전해 나가는 그의 모습에서 다시 한 번 접하게 된다.

맹자가 경험했던 양주의 도전은 순자의 시대로 오면 걷잡을 수 없는 상태가 되어 버린다. 특히 전국 중후기의 현학은 단연 도가적 색채가 농후한 황로학이었다는 점을 고려할 때 당시 도가적 자연관의 위세가 어떠했으리라는 것은 충분히 짐작이 가는 일이다. 『장자』「천하」편에 묘사되고 있는 신도愼到의 사상이나 『황제사경』 같은 곳에서 볼 수 있는 법칙적 질서에 기반을 둔 세계상에 대한 관념은 이 시대의 지배적인 자연관이었다. 한비자가 자신의 생각의 형이상학적 기반을 마련하기 위해 노자의 도론道論을 원용한 데에서도 알 수 있듯이, 도가의 그런 가치중립적인 자연관은 법가적 프로그램의 토대로 작동해 들어갔다. 그리고 그것을 통하여 법가는 사회적 인간 관계를 구성하는 일체

---

31) 같은 책, 「勸學」, 12쪽, "禮者法之大分, 類之綱紀也."
32) 같은 책, 「王制」, 148~149쪽, "雖王公士大夫之子孫, 不能屬於禮義, 則歸之庶人, 雖庶人之子孫也, 積文學正身行能屬於禮義, 則歸之卿相士大夫." 순자의 이러한 예치주의는 뒤이어 한제국에서 본격화되는 '家－國' 체제의 등장을 예고하는 것이기도 하다. 우리는 그 근거로 순자에 등장하는 "四海之內若一家"라는 표현을 들 수 있다. 이 표현은 『순자』에 모두 세 번 등장하는데(「儒效」, 「王制」, 「議兵」), 『맹자』에는 '一家'라는 표현 자체가 한 번도 나오지 않는다는 점에서 여러모로 시사적이다.

의 원리를 자연의 법칙적 질서로 치환시키고자 하였다. 즉 법칙적인 측면에서 '인간'을 '자연'으로 환원시키는 프로그램을 기획한 것이다. 법가의 그런 시도는 사회적 인간 관계의 관계맺음의 방식이 질적 관계에서 양적 관계로 이행해 가는 시대적 조류에 정확히 부합하는 것이었다. 『황제사경』에서도 잘 드러나듯이, 당시 황로도가 가운데 정치적 성향이 강한 유파가 나아간 방향도 이 방향이었다. 또 조금 색깔은 다르지만 자연적 질서를 심미적 질서로 파악하면서 인간을 그 속으로 해체시키려 한 장자의 시도 역시 방향성 면에서 '인간'을 '자연' 속으로 귀속시키려 한 점은 마찬가지였다. 요컨대 전국 중기 이후 가치 중립적 자연관이 일반화되자 거기에 대응하는 철학적 움직임들은 대부분 '인간'을 '자연'으로 환원시키는 방향으로 나아갔다는 것이다.

하지만 그런 대응 방식이 유학의 입장에서는 수용할 수 없는 방식임은 자명하다. 유학의 입장에서는 가치중립적 자연관을 의미론적 자연관으로 재해석해 내든가 아예 '인간'과 '자연' 간의 연결고리를 끊어버리든가 하는 것만이 유일한 대안이었다. 이 지점에서 순자가 나아간 방향은 앞에서도 말했듯이 뒤의 것이었다. 그는 인간의 영역과 자연의 영역이 의미론적으로 어떠한 연관 관계를 갖게 되는 것도 거부했다. 순자는 "도는 하늘의 도도 아니고 땅의 도도 아니며, 인간으로서 걸어야 할 길이고 군자가 밟아 나가야 할 길이다"라고 하여 자신이 추구하는 것은 오직 인도일 뿐임을 분명히 했다.[33] 순자의 이러한 태도는 도를 인간의 당위적인 영역을 가리키는 의미로 주로 사용했던 공자적 전통의 부활을 의미한다. 하지만 순자는 필연성의 영역으로부터 이 당위적 영역의 정당성을 보증받아야 한다는 생각은 거부했다는 점에서

---

33) 같은 책, 「儒效」, 122쪽, 道者, 非天之道, 非地之道, 人之所以道也, 君子之道也.

공자로부터 갈라선다. 즉 일종의 노모스적 세계와 피지스적 세계의 분리를 시도한 셈이다.

순자 철학에서 성악설性惡說은 그의 이와 같은 자연관의 인간학적 표현이다. 노모스적 세계와 피지스적 세계의 분리는 자연으로부터 가치를 회수해 오는 작업을 전제로 한다. 따라서 이 구도에서 선은 전적으로 노모스의 영역에 속하게 된다. 그러므로 인간 본성의 선함은 자연적 본성을 인위적 본성으로 개조시키는 과정에서 확보된다. 순자에게 있어서 이 개조의 과정에 개입되는 것이 바로 '예의禮義'이다. 이런 점에서 예의는 곧 인간을 필연성의 영역에서 당위의 영역으로 이행시키는 계기이다. 순자의 이런 시각은 다음과 같은 말 속에 잘 드러난다.

본성이란 인간이 가지고 태어나는 자연적인 경향성이다. 그러므로 배움의 대상이 될 수 없고 실천을 통해서 행할 수도 없다. 하지만 예의는 성인이 만든 것으로서, 사람이 배워서 능숙해질 수 있고 실천을 통해서 성취할 수도 있다. 배울 수도 없고 실천할 수도 없는 것으로서 사람에게 갖추어져 있는 것을 본성이라고 하고, 배워서 능숙해질 수 있고 실천을 통해 성취할 수 있는 것으로서 사람에게 있는 것을 인위라고 한다. 이것이 본성과 인의의 분별이다.[34]

순자에게 있어서 인위의 영역이 선인 이유는 그것이 이처럼 '예의'에 의해 질서 잡힌 세계이기 때문이다. 순자가 볼 때 선과 악의 경계는 질서와 무질서이다.[35] 그러므로 선은 인위의 영역에 속한다. 그곳은

---

34) 같은 책, 「性惡」, 435~436쪽, "凡性者, 天之就也. 不可學, 不可事. 禮義者, 聖人之所生也, 人之所學而能, 所事而成者也. 不可學, 不可事而在人者, 謂之性, 可學而能, 可事而成之在人者, 謂之僞. 是性僞之分也."

35) 같은 책, 같은 곳, 439쪽, "凡古今天下之所謂善者, 正理平治也, 所謂惡者, 偏險悖亂也. 是善惡之分也已."

예에 의해 질서가 잡혀 있는 세계이다. 반면에 인간의 자연적 본성은 악이다.[36] 이런 점에서 순자의 철학에서 자연이 선이 되기 위해서는 반드시 인위의 세례를 거쳐야만 한다. 순자는 자연에 대한 그런 검열 장치를 통하여 인간의 삶이 불가항력의 요소들에 의해 재단되는 측면을 최소화시키고, 능동적인 작위의 실천을 통하여 완전한 의미의 세계를 창출하는 것이 가능하다고 생각했는지도 모른다. 인륜의 수범자인 동시에 제도의 완성자인 순자의 '성왕聖王' 개념으로부터 우리는 그런 고양된 작위 정신의 화신을 본다. 순자는 "성聖이란 인륜을 완전히 구현하는 자이고 왕王이란 제도를 완벽하게 구비하는 자"라고 정의하면서, "이 두 가지를 온전히 실현하는 자는 천하의 표준(極)이 될 수 있다"고 말한다.[37] 바로 유학의 전형적인 문화적 영웅의 모습이다.

순자는 자신이 직면했던 사상사적인 도전, 그 중에서도 특히 자연관 방면에서 제기된 도전을 이처럼 당위의 영역과 필연의 영역을 분리하여 문화를 자연으로부터 독립시킴으로써, 결과적으로 가치를 자연에서 철수시키는 방식으로 극복하고자 했다. 이것은 전국말이라는 사상사적 상황을 고려할 때 유학의 순수성을 지키기 위한 마지막 시도처럼 보인다. 그러나 순자의 이러한 시도는 이어지는 유학의 흐름 속에서, 즉 한대 경학 속에서 정반대의 방향으로 회절된다.

한대 경학의 특징은 한 마디로 국가를 하나의 거대한 가족적 질서의 구현장으로 보는 '가家-국國' 체제의 확립과, 새로운 고대를 상징하는 듯한 그 과도한 종교적 분위기에 있다. 여기서 전자는 언제나 유학적 가치의 토대 역할을 가족주의적 요소가 개화된 경우라고 할 수

---

36) 같은 책, 「性惡」, 434쪽, "人之性惡, 其善者僞也."
37) 같은 책, 「解蔽」, 407쪽, "聖也者, 盡倫者也, 王也者, 盡制者也. 兩盡者, 足以爲天下極矣."

있다. 하지만 후자의 경우는 순자를 생각할 때 확실히 의외이다. 전국 후기로 넘어오면서 가장 유행하는 세계관이 되어 버린 음양오행설의 영향을 감안한다고 하더라도 한대 경학의 극단적인 종교적 성향은 확실히 사상사의 흐름에 개입하는 불연속성의 일면을 생각하게 만드는 측면이 있다. 이런 점에서 볼 때, 선진의 사상사적 도전에 대한 선진 유학의 응전을 마무리했던 순자의 철학은 다음 시대와의 관련성 속에서 볼 때 절반의 성과를 거둔다고 할 수 있을 것이다. 왜냐하면 그의 강력한 예치주의는 한대 경학으로 계속 전승되지만 도가적 자연천 관념은 철저하게 단절되기 때문이다. 그러므로 순자 이후에서 한대 경학 성립 시기까지의 중국 철학사 풍경은 유학의 이 절반의 성공을 위한 모색의 과정이라고 할 수 있다.

5. '대동'의 이상과 현실

군현제에 의해 제도적으로 확립되기 시작한 전국 시대의 중앙집권적 지배 구조는 진·한을 거치면서 '군주전제君主專制'라는 정치 제도로 정식화된다. 이 시기의 사상적 경향은 크게 볼 때 이러한 정치적 흐름에 발맞추어 시간적 선후를 두고 전개되는 다음의 두 가지로 개괄될 수 있다. 그것은 통일 제국을 겨냥한 새로운 국가 이념에 대한 다양한 논의와 그러한 논의 과정을 통해 채택된 '군주전제주의'이다.

앞의 순자의 경우에서 보았듯이, 새로운 통일 제국이 어떠한 이념에 기반을 두어야 하느냐 하는 문제는 이 시기에 활약한 사상가들의 공통 관심사였다. 그들은 나름대로 통일 제국은 이러이러한 모습을 지닌 사회여야 한다는, 즉 이상사회에 대한 구상을 먼저 제시하고, 그러한 사회를 건설하기 위해서는 자기들이 주장하는 이념 체계를 받아들여야 한다는 접근 방식을 취하였다. 이 시기의 주요 전적들을 통하여 그들이 지향하고자 했던 이상사회에 대한 다양한 논의들을 확인할 수 있다. 그 가운데 『예기禮記』 「예운禮運」편에 나오는 '대동사회론大同社會論'은 이러한 논의들이 결집된 이상사회론의 백미이다.

그런데 이상사회에 대한 이와 같은 다양한 탐색들은 한 무제에 의해 동중서가 제시한 일련의 대책들이 채택됨으로써 적어도 표면적으로는 일단락된다. 그런데 동중서가 제시한 사상 체계는 일반적으로 유가 사상으로 분류되지만, 엄밀한 의미에서 볼 때 그것은 선진 유학과는 달리 군주전제 제도를 강력하게 뒷받침하는 성격의 것이었다. 이런 점에서 전국말에서 진·한 교체기에 이르는 시기에 벌어진 이상사회에 대한 논의들은 결국 군주전제주의로 귀결되었다고 결론지을 수 있다. 이 이후로 이상으로서의 대동사회론과 현실로서의 군주전제 제도는 중국뿐만 아니라 동아시아의 전통 사회를 특징짓는 가장 중요한 두 요소로 기능하였다고 해도 큰 무리는 없을 것이다.

진·한제국을 거치면서 확립된 군주전제주의는 제국 질서의 유지라는 현실적 수요를 포섭하면서 '덕치德治'라는 유학의 전통적인 이념에 기반을 둔 세계국가의 이상을 정식화시킨 것이다. 즉 군주전제주의는 이 시기의 담론들 가운데 제국 질서의 유지라는 당시의 현실적 요청을 가장 적절하게 반영하고 있는 이상사회론의 한 유형으로 볼 수 있다는 말이다. 「예운」편에 나오는 '소강小康'이라는 또 하나의 이상사회론에 대한 검토를 통하여 우리는 대동사회에 대한 관심이 군주전제주의로 이행되는 그런 과정을 확인할 수 있다.

먼저 『예기』 「예운」편의 내용부터 살펴보자. 거기를 보면 당시인들이 꿈꾸었음직한 가장 이상적인 사회에 대한 다음과 같은 기술이 들어 있다.

대도大道가 행해졌을 때 천하는 공의(公)가 구현되었다. 현자와 능력 있는 자를 지도자로 뽑고 신의와 화목을 가르쳤다. 그러므로 사람들은 자기의 어버이만 어버이로 대하지 않았고 자기의 자식만 자식으로 대하지 않았다. 나이든 사람은 그 여생을 편안히 마칠 수 있었고 장년의 젊은이는 그 능력을 발휘할 수 있었으며, 어린아이도 잘 자랄 수 있는 여건을 보장

받았고 과부와 고아, 홀아비, 병든 자도 모두 부양을 받을 수 있었다. 남자
는 남자의 직분이 있었고 여자는 여자의 직분이 있었다.[1] 재화가 헛되이
땅에 버려지는 것을 싫어했지만 그렇다고 그것을 결코 자기 것으로 숨겨
두지 않았고 스스로 일하는 것을 싫어하지 않았지만 또한 자기 자신만을
위해서 일하지도 않았다. 이렇기 때문에 음모를 꾸미는 일이 생기지 않고
훔치거나 해치는 일도 일어나지 않았다. 그러므로 집집마다 문이 있어도
잠그지 않았다. 이런 상태를 '대동'이라 한다.[2]

바람직한 이상사회의 모습을 '대도가 행해졌을 때'라는 과거 시점
에 가탁하여 묘사하고 있는 내용이다. 이와 관련하여 우선 예비적으로
「예운」의 이 '대동'章章의 시제를 어떻게 보아야 하는가 하는 문제부터
짚어 보고 구체적인 논의로 넘어가기로 하자. 이 점은 사실 대동사회론
의 성격과 관련되는 중요한 문제이기도 하다. 그것을 과거형으로 본다
면 대동사회론의 복고주의적 성격을 부각시키는 것이고, 마땅히 실현
되어야 할 당위형으로 옮긴다면 그것의 미래지향적 성격에 주목하는
것으로 평가할 수 있기 때문이다. 그런데 표현된 시제만 가지고 이해한
다면, 「예운」에서 이 '대동'에 대한 묘사에 이어지는 '소강'의 내용이
"지금(今)은……"이라는 현재 시제를 나타내는 시간 부사로 시작된다는

---

1) 이 구절의 원문은 "男有分, 女有歸"인데, 여기서 '歸'는 전통적으로 鄭玄의 주석을 따
라 "좋은 곳으로 시집간다"는 의미로 해석되어 왔다.『예기』에 대한 鄭玄의 注 참조.
그러나 이는 가부장적 봉건 체제가 확립되어 여자가 夫權의 지배 밑으로 귀속된 뒤에
나오게 된 관념일 수 있으므로 이 구절은 성별에 따른 남녀의 분업을 가리킨 것으로
보아야 한다는 견해도 있다. 陳正炎·林其錟, 이성규 역,『중국대동사상연구』, 126쪽.
鄭玄이 활약한 시대가 가부장적 사회 체제가 확립된 後漢이라는 점을 고려하면 이
견해는 나름대로 타당성을 지닌다고 할 수 있어 이 해석을 따르기로 한다.
2) 孫希旦,『禮記集解』권21,「禮運」, 582쪽, "大道之行也, 與三代之英丘未之逮也, 而有志
焉. 大道之行也, 天下爲公, 選賢與能, 講信, 修睦. 故人不獨親其親, 不獨子其子, 使老
有所終, 壯有所用, 幼有所長, 矜寡孤獨廢疾者皆有所養. 男有分, 女有歸. 貨惡其弃於地
也不必藏於己, 力惡其不出於身也, 不必爲己. 是故謀閉而不興, 盜竊亂賊而不作, 故外戶
而不閉, 是謂大同."

점에서 대동은 상대적으로 과거 시제로 해석되는 것이 일단은 더 타당해 보인다.

하지만 다른 한편으로 우리가 중국적 사유의 특성을 이해한다면, 이러한 두 입장이 결코 배치되는 것은 아니라 할 수 있다. 잘 알려진 대로 중국인들은 일반적으로 자신들의 이상을 과거에서 찾는 경향이 강하다. 그러한 사회가 역사적으로 실재했느냐의 여부를 떠나서 중국인들은 바람직한 이상사회를 말할 때면 대부분 '요堯·순舜', 혹은 '당우삼대唐虞三代' 등을 거론한다. 시간적인 측면에서만 말한다면 이것은 확실히 복고적인 태도이다. 그러나 중국인들의 이러한 태도는 "시간적 후퇴의 개념보다는 전진을 위한 현실 비판의 개념"이라고 보는 것이 더 정확한 이해일 것이다.3) 이 점은 중국적 사유의 또 다른 특징으로부터도 확인될 수 있다.

중국인들의 '복고復古'가 '단순한 과거로의 회귀'를 지향하는 것이라고만 볼 수 없는 이유는 바로 중국적 사유의 '경험주의적 특성' 때문이다. 예로부터 중국인들은 모든 사유의 대상을 경험이 가능한 영역으로 환원시켜 설명하는 경향이 강하였다. 예를 들면, '천지의 마음'(天地之心)은 곧 '부모의 마음'(父母之心)이라고 하는 설명 방식이 그러하다. 중국의 문화에서 역사가 중시되는 까닭은 바로 중국 사상의 이러한 경험주의적 특성 때문이라고 할 수 있다. 따라서 그들이 지향하는 이상사회도 그 표현 방식에서는 경험이 가능한 시간의 영역, 곧 역사 속으로 편입되어 거론되는 것이다. 중국적 사유의 이러한 특성을 '이념적인 고古'라고 표현하기도 하는데,4) 아무튼 이 점을 염두에 두고 위의 '대동'장을 읽는다면 비록 시제상으로는 과거에 해당한다고 하더라도

---

3) 이성규, 『諸子의 學과 사상의 이해』, 168쪽.
4) 민두기, 『중국에서의 역사의식의 전개』, 55쪽.

그것은 단순한 과거가 아니라 강력한 실천 의지를 담보하는 '미래지향적 과거'라고 이해해도 무방할 것이다.

이와 같은 선이해 속에서 대동사회론의 내용을 검토해 볼 때 대동사회는 대체로 다음과 같은 특징을 지니는 것으로 묘사됨을 알 수 있다. 우선 '대동'이라고 불리는 이 이상사회를 지탱해 주는 제일의 원리는 '공의의 구현'이다. 대동사회는 사회 구성원들의 삶의 장場인 천하가 어느 한 개인이나 집단의 사유물로 귀속되는 것이 아니라 천하 사람 모두에게 공유되는 그러한 사회이다. 물론 여기서 말하는 천하는 단순한 공간적 의미를 넘어서 그 속에서 진행되는 제반 삶의 총화를 지칭하는 말이라고 보아야 할 것이다. 따라서 대동사회는 그 사회의 모든 정신적·물질적 가치가 구성원들에게 공유되는 사회이다. 계속되는 내용에서 드러나겠지만, 공공성의 확보라는 이 기본 원칙은 대동사회론의 전반을 지탱하는 기본 명제이다. 대동사회의 이런 기본 원칙은 정치·경제·사회의 구체적인 영역 속에서도 일관된다.

먼저, 정치적 측면에서 발견되는 대동사회의 특징은 권력의 개방성이다. 공의의 구현이라는 대동사회의 기본 명제는 정치적으로 통치권의 개방이라는 형태로 나타난다. 대동사회에서 통치권을 집행하는 자는 그것을 담당할 수 있는 자격을 갖춘 자들 가운데에서 선출된다. 그러므로 통치권의 실제 담당자인 군주나 관료는 세습적으로 그 직위를 점유하는 것이 아니라 '현자나 능력 있는 자' 가운데에서 선출되는 것이다. 따라서 정치적으로 대동사회는 열려진 권력 체계를 지향한다고 할 수 있다.

다음으로 경제적인 특징은 성별에 따른 분업과 재산의 공유이다. 대동사회의 구성원들은 이러한 분업의 틀 속에서 주어진 자신의 분야에서 전체 사회를 위하여 자각적인 노동을 한다. 여기서 말하는 분업이란 '남자는 경작을 하고 여자는 옷감을 만드는' 초보적인 농업적 분업을 주로 가리킨다. 그들은 '스스로 일하는 것을 싫어하지도 않지만 그렇다고 자기만을 위해서 일하지도 않는다.' 그리고 그러한 노동을 통하여 형성된 재화는 구성원이 공유한다. 이런 맥락에서 정치 행위에 종사하는 것과 같이 비실제적인 노동에 참여하는 경우, 그것은 사회의 공리를 추구하는 것이어야 한다는 전제에서만 용인된다. 즉 공의의 구현이라는 면에서 군주의 통치 행위를 포함한 모든 정치 행위는 개인의 이익이 아닌 사회 공공의 이익을 추구할 때 그 정당성을 보장받는다는 생각이다. 이러한 사고도 천하는 공공의 것이라는 대동사회의 대전제에서 필연적으로 도출되는 것이다.

마지막으로, 대동사회는 이상과 같은 정치·경제적 토대 위에서 구성원간의 상호 신뢰에 기반을 둔 화해의 사회라는 특징을 갖는다. 여기서는 서로 속이거나 해치는 일이 없고 각자가 맡은 직분에 충실하기 때문에 분란도 없다. 사회의 각 구성원들은 사회를 위하여 힘을 다하기 때문에 역으로 모두가 사회의 부양과 보살핌을 받을 수 있다. 그러므로 그들은 제각기 자신의 성별과 나이, 개인적 처지에 따라 그에 합당한 대우를 받는다. 일을 할 수 있는 자에게는 일할 기회가 성별에 따라 적절하게 부여되고, 그렇지 못한 경우라도 '나이든 사람은 그 여생을 편히 마칠 수 있고 어린아이는 잘 자랄 수 있는 여건을 보장받으며', 사회적으로 불우한 처지에 있는 사람들도 '모두 필요한 부양을 받을 수 있다.' 그리고 이러한 배경 아래서 그 사회의 인간 관계는 '신의와 화목'에 의하여 유지되므로 별도의 강제적인 규범을 필요로 하지 않는다. 이런 점에서 볼 때, 대동사회의 여러 특징들은 결국 '공의의 구현',

즉 '공공성의 확보'라는 기본 전제 위에서 자연히 도출될 수 있는 모습들이라 할 수 있다.[5]

그러면 다음으로 「예운」편에 나오는 이 대동사회론의 학파적 성격과 시대적 맥락을 짚어 보자. 이 작업은 앞으로 검토할 '소강사회론小康社會論'을 이해하는 데, 나아가 군주전제주의를 지지하는 사상 계열의 사상사적 위치를 분명히 하는 데 필요하다. 「예운」의 대동사회론을 전통적인 시각에 따라 무비판적으로 유학의 고유한 사회 이상으로 이해한다면 그 다음에 나오는 소강사회론에 대한 적절한 자리매김이 불가능하다. 따라서 이 부분이 해명되지 않으면 중앙집권적 군주전제주의를 지지하는 사상가들이 왜 대동과 대비되는 소강사회의 청사진을 별도로 설정했는지를 이해하는 데에도 실패할 수밖에 없다.

대동사회론을 보는 전통적인 시각은 대체적으로 그것을 유학의 사회 이상이라고 파악한다. 이러한 견해들은 그 주장 강도에 따라 두 가지로 나눌 수 있다. 하나는 대동사회론은 전적으로 공자 개인 혹은 그의 이념을 계승한 후학, 즉 유가 계열의 사상으로 유학의 기본 이념과 배치되지 않는다는 입장이고,[6] 다른 하나는 이것은 유가의 주도로 선진 이래의 각 학파의 사회 이상을 총괄한 것이라고 보는 입장이다.[7] 이 가운데 앞의 견해는 그 주장의 설득력이 약해 보인다. 이 주장들은 대체적으로 대동사회론의 내용이 공자의 사상으로부터 충분히 연역된

---

5) 『說文解字』의 풀이에 따르면, '同'은 본래 사람들이 장막 안에 모여서 대화를 나누고 음식을 먹는다는 의미이다. 즉 일이 있으면 다 같이 의논하고 음식이 있으면 다 같이 먹는다는 뜻이다. 陳正炎·林其錟, 이성규 역, 『중국대동사상연구』, 37~38쪽. 그러므로 '大同'은 공동체의 일이 그 구성원들 모두의 자발적 참여에 의해서 처리되는 공동체적 삶을 강조하기 위한 개념임을 알 수 있는데, 이런 면에서 이 용어는 위와 같은 이상사회의 특징을 잘 집약한 표현이라고 할 수 있다.

6) 高葆光, 「禮運大同章眞僞問題」; 蕭公權, 『中國政治思想史』, 72쪽.

7) 任繼愈 主編, 『中國哲學發展史』 秦漢, 173쪽.

다는 근거에서 출발한다. 그러나 이러한 주장의 구체적 내용을 보면 다분히 논점선취의 오류를 범하고 있는 측면이 있다. 이것은 은연중에 공자를 기점으로 하는 유가 사상을 중국적 사유의 정통으로 보면서 그에 입각하여 중국 사상사의 여러 요소들을 구획지으려는, 다분히 '도통론道統論적 관심'이 개입된 주장이기 때문이다. 다시 말하면, 이 것은 중국의 전통 사상에 대한 평가에 있어 절대로 부정될 수 없다고 보는 공자라는 부동의 기준을 설정해 놓은 상태에서, 후대에 긍정적으로 평가될 수 있는 사상 요소들은 당연히 공자로부터 충분히 연역된다는 논리에 근거하고 있는 것이다. 그러므로 대동사회론의 학파적 성격과 관련하여 검토해 볼 여지가 있는 것은 뒤의 주장이다.

이 주장에 따르면, 대동 사상을 단순한 유가의 사회 이상으로 보기는 힘들지만 전체적으로 볼 때 그것은 유가의 입장에서 다른 학파의 사상을 취합하여 완성한 것으로, 실제로 사상 성분으로 볼 때 그것은 유학적 색채가 지배적이라는 것이다.[8] 이 주장은 일반적으로 「예운」편이 대체로 전국 말기 혹은 진·한 교체기에 유가가 공자의 이름에 가탁하여 문답식으로 정리한 것이라는 문헌학적 성과에 근거하고 있기도 하다. 즉 「예운」의 대동 사상은 중국 고대의 사회 이상을 집대성한 것으로, 이 집대성은 70여 공자 제자들의 후예와 전국말에서 진·한 교체기에 활약한 유가의 일파인 예가禮家의 공동 작업으로 이루어졌다는 것이다.[9]

---

8) 같은 책, 170~173쪽.
9) 陳正炎·林其錟, 이성규 역, 『중국대동사상연구』, 122쪽. 이런 주장은 한 걸음 더 나아가 「禮運」이 들어 있는 『禮記』 자체가 대체로 선진유가의 전통을 계승하여 한초에 봉건 통일 제국의 출현이라는 역사 과정을 반영하고 있는 글들의 모음이라고 본다. 任繼愈 主編, 『中國哲學發展史』 秦漢. 『禮記』에 대한 이러한 시각은 전체적으로 볼 때 큰 문제가 없는 듯하다.

그런데 이 견해는 자세히 보면 두개의 주장을 동시에 하고 있음을 알 수 있다. 그것은, 첫째로 대동사회론은 그 사상을 총괄한 담당자라는 면에서 볼 때 유가가 주도했다는 것이고, 둘째는 사상의 내용 면에서 볼 때 거기에는 여러 사상이 혼합되어 있다는 것이다. 이 견해와 관련하여 두 번째 부분에 대해서는 대체로 동의할 수 있다. 전국말에서 한초에 이르는 사상계의 분위기는 이른바 절충주의적 경향으로 특징지을 수 있기 때문이다. 이 때는 정치적 통일 조류에 발맞추어 특색 있는 여러 사상들 간에 활발한 접촉이 일어났는데, 그러한 과정을 통하여 각 사상들은 우호적이거나 혹은 적대적인 사상들의 장단점을 취사선택하면서 자신의 사상적 무기를 강화시켜 나갔다. 그러한 가운데 각각의 사상에 존재하던 고유한 특색들은 점차로 희석되어 갔으며, 그 결과 이른바 '잡가雜家'라는 특유한 사상적 경향을 배출해 내기에 이르렀던 것이다.

「예운」은 바로 이러한 시대를 배경으로 성립된 것이므로 그 속에 잡다한 사상들이 혼재되어 있음은 당연한 일이다. 따라서 거기에 나오는 대동사회론도 유가 일파의 고유한 사상이라기보다는 당시의 범학파적인 사유의 총괄이라고 보는 것이 더 타당할 것이다. 앞에서 살펴본 대동사회의 주요 특징들이 이 시기에 성립된 다른 전적에도 다음과 같이 공통적으로 나타난다는 점에서도 이러한 주장은 더욱 타당성을 지닌다.

대동사회론 제일의 원리인 '공공성'(公) 개념만 하더라도, 이것은 이 당시의 지식인들의 공통적인 이상이었다. 『여씨춘추呂氏春秋』 같은 곳에서는 그것이 한층 명료한 형태로 주장되고 있음을 볼 수 있다.10)

---

10) 『呂氏春秋』는 전통적으로 선진 이래 여러 학파의 주장들이 다양한 형태로 종합되어 있는, 이른바 '雜家'의 대표적인 서적으로 분류된다. 이 책의 정확한 형성 연대에 대

이 책의 저자들은 "천하는 한 사람의 천하가 아니라 천하 모든 사람의 천하"[11]라는 전제에서 천하를 사유물로 여기는 어떠한 시도에도 반대한다. 이들은 천하가 화평한 상태를 유지할 수 있느냐의 관건은 이 공공성의 확보 여부에 달려 있고 주장한다. 왜냐하면 "공공성이 확보되어야만 천하가 화평할 수 있다"고 보기 때문이다. 이런 관점에서 이들은 "옛날의 성왕이 천하를 다스릴 때에는 공公을 앞세웠다"[12]고 말하고, 같은 맥락에서 선양禪讓이라는 방식으로 군주의 지위를 승계하였다고 전해지는 요堯와 순舜은 높이 평가하면서도 최초로 세습을 행하였다고 전해지는 우禹는 비판한다.[13] 천하는 공적인 것이므로 세습되는 사유물이 되어서는 안 된다는 논리이다. 군주는 공적인 존재라는 이러한 생각은 통치자로 하여금 천하를 자기의 사유물로 여기지 말 것을 요구한다. 이런 관점에서 이들은 "군주를 세운 것은 공의를 구현하려는 데서 나온 것"[14]이라고 못박는다. 그런데 "덕이 쇠하고 세상이 어지러워진 뒤에 천자가 천하를 이권으로 여기고 일국의 군주가 그 나라를 이권으로 여겼으며 관료가 그 직위를 이권으로 삼게 되었으므로,"[15] 새로운 사회는 마땅히 이러한 것을 방지하고 그 공공성을 철저히 확보해야 한다고 본 것이다.

한편, 이들은 천하의 공공성이 확보되고 그러한 원칙에 의하여 시

한 견해는 학자에 따라 다소 차이가 있지만, 넓게 보아 전국말에서 한제국 출현 이전까지라는 데에는 대체적으로 의견의 일치를 보고 있다. 이런 점에서 이 책은 그 성격상 이 시기 지식인들의 의식 형태를 살펴보는 데 가장 적합한 자료라고 할 수 있다.

11) 陳奇猷 校釋, 『呂氏春秋校釋』, 「孟春紀·貴公」, 44쪽, "天下非一人之天下也, 天下之天下也."

12) 같은 책, 같은 곳, 44쪽, "昔先聖王之治天下也, 必先公."

13) 『呂氏春秋』. 이 점은 「예운」에서 대동에 이어지는 소강사회론이, 군주의 지위가 세습되는 소강사회에 있어 통치자의 계보를 禹로부터 시작하고 있는 것과 같은 맥락이다. 2장의 '小康' 예문 참조.

14) 陳奇猷 校釋, 『呂氏春秋校釋』, 「孟春紀·貴公」, 44쪽, "凡主之立也, 生於公."

15) 같은 책, 「恃君覽·恃君」, 1322쪽, "德衰世亂, 然後天子利天下, 國君利國, 官長利官."

행되는 정치의 이상적인 모습으로 이른바 '무위정치無爲政治'를 꼽는다. 이것은 구성원들의 삶에 대한 국가 권력의 개입 정도가 최소한에 그치는 그러한 정치이다. 무위정치가 가장 바람직한 정치 방식이라는 생각은 그것에 이르는 과정에 대한 견해는 달랐어도 중국 사상사에서 각 학파가 공유하여 왔는데, 이 점은 특히 이 시기에 두드러지게 나타난다. "군자의 정치는 마치 흙덩이처럼 무사한 것 같고 소리가 없는 것처럼 고요하다"[16]는 말이나 "군주의 통치술은 무위로 일을 처리하고 말없는 가르침(不言之敎)을 행하며, 청정淸淨하여 움직이지 않고 일단 움직여도 동요하지 않으며 스스로 그러한 원리(自然)에 따라 아랫사람들에게 일을 맡기고 그 성과만 요구할 뿐 자신은 수고하지 않는다"[17]는 주장 속에는 그러한 경향이 잘 반영되어 있다. 공공성이라는 원칙만 시행된다면 그에 의하여 사회는 자연히 유지되므로 별도의 가시적인 정치 행위가 요구되지 않는다는 것이다. 이것은 대동사회론의 전반적 분위기와 부합된다고 할 수 있다.

경제적인 측면에서 주장되는 성별에 따른 분업의 중요성에 대한 관심도 이들은 공유하고 있다. 『여씨춘추』는 전설 속의 제왕인 신농神農의 가르침을 인용하여, "성년이 되어도 경작하지 않는 남자가 있으면 천하의 누군가가 굶주리게 되고, 성년이 되어도 길쌈하지 않는 여자가 있으면 천하의 누군가가 추위에 떨게 된다"[18]고 하여 사회적 분업의 중요성을 강조한다. 이와 같은 내용은 이 시기의 주요 전적에 두루 보이는데,[19] 이는 당시의 사상계가 구체적 현실을 고려하여 소농小農

---

16) 『新語』, 「至德」, 14쪽, "是以君子之爲治也, 塊然若無事, 寂然若無聲."
17) 劉文典, 『淮南鴻烈集解』, 「主術訓」, 269쪽, "人主之術, 處無爲之事, 而行不言之敎, 淸靜而不動, 一度而不搖, 因循而任下, 責成而不勞."
18) 陳奇猷 校釋, 『呂氏春秋校釋』, 「開春論・愛類」, 1462쪽, "神農之敎曰, 士有當年而不耕者, 則天下或受其饑矣, 女有當年而不績者, 則天下或受其寒矣."

경제 체제에 기반을 둔 전체 공동체의 유지에 깊은 관심을 기울이고 있었음을 보여 준다.

이러한 배경을 토대로, 그 사회는 구성원 모두가 "쓸데없는 말이나 허황된 말을 좋아하지 않고 정도에 어긋난 학설을 좋아하지 않아 현명한 자나 어리석은 자도 모두 그 질박한 본성으로 돌아가게 됨"[20]으로써 "마을사람들이 길에서 다투는 일이 없고 늙은이와 어린이가 집에서 근심하는 일이 없는" 상태에 도달하게 된다. 즉 "늙은이는 집에서 쉬고 젊은 사람은 들에서 농사를 지으며 조정에서는 군주에게 충성하고 집에서는 부모에게 효도하는"[21]신의와 화목이 충만한 이상사회가 실현되는 것이다. 국가 권력이 구성원들에게 짐이 되는 일이 없이 각자가 자신의 타고난 성정性情에 안주해서 살아가는, 말 그대로의 태평사회가 이루어짐을 볼 수 있다. 이것은 「예운」의 대동사회론이 지향하는 궁극적인 모습과 별로 다르지 않은 모습이라고 할 수 있을 것이다. 그러므로 이상의 내용으로부터 우리는 「예운」에서 묘사되고 있는 대동사회론이 전국말에서 진·한에 이르는 시기의 여러 사상들의 사회 이상이 종합되어 있는 것임을 확인할 수 있다.[22]

그러면 이와 같은 이상사회론의 총괄이 유가라는 학파에 의하여 주도되었다는 주장은 어떻게 받아들여야 할까? 결론부터 말하자면 이

---

19) 『呂氏春秋』 외에도 다음과 같은 곳에 두루 나타난다. 劉文典, 『淮南鴻烈集解』, 「齊俗訓」, 374쪽; 徐慧君·李定生 校注, 『文子要詮』, 「上義」, 201쪽, 『漢書』, 「食貨志上」, 1128쪽. 이런 식의 분업 체계에서 여성의 방직 작업이 실제로 중국 한대의 소농경제 체제에서 수행한 적극적인 기능에 대해서는 박동헌, 「중국 고대 가내 방직경영의 성장과 그 의의」를 참조하라.

20) 陳奇猷 校釋, 『呂氏春秋校釋』, 「審分覽·知度」, 1092쪽, "至治之世, 其民不好空言虛辭, 不好淫學流說, 賢不肖各反其質."

21) 『新語』, 「至德」, 14쪽, "老者息於堂, 丁壯者耕耘於田, 在朝者忠於, 在家者孝於親"

22) 중국 고대의 대동사상을 개괄하고 있는 陳正炎과 林其錟의 연구 내용을 검토해 보면, 실제로 이 시기의 사상가들이 그리고 있는 이상사회의 모습들이 상당히 유사하다는 점을 발견할 수 있다. 陳正炎·林其錟, 이성규 역, 『중국대동사상연구』, 122~168쪽.

점에 대한 대답은 부정적으로 내려야 할 듯하다. 특히 우리의 관심인 대동사회론에 국한시켜 말한다면 이와 같은 결론은 적절치 않다고 할 수 있다. 대동사회론의 유가주도설은 대체로 두 가지 근거에서 주장되고 있다. 하나는 그것의 사상 성분이 종합적이지만 그 주된 사조는 유학적이라는 것이고, 또 하나는 무의식적으로 그것이 유가 계열의 책인 『예기』의 「예운」편에 실려 있다는 것을 고려한다는 점이다.

이 가운데 먼저 앞의 입장에 대해 말한다면, 「예운」의 '대동'장의 내용만 가지고 볼 때 그것을 유가의 주도로 성립된 것이라고 판단할 뚜렷한 근거는 별로 없어 보인다. 우리가 알고 있는 선진 유학의 특징적인 사상이 대동사회론을 관통하는 주된 사조라고 볼 수 있는 명백한 증거를 그 속에서 확인하기 힘들다. 앞에서도 말했지만 대동사회론의 유가주도설을 지지하는 입장들은, 그 주장 방식에 있어서 대동사회론의 사상 요소와 선진 유가의 사상 요소를 대비하여 그 유사점을 부각시키는 방법을 쓰고 있다. 그러나 이것은 대동사회론이 전적으로 유가의 사상이라고 주장하는 사람들의 논증법과 그다지 다르지 않은 것으로, 역시 그 설득력에 있어서는 한계가 있어 보인다. 이러한 논리라면 오히려 대동사회론의 내용은, 만일 그것이 『묵자』 속에 편입되어 있었더라면 그대로 묵가의 이상사회론으로 단정할 수 있을 정도이다.[23] 결국 학파적 성격에 있어서 대동 사상이 이처럼 자의적으로 해석될 수 있다는 것은 역으로 그것이 어느 학파의 주도에 의하여 성립되었다는 주장에 대한 유력한 반증이 되는 것이다.

그러면 또 대동사회론이 들어 있는 「예운」이 후대에 유가 계열의 저작으로 분류되는 『예기』 속에 있으므로 유가의 주도로 성립된 것으

---

23) 실제로 이러한 주장이 개진되고 있기도 하다. 方授楚, 『墨學源流』, 101~102쪽.

로 볼 수 있다는 생각은 어떠한가? 물론 「예운」, 나아가 『예기』라는 책 전체를 놓고 볼 때는 그것이 예에 의하여 지탱되는 사회 체제를 지향한다는 점에서 유학적 색채가 농후한 것은 사실이다. 그러나 이 사실도 대동사회론의 유가주도설로는 별로 설득력 있는 증거가 되지 못한다.

이러한 주장의 논리적 오류는 한 학파의 대표자들과 그 학파의 사상 내용을 구별하지 않고 동일한 학파명을 그것들에 무비판적으로 적용하는 데서 발생한다. 이 논리에 따르면, 유가의 저술로 분류된 책에는 일체의 비유가 사상이 있을 수 없다는 주장이 성립하게 된다. 즉 대동 사상이 담겨 있는 『예기』는 유가의 서적이고 유가는 공자의 사상을 계승한 것이므로, 대동 사상은 당연히 공자의 사상 및 그를 계승하는 유가라는 학파의 사상이라고 보아야 한다는 것이다. 그러나 이것은 어떤 의미에서 개인이나 학파에게 논리적으로 일관된 순수한 이념 체계를 지나치게 기대하는 습성에 기인한 것으로[24] 사상을 연구하는 바람직한 태도라고는 볼 수 없다.

이 견해가 지지받을 수 없는 이유는 이 이외에도 한 가지가 또 있다. 그것은 대동사회론이 「예운」편의 전체 문맥에서 차지하는 위치가 그리 크지 않다는 점이다. 다음에 진행될 논의를 통하여 보다 분명해지겠지만, 「예운」의 전체 문맥 속에서 볼 때 대동사회론은 「예운」편의 저자들이 자기들이 지향하는 이상사회의 모델을 부각시키기 위한 방편으로 제시한 측면이 강하다. 위와 같은 여러 이유 때문에 대동사회론의 유가주도설은 지지될 수 없다. 또 마찬가지 이유에서 그것을 다른 어느 학파의 주도적 사유물로 보는 것도 적절치 않다. 이렇게 본다면

---

24) 이성규, 「諸子의 學과 사상의 이해」, 159쪽

결국 대동사회론의 학파적 성격은 범학파적이라고 결론짓는 것이 가장 타당할 것이다.

그러므로 대동사회론은 다음과 같이 정리될 수 있다. 「예운」의 대동사회론은 정치적으로 통일을 지향해 가던 전국말에서 진·한 교체기에 이르는 시기에 통일 제국의 출현이라는 새로운 역사 환경에 대비하기 위하여 당시의 사상가들이 절충적으로 도출해 낸 범학파적 사고의 결정이다. 한편으로 이러한 작업은 현실적 수요와 괴리될 수 없는 지식인 계층의 자구 노력의 결과이기도 하다. 역사적 변혁기에 처하여 그들은 자신들이 몸담았던 시대로부터 새로운 사회에 대한 이념을 제시할 것을 요구받았으며, 그 요구에 응답하는 과정에서 그들은 '공公'이라는 합의점을 도출해 냈던 것이다.

공공성의 구현은 진에서 경험했던 전제적 폭압 정치를 예방할 수 있다는 점에서 당시인들의 관심에 부응하는 것이었고, 국가 권력이 개방된 상황에서 그 구현의 주체가 결국 자기들일 수밖에 없다는 점에서 계층적 이익에 부합하는 것이기도 했다. 이런 점에서 대동사회론은 당시의 지식인들, 즉 사인士人 계층의 논리적 이상인 셈이다.[25] 이것이 그들이 일관되게 대동사회론의 기본 원리인 사회적 공공성을 주장한 이유인데, 이 점이 또한 대동사회론이 지니고 있는 시대적 맥락의 핵심이기도 하다. 그러면 이러한 대동사회론의 내용을 염두에 두면서 「예운」편에 나오는 이상사회에 대한 또 다른 하나의 염원, 곧 소강사회론을 살펴보기로 하자. 우리는 이 과정을 통하여 대동사회론과 같은 당시의 이상사회론이 강력한 예치주의에 기반한 군주전제주의로 옮겨가는 단서를 발견할 수 있을 것이다.

---

25) 같은 글, 190쪽.

「예운」에서는 대동사회론 뒤에 그보다는 못하지만 나름대로의 사회 규범에 의하여 질서를 훌륭히 유지하고 있는 다음과 같은 사회를 계속하여 묘사하고 있다.

지금은 대도가 숨어 버리고 천하는 하나의 가家가 되었다. 사람들은 모두 자신의 어버이만 어버이로 대하고 자기의 자식만 자식으로 대하며, 재화와 노동을 자기만을 위하여 사용한다. 다스리는 자들이 그 지위를 세습하는 것을 예라고 여기고 성곽과 해자를 파서 방비를 굳건히 한다. 예와 의를 기강으로 삼아 그로써 군주와 신하의 관계를 바로잡고 부자관계를 돈독히 하며 형제사이를 화목하게 하고 부부를 화합하게 한다. 또 그로써 제도를 만들고 밭과 마을의 경계를 세우며 용감하고 지혜로운 자를 현명하다고 여기고 자기를 위하여 공을 세운다. 그러므로 음모가 쓰이게 되어 생겨나고 이로부터 병란이 일어난다. 우·탕·문·무·성왕·주공은 이 때문에 뽑힌 사람들이다. 이 여섯 군자는 예를 실행하는 데 힘을 다하지 않은 적이 없다. 그렇게 하여 올바름을 드러내고 신의를 입증하였으며 과실을 밝히고 인을 본받으며 사양하는 것을 가르쳐 백성들에게 상도(常)를 보여 주었다. 만약 이것을 따르지 않는 자가 있으면 권세가 있는 자라도 제거되었으니 백성들은 그것을 재앙으로 여겼다. 이런 상태를 '소강小康'(조금 안정됨)이라고 한다.[26]

'소강'이라고 불리는 이 사회는 우선 전체적으로 대동사회에서 삶의 제반 양식을 지탱하던 대도가 '숨어 버린' 사회로 규정된다. 대도가 숨어 버림으로써 나타나는 가장 두드러진 특징은 공동체가 아닌 '자기

---

26) 孫希旦,『禮記集解』,「禮運」, 583쪽, "今大道旣隱, 天下爲家, 各親其親, 各子其子, 貨力爲己, 大人世及以爲禮, 城郭溝池以爲固. 禮義以爲紀, 以正君臣, 以篤父子, 以睦兄弟, 以和夫婦, 以設制度, 以立田里, 以賢勇知, 以功爲己. 故謀用是作而兵由此起, 禹湯文武成王周公由此其選也. 此六君子者未有不謹於禮者也. 以著其義, 以考其信, 著有過, 刑仁, 講讓, 示民有常. 如有不由此者, 在執者去, 衆以爲殃. 是謂小康."

이익'이라는 삶의 원리가 사회를 지배한다는 점이다. 크게는 사회 구성원들의 삶의 공간인 천하에 대한 소유권이 '공'의 영역으로부터 '사' (家)의 영역으로 편입된 것에서, 그리고 작게는 공동체의 이익이 아닌 자기 개인의 이익을 추구하는 상황에서 그러한 원리가 관철되고 있음을 확인할 수 있다. 이러한 전체적 특징으로 말미암아 소강사회는 구체적으로 다음과 같은 점에서 대동사회와 대비된다.

우선 정치적인 면에서 소강사회는 천하가 하나의 '가家'가 된 상황으로 인하여 다스리는 자의 지위가 세습된다. 이러한 정치적 변화는 사적 관심이 공적 관심에 우선하는 사회적 분위기를 대변해 준다. 따라서 그 사회의 구성원들은 경제적 측면에서도 사적 이익의 추구에 몰두하여 '재화와 노동을 자기만을 위해 사용'하며, 사회적으로도 공동체 전체에 관심을 두기보다는 '자신의 어버이만 어버이로 대하고 자기의 자식만 자식으로 대하는' 이기적인 삶의 방식을 따른다. 이러한 자기중심적 삶의 방식은 필연적으로 사회 구성원들 간의 분쟁을 야기시킨다. 그러므로 그 사회는 대동사회와 달리 음모와 병란이 빈발한다고 묘사되고 있다. 이러한 이유로 그들 간에 적절한 질서를 유지시켜 줄 필요성이 대두된다. 그 결과로 등장한 것이 예로 대표되는 사회적 규범이다.

그러한 사회적 규범이 정치·경제·사회 전 분야에 걸쳐 적용되고 있음은 위의 예문에서도 확인된다. 이 규범에 의하여 세습의 규칙이 정해지고 밭과 마을의 경계가 세워지며, 봉건 사회의 기본적인 인적 요소인 군신, 부자, 형제, 부부 사이에 이른바 '화합'이라는 질서가 유지되고 있는 것이다. 사회적 규범이 지니는 강제성의 강도는 그것을 '따르지 않는 자가 있으면 권세가 있는 자라도 제거되었다'는 구절에서 확인할 수 있다. 이러한 규범 체계를 통하여 소강사회는 그 사회에 적합한 '항상적인 질서'(常)를 구축하고 있다는 것이다.

결국 소강의 사회를 대동의 사회와 비교할 때 가장 두드러진 특징은 대도가 숨어 버림으로써 대동사회에서의 '공유'적 삶의 양식이 '사유'적인 삶의 양식으로 전환되었다는 점이며, 그 결과 그로부터 야기되는 폐해를 제어할 수 있는 사회적 규범이 등장하게 되었고 그것을 통하여 그 사회의 건강성이 확보되고 있다는 점이다.

그러면 이와 같은 소강사회가 「예운」편의 저자들이 지향했던 이상사회라고 볼 수 있는 근거는 어디에 있는가? 이 질문에 대한 대답은 '대동'과 '소강'이라는 두 가지 이상사회론의 모델이 어떤 관계에 있는지를 검토하는 데에서 찾아질 수 있을 것이다. 「예운」편의 전체적인 문맥에서 '소강'의 상태가 부정되고 있지는 않다는 점을 고려할 때, 대동사회론과 소강상회론의 관계는 대체로 다음의 두 가지로 추론해 볼 수 있을 듯하다.

한 가지는 '대동'에 도달하기 위해서는 우선 '소강'의 상태를 거쳐야 한다고 보는 것이다. 이는 뒤의 모델이 앞의 모델에 도달하기 위한 전단계로서 설정되었다고 보는 가정이다. 또 하나는 앞의 모델은 이상사회에 대한 인간의 원초적인 욕구가 투영된 것으로서 실현가능성이 애초부터 배제된 관념상의 표현일 뿐이고, 그러한 이상사회에 대한 관념적인 희구가 구체적 현실과 접목된 것이 뒤의 모델이라고 생각하는 것이다. 이는 후자가 차선의 이상사회이긴 하지만 현실 세계에서 실현가능한 최선의 것임을 인정했으리라는 가정이다. 이렇게 가정하고 볼 때 여기에서 주목해야 할 것은 이 두 가지 모습의 사회 가운데 어느것이 「예운」편 저자들의 현실적인 관심의 대상이었는가 하는 점이다.

그런데 결론부터 말한다면 그것은 대동이라기보다는 소강이라고 보는 것이 더 타당하다. 이러한 결론은 다음의 두 가지 측면에서 지지될 수 있다.

우선 '소강'의 내용이 묘사하고 있는 사회가 당시의 사회 상황과 부합된다는 점이다. 위의 예문에서 '소강'의 상태에 대한 묘사 가운데 '천하가 하나의 가家가 되었다'는 말이나 '군주의 지위가 세습되었다'는 말 등은 통일 제국을 형성해 가고 있거나 혹은 이미 형성한 당시의 정황에 부합한다. 또 외부적인 강제력에 의해서 사회 질서가 유지된다는 소강사회의 전반적인 내용은 당시의 실제 사회 상황을 반영하는 측면이 강하다.

다음으로, 무엇보다도 이러한 판단의 타당성은 이 구절을 「예운」의 전체 문맥 속에서 이해할 때 확연히 드러난다. 「예운」은 공자와 그의 제자인 언언言偃(子游)과의 대화 형식으로 서술되고 있는데, 대동사회와 소강사회의 모습에 대한 앞에서와 같은 공자의 언급이 끝나고 나면, 곧바로 "이와 같습니까? 예가 급한 것이"라고 묻는 언언의 질문과 그에 대한 공자의 답변이 이어진다. 이런 점에서 본다면 「예운」의 이 부분은 전체 논지상 예의 중요성을 말하기 위하여 언급된 것으로 보는 것이 더 적절하다. 또 실제로 「예운」편은 예의 기원과 변혁의 과정, 그리고 운용에 대한 내용을 담고 있다.[27] 그렇기 때문에 문맥상 이 부분의 강조점은 후자에 있고, 특히 그 중에서도 '예'에 포인트가 주어져 있다고

---

27) 근대 중국의 역사에서 대동의 이상을 새롭게 부르짖었던 康有爲는 「禮運」이라는 편명에 대하여 "仁의 운용(仁運)은 대동의 도이고 禮의 운용(禮運)은 소강의 도"라고 말하면서, 소강사회는 "어지러운 세상을 바로잡고 예로써 다스림의 수단으로 삼기 때문에 예로써 그것을 개괄한 것"이라고 풀이하였다. 이 풀이만으로 본다면 이것은 「예운」편의 요지를 잘 포착한 해석이라고 할 수 있을 것이다. 康有爲, 『孟子微』, 「禮運注」, 238쪽.

할 수 있는 것이다. 즉 「예운」편의 전체 문맥에서 볼 때 대동사회론은 서술 내용의 도입부 역할을 하는 데 그칠 뿐이고 오히려 소강사회론이 전면으로 부상하고 있는 것이다.

그런데 한편으로 여기서의 두 가지 가정 가운데 앞의 경우가 더 정확한 대답이라 하더라도 그것이 소강사회론을 주목하려는 시각을 방해하지는 않는다. 왜냐하면 단계로서의 과정이거나 차선의 이상사회이거나를 막론하고 두 경우 모두 현실적으로 소강의 상태를 요청하고 있기 때문이다. 따라서 대동사회에 대한 관심은 현실적인 측면에서 소강에 대한 관심으로 옮겨질 수 있다.

이러한 관심의 이동은 동시에 소강사회를 가장 소강사회답게 만드는 그 무엇, 즉 소강사회를 지탱하는 기본 특성을 주목하게 만든다. 앞에서도 보았듯이 소강사회는 사적 관심이 공적 관심에 우선하는 사회이다. 그러면서도 그 사회는 그로부터 야기될 수 있는 사회적 분쟁이 불식되고 전체적으로 나름대로의 건강성을 유지하고 있는 사회이다. 그렇다면 그 건강성은 어떻게 달성될 수 있는가? 이러한 질문과 관련하여 우리는 소강의 사회가 기본적으로 '위아래의 질서'나 '귀천의 등급'과 같은 외재적 질서에 의하여 유지되는 사회라는 점을 상기해야 한다. 그리고 동시에 그런 외재적 질서를 유지시켜 주는 수단이 바로 '예'라는 점을 주목해야 한다. 예문에도 나와 있듯이 이러한 이상사회를 이룩하는 관건은 엄격한 외재적 규범, 즉 예인 것이다.

이상의 내용으로부터 이제부터의 관심의 초점은 대동에서 소강으로, 다시 소강에서 예라는 사회적 규범으로 좁혀질 수 있게 된다. 군주 전제 제도는 이처럼 예라는 사회 규범에 근거한 소강사회의 구현을 자기들의 이상으로 삼았던 지식인들이 그 이상을 위하여 현실적으로 확립하려 한 제도라는 성격이 강하다. 천하를 하나의 가家로 만든 제국의 출현이라는 현실에 직면하면서, 이들이 그러한 현실 질서를 포섭하면서 모색한 이상사회의 모델이 소강사회론이라는 말이다. 그리고 그 소강사회를 구현할 수 있는 구체적인 실현 수단으로 등장한 것이 바로 예인 것이다.

예는 중국 사상사에서 대체로 바람직한 사회적 규범 체계로 인정되어 왔다. 선진 시대에 국한하더라도 대부분의 사상가들은 정도의 차이는 있지만 예의 사회적 역할에 대하여 그 기능을 인정하여 왔다.[28] 그런데 그 가운데에서도 예의 기능에 대하여 특별히 주목한 학파는 두말할 것도 없이 유가이다. 그런데 앞에서도 살펴보았듯이, 선진 유학의 흐름 속에서 우리는 예에 대한 해석에 약간의 기복이 있음을 발견할 수 있다. 기존의 주례를 새롭게 재해석한 공자의 경우에 있어서는 예가 비교적 인간의 행위를 규제하는 객관적 사회 규범이라는 성격을 많이 지니고 있으나, 맹자에 오면 이것이 인간의 주관적 도덕 행위의 동기를 담보해 주는 원칙으로 그 성격이 변한다.[29] 이른바 '네 가지 정서적 모티브'(四端) 가운데 '사양할 줄 아는 마음'(辭讓之心)이 발현된 것이 예라는 맹자의 주장에서 이 점을 확인할 수 있다.

그러나 순자에 오면 예가 다시 이전보다 더욱 강력한 사회규범적 성격을 지니게 됨을 볼 수 있는데, 진·한 교체기에 이르러 예가 새롭게 주목되는 것은 기본적으로 그러한 순자 철학이 발을 딛고 있는 시대적 분위기가 그대로 계승되고 있기 때문이라고 할 수 있다. 몇 가지 점에서 이 부분을 살펴 볼 수 있다. 우선 왜 사회적 규범이 필요한가 하는 문제에 대해서 이 당시의 사상가들은 순자와 비슷한 사회기원론

---

28) 劉澤華, 『中國傳統政治思想反思』, 81~83쪽.
29) 송영배, 『중국사회사상사』, 94쪽.

에서 그 대답을 찾는다. 이 점은 국가라는 조직체의 필요성을 논증하는 이들의 시각에서부터 먼저 드러난다.

인간이 왜 사회 생활을 하게 되었느냐 하는 문제에 대하여 이들은 '개체 생활에서 오는 불리함을 극복하기 위해서'라고 대답한다. 고립되어 사는 자연 상태에서 인간이라는 존재는 "손톱과 이빨도 자기를 지키기에는 부족하고 피부도 추위와 더위를 막기에는 부족하며, 근육과 뼈도 이로움을 쫓고 해로운 것을 피하기에는 부족하고 용맹성도 사나운 짐승을 물리치기에는 부족하다."[30] 이러한 약점을 보완하기 위하여 인간은 사회를 구성한다. 인간이 그러한 약점에도 불구하고 "만물을 다스리고 금수를 제압하며 독충을 굴복시키고 추위와 더위에 해를 입지 않는 것은 선천적으로 그에 대한 방비 수단을 갖추고 있기 때문이 아니라 무리 생활을 하기 때문"이다.[31] 즉 인간은 그 신체적인 특성상 사회적 동물일 수밖에 없다는 결론이다.

그런데 신체 조건의 열세라는 약점은 사회의 구성이라는 방법으로 해결하였지만 또 하나의 문제가 발생한다. 그것은 바로 사회 구성원들 사이에서 일어나는 갈등이다. "젊은 사람이 어른을 부리고 어른은 건장한 자를 두려워하며, 힘있는 자가 현명한 이로 추숭되고 포악하고 거만한 자가 존경받는다. 그리하여 밤낮으로 서로 죽이는 일이 그칠 때가 없어 종족의 씨가 마를 지경이다"[32]는 말에서 그러한 무질서 상태에 대한 염려를 확인할 수 있다. 따라서 그러한 투쟁의 상태를 종식

---

30) 陳奇猷 校釋, 『呂氏春秋校釋』, 「恃君覽·恃君」, 1321쪽, "凡人之性, 爪牙不足以自守衛, 肌膚不足以扞寒暑, 筋骨不足以從利辟害, 勇敢不足以却猛禁悍."

31) 같은 책, 같은 곳, 1321쪽, "然且猶裁萬物, 制禽獸服狡蟲, 寒暑燥濕弗能害, 不唯先有其備, 而以羣聚邪."

32) 같은 책, 같은 곳, 1322쪽, "少者使長, 長者畏壯, 有力者賢, 暴傲者尊, 日夜相殘, 無時休息, 以盡其類."

시키기 위해서는 당연히 질서의 유지가 필요하게 된다. 결국 인간의 역사는 이러한 투쟁의 상태로부터 질서의 상태로 진행되어 온 과정이라고 이들은 보고 있는 것이다.

육가의『신어新語』첫머리에서는 이러한 진행 과정을 '선성先聖'· '중성中聖'· '후성後聖'의 출현이라는 연속적인 단계로써 비교적 체계적으로 묘사하고 있다. 이에 따르면 인간의 역사는 '선성'의 단계에서 기초적인 사회 규범을 세우고 생활에 필요한 기본 의식주와 편의 시설을 점차 갖추어 갔으며 상벌을 제정하여 사회의 질서를 유지하였다. 그런데 상벌에 의한 질서 유지에만 의존하게 되자 백성들은 법을 두려워하긴 했지만 예의가 없게 되어 인간다운 삶을 영위하는 것이 불가능해지는 폐단이 일어났다. 이에 따라 '중성'의 시대에는 교육 기관을 설치하여 이를 보완할 수 있는 예의에 대한 교육이 행하여졌다. 그러나 현실적 수요에 의거한 예의 규범에만 의지하다 보니 이것도 후세로 오면서 쇠퇴해지는 경향이 심하였다. 그러므로 '후성'의 단계에 와서는 이러한 앞 단계의 성과를 종합하여 오경五經과 육예六藝 같은 전범典範을 마련함으로써 천지의 원리에 입각하여 인륜을 가다듬는 포괄적인 사회 기강을 수립하였다는 것이다.[33]

이러한 역사관에서 통치자는 당연히 사회 질서의 유지자라는 일차적인 특성을 갖는다. 군주는 이러한 필요에 의하여 요청된 존재이다. 군주의 이런 성격은 이들이 군주의 존재 근원을 어디다 두는지를 살펴볼 때 보다 명확해진다. 이들은 "이로움은 무리 생활로부터 나오고 군주의 도道는 바로 거기에서 성립한다"[34]고 주장한다. 군주가 무리에서 나온다는 생각은 군주의 임무가 바로 질서의 유지라고 봄을 말해 준다.

---

33)『新語』,「道基」, 1~2쪽 참조.
34) 陳奇猷 校釋,『呂氏春秋校釋』,「恃君覽·恃君」, 1321쪽, "利之出於羣也, 君道立也."

군주는 "성인이 이러한 환란을 깊이 인식하여 천하를 위한 장기적인 고려로는 천자를 두는 것이 최선이라고 생각하였으며, 또 한 나라를 위한 장기적인 고려로는 군주를 두는 것이 제일이라고 생각하였기 때문"[35])에 생긴 것이다. 따라서 통치자의 일차적인 임무는 환란의 방지, 다시 말해서 질서의 유지인 것이다.

이런 측면에서 이들은 전국말의 혼란상이 궁극적으로 사회의 질서를 담당하는 군주, 즉 국가 권력의 부재 때문이라고 진단한다.

> 지금은 주나라 왕실이 이미 멸망하여 천자의 자취도 이미 끊어졌다. 혼란은 천자가 존재하지 않는 것보다 더 큰 것이 없다. 천자가 없으면 힘센 자가 약한 자를 억누르고 다수가 소수를 함부로 대하게 되니, 그들은 무력으로 서로 살육을 일삼아 사람들이 편히 쉴 수가 없게 된다. 오늘의 세상이 그런 상황인 것이다.[36])

결국 진·한 교체기를 중심으로 활약한 사상가들은 사회의 기원을 동물로서의 인간의 취약성에 두고 있으며, 동시에 그러한 사회 조직의 유지를 위한 적절한 질서 체계를 긍정하고 있음을 알 수 있다. 사실 이런 종류의 사회기원론은 동서양을 막론하고 가장 광범위하게 지지받는 고전적인 이론으로서 특별히 이 당시에 돌출되어 나온 이론이라고는 할 수 없다. 선진 시대의 전적에만 국한시켜 보더라도, 이러한 사회기원론은 『묵자』를 비롯하여 『순자』, 『한비자』 등에 두루 보인다. 그런데 여기서 하나 주목할 것은 이와 같은 사회기원론을 긍정하는 사상가들, 곧 묵자,

---

35) 같은 책, 같은 곳, 1322쪽, "聖人深見此患也, 故爲天下長慮, 莫如置天子也, 爲一國長慮, 莫如置君也."
36) 같은 책, 「有始覽·謹聽」, 705쪽, "今周室旣滅, 而天子已絶. 亂莫大於無天子, 無天子則彊者勝弱, 衆者暴寡, 以兵相殘, 不得休息, 今之世當之矣."

순자, 한비자 등은 모두 인간의 삶에 있어 개인적 요소보다 사회적 요소를 상대적으로 중시한 사상가들이라는 점이다. 따라서 이 점은 이 시기의 이상사회론의 태동 분위기를 이해하는 데 중요한 시사점을 제공한다고 할 수 있다. 즉 개인의 내면적 성취보다는 바람직한 사회 유형의 모색에 더 비중을 두려는 그러한 시대 분위기 말이다.

사회의 기원이 이러하기 때문에 사회의 대표적 조직체인 국가의 성격도 당연히 다음의 두 가지로 요약될 수 있다. 첫째로 그것은 고립 생활의 불리함으로부터 벗어나고자 하는 인간의 욕구에서 비롯된 집단적 자위 조직체라는 성격을 지닌다. 둘째로 같은 맥락에서 그것은 그 구성원들 사이의 분쟁을 조절하는 질서 유지자라는 성격을 갖는다. 따라서 국가 권력의 일차적 존재 목적은 자신에게 부과된 이 두 가지 임무를 적절히 수행하는 것에 있다. 동시에 그 국가 권력의 대표자인 군주도 자연스럽게 사회 조직을 보호하고 질서를 유지하는 자라는 일차적인 특성을 갖게 된다. 그런데 인간 사회가 자위적 조직체로서 이미 제자리를 잡고 있는 상황에서는 당연히 두 번째 임무의 수행이 국가 권력의 주된 기능이 될 수밖에 없다. 또 그에 따라 군주의 존재 목적에 대한 관심도 이 측면으로 집중될 수밖에 없게 된다.

그러면 군주는 구체적으로 무엇으로 사회 조직을 보호하고 질서를 유지하는가? 즉 군주는 국가라는 인위적 조직의 유지에 가장 큰 걸림돌이 되는 사회적 혼란을 어떻게 방지할 수 있는가? 그것은 바로 그에 합당한 사회적 규범의 제정을 통해서인데, 그 사회적 규범 가운데 이들이 가장 주목한 것이 바로 '예'이다. 예의 기본적인 본질은 '차별성'이다. 예와 정치와의 관계를 집대성한 순자는 사회 조직과 예, 예와 사회 정의와의 관계를 다음과 같은 함축적인 말로 표현한다.

인간은 무엇으로 사회를 조직할 수 있는가? 등급(分)이다. 등급은 무엇에 의하여 시행될 수 있는가? 정의(義)이다.[37]

순자는 이 의미를 다음과 풀이한다. 동물에 대한 인간의 우위성은 부자 관계, 남녀 관계 등에서 구현되는 차등적 신분 질서(辨)의 구축에서 확인되는데, 그러한 신분 질서는 등급(分)을 통해서 실현되며 그 등급은 예를 통해서, 예는 군주(聖王)를 통해서 구현된다.[38] 따라서 이 때의 정의란 그와 같은 신분 질서에 기초한 정의인 셈이다. 순자는 신분 질서에 기초한 이러한 정의를 적용하여 등급 질서를 확립하게 되면 그 사회는 화평(和)의 상태에 도달한다고 말한다.[39] 예가 전통 사회에서 계층 구조를 지지하는 기본 규범의 역할을 할 수 있었던 것은 그것이 이처럼 차별성을 본질로 하기 때문이다. 이런 관점에서 순자는 예와 의가 정치의 시작이어야 하고, 다스리는 위치에 있는 자는 그 예의의 시작이어야 한다고 주장한다.[40]

순자의 이러한 예론은 그대로 당시의 사상계에 수용된다. "나라를 다스리는 데에는 근본이 있는데, 그 근본이란 등급을 정하는 것일 뿐이다"[41]라는 말을 통하여 우리는 그것을 확인할 수 있다. 이것은 "존비와 귀천, 대소의 지위에 순서를 매겨 주고 내외 · 원근 · 신구의 등급을 나타내 주는"[42] 예의 특성이 새로운 질서 체계를 모색하는 이들에게 강

---

37) 王先謙, 『荀子集解』, 「王制」, 164쪽, "人何以能羣. 曰, 分. 分何以能行. 曰, 義"
38) 같은 책, 「非相」, 50쪽, "夫禽獸有父子而無父子之親, 有牝牡而無男女之別. 故人道不有辨. 辨莫大於分, 分莫大於禮, 禮莫大於聖王."
39) 같은 책 「王制」, 104쪽, "故義以分則和." 이것은 앞의 각주 38)의 내용에 바로 이어지는 부분이다.
40) 같은 책, 같은 곳, 103~104쪽, "禮義者, 治之始也, 君子者, 禮義之始也."
41) 陳奇猷 校釋, 『呂氏春秋校釋』, 「審分覽 · 愼勢」, 1110쪽, "故治天下及國, 在乎定分而已矣."
42) 蘇輿, 『春秋繁露義證』, 「奏本」, 275~276쪽, "禮者,……序尊卑 · 貴賤 · 大小之位, 而差

한 호소력으로 다가왔기 때문이다.

그런데 이처럼 질서의 유지라는 관점에서 예의 필요성을 확보할 때 한 가지 짚고 넘어가야 할 문제가 있다. 그것은 질서의 유지라는 국가의 일차적인 임무를 달성하는 데 보다 더 효과적인 수단을 생각해 볼 수도 있다는 점이다. 그것은 곧 '법'이다. 우리는 선진의 사상사에서 새롭게 형성되어 가던 당시의 제국적 통치 질서를 법이라는 가치중립적인 규범을 통하여 지지해 보려 했던 '법가'라는 일군의 사상가들이 있었음을 알고 있다. 또 그들의 노력이 실제로 진제국의 출현이라는 가시적인 결과를 낳기도 하였다는 사실도 알고 있다. 그런데 왜 새로운 이상사회를 역설하던 이들은 법이라는 이 훌륭한 질서 유지 수단을 외면하고 겉보기에 법보다 다소 느슨한 규범으로 보이는 예를 선택했을까? 그 대답은 크게 다음의 세 가지 측면에서 구해질 수 있을 것이다.

첫째로 지적될 수 있는 것은 당시에 유행하던 반진反秦적 분위기이다. 특히 진·한 교체기를 경험한 사상가들의 관심은 어떻게 하면 진제국의 전철을 밟지 않을 수 있을까 하는 데에 집중되어 있었다. 여기서 말하는 '진제국의 전철'이란 진왕조가 저질렀다고 생각되는 두 가지 잘못에 대한 반성이다. 그 하나는 두말할 필요도 없이 제국의 멸망이다. 제국의 멸망은 그로 인해 야기되는 통치 질서의 붕괴가 바로 혼란으로의 회귀를 의미한다는 점에서 사회 질서를 중시하는 입장에서는 무엇보다도 예방되어야 할 사태이다. 따라서 진제국의 멸망이라는 전철로부터 얻어지는 교훈은 질서의 담당 주체인 제국의 유지이다. 또 하나는 진을 멸망으로 이끈 원인에 대한 반성이다. 막강한 국력과 삼엄한 방비책에도 불구하고 진이 멸망하게 된 원인을, 그들은 대체적으로

內外·遠近·新故之級者也,"

흉포한 정책을 시행하고 형벌을 지나치게 사용했기 때문이라고 진단한다.[43] 그리고 그러한 정치를 가능하게 만든 통치 이념이 '법에 의한 통치'(法治)라고 보는 것이다.

그들의 머리 속에서 법에 의한 통치는 군주에 의한 전체주의적인 폭정과 같은 의미이다.[44] 따라서 그러한 통치 방식은 이상사회의 실현에 있어 가장 먼저 배제되어야 하는 것이다. 물론 표면적으로 드러난 진의 실정이 그들이 채택했던 이념 체계, 즉 법치로부터 필연적으로 유래된 것이냐 하는 것은 별개의 문제이다. 그러나 법치의 이론적 의미야 어떻든 이 당시의 이상사회론이 진을 안티테제로 설정한 것은 바로 유토피아 계획에 어쩌면 불가피하게 따르게 마련인 전체주의적 통제와 억압, 그리고 통치자 1인의 독재 등에 대한 반대 의사를 천명하기 위한 것이라 볼 수 있다.[45] 아무튼 진제국이 준 두 가지 교훈, 제국질서의 붕괴와 그 원인으로 생각되는 법치의 부정적 효과 때문에 제국질서를 유지하는 데 유효한, 그러면서 법이 아닌 그 어떤 사회 규범이 새롭게 요청되었고, 그 대안으로 다시 주목받은 것이 예인 것이다.

둘째는 규범의 적용 대상이라는 측면에서 볼 때 예가 법에 비하여 더 포괄적이라는 점이다. 이것은 통치자를 염두에 두고 하는 말이다. 법은 모든 사람에게 차별 없이 적용되지만 단 한 사람, 통치자인 군주

---

43) 『新語』,「無爲」, 6～7쪽, "秦始皇帝設爲車裂之誅, 以斂姦邪; 築長城於戎境, 以備胡越; 征大呑小, 威震天下; 將帥橫行, 以服外國. 蒙恬討亂於外, 李斯治法於內. 事逾煩天下逾亂, 法逾滋而姦逾熾, 兵馬益設而敵人逾多. 秦非不欲爲治, 然失之者, 乃擧措暴衆, 而用刑太極故也."

44) 진제국의 멸망으로부터 역사적 교훈을 얻으려는 생각은 이 당시 사상가들에게 공통적으로 보이는데,「過秦論」(진의 잘못을 책망하는 글)이라는 賈誼의 글은 이러한 분위기를 대변해 준다. 그들의 이러한 의도는 진이 멸망하게 된 원인에 대한 규명으로 집중되었고, 그 대답은 한결같이 진이 엄격한 法治를 시행했기 때문이라는 진단이었다. 따라서 적어도 진·한 교체기 및 그 이후의 사상가들에게 있어서 법치는 가혹한 독재 정치와 동의어로 받아들여졌음을 알 수 있다.

45) 陳正炎·林其錟, 이성규 역, 『중국대동사상연구』, 21쪽.

에게는 적용되지 않는다는 결점이 있다.[46] 반면에 예는 대상에 따라 비록 차별적으로 적용되지만 군주도 그 규범의 틀에 종속된다는 장점이 있다.[47] 이 점, 즉 최고 통치자도 그 틀로 규제할 수 있다는 예의 특성이 이들에게 강하게 다가왔을 것이다. 이렇게 되면 결국 그 예를 실질적으로 담당하는 사람은 그것에 대한 전문가인 이들 지식인 계층일 수밖에 없다는 결론이 자연스럽게 도출된다. 따라서 예의 이 특성은 바로 이들의 집단이익과 밀접히 연결되는 것이다.

마지막으로 지적할 수 있는 것은, 법은 가치중립적이지만 예는 가치와 무관하지 않다는 점이다. 잘 알려진 대로 예는 중국 사상사, 특히 유가 계열의 사상사에서 '덕德'이라고 정의되는 인간의 내재적 가치의 실제적 구현과 밀접한 관련을 맺고 있는 개념이다. 이 점은 군주전제주의가 단순히 힘에 의한 제국 질서의 유지에만 관심을 둔 이념이 아니라 그것을 기반으로 보다 적극적인 이상에 도달하고자 한, 이른바 '덕치 국가'의 실현을 염두에 둔 사상이라는 점과 관련되는 중요한 사항이다. 통치자가 자신과 피통치자의 정치적 관계를 교화라는 교육적 관계로 보는 시각에서는 당연히 법이 아닌 예가 필요하기 때문이다. 대체로 이상과 같은 이유로 인하여 이들은 자기들이 선택할 수 있는 최선의 규범 체계로 예를 선택했다고 할 수 있다.

법에 대비되는 예의 특성을 이렇게 정리하고 보면, 우리는 예가 그 기능에 있어서 두 가지 주된 기능을 갖고 있음을 알 수 있다. 하나는

---

46) 일부에서는 법가의 이론체계에서 법은 이론상으로 볼 때 군주를 포함한 모든 사람에게 공평하게 적용되는 규범이라고 주장하기도 한다. 그러나 그 실제적인 맥락을 살펴볼 때 군주는 어디까지나 법의 제정자일 뿐이고, 그 법을 지키는 행위는 피통치자에게만 요구되었다고 보는 것이 더 타당하다. 劉澤華, 『中國傳統政治思想反思』, 190~193쪽.

47) 예를 들어 군주가 따라야 할 준칙들을 자세히 제시하고 있는 『荀子』의 「王制」, 『禮記』의 「王制」와 「玉藻」 등의 내용을 보라.

신분에 기반을 둔 등급 구조를 통하여 사회 질서를 유지하는 기능이고, 다른 하나는 사회 구성원들의 '도덕적 성취'를 가능하게 해 주는 기능이다. 앞의 것을 예의 소극적 기능이라고 한다면 뒤의 것은 예의 적극적 기능이라고 할 수 있을 것이다. 군주전제주의를 지탱하는 기본 골격은 예의 이 두 가지 기능을 적극적으로 구현하려는 의지라고 할 수 있다. 그러므로 군주전제주의를 지지하는 사상가들에게 있어 국가는 단순히 질서 유지라는 행위를 통해 구성원들에게 적절한 삶의 환경을 제공해 주어야 할 뿐 아니라, 그 구성원들을 이끌어 어떤 가치를 실현해야 하는 주체이기도 한 것이다. 같은 맥락에서 이들은 국가의 통치자인 군주에게 이 두 가지 사항을 실현시킬 수 있는 자격을 요구하기에 이른다. 진·한 교체기를 지나 한대로 넘어오자, 새로운 제국의 탄생에 기대를 걸던 지식인들은 바로 이 부분에 대해 부쩍 관심을 갖게 되기 시작하는 것이다.

6. 모색과 적응

　중국 철학사에서 '백가쟁명'으로 묘사되던 선진의 사상적 분위기는 진을 거쳐 한에 이르면서 여러모로 새로운 국면을 맞이한다. 그 '새로운 국면' 가운데 상당 부분은 앞에서 말한 정치적 환경의 변화, 즉 제후국의 할거로 대표되던 지방분권적 정치 질서가 강력한 황제권을 중심으로 하는 중앙집권적 질서로 전환된 것을 말한다. 이러한 변화가 한초의 사상계에 미친 파장은 크게 사상내적인 측면과 사상외적인 측면 두 가지 면에서 살펴볼 수 있다.

　우선 사상내적인 측면에서 본다면, 선진 제자들의 다양한 사상 체계들은 그들이 딛고 선 정치적 토양의 변화로 말미암아 자기변신을 꾀하지 않을 수 없는 상황에 직면하였다. 모든 사상은 자기가 몸담고 있는 시대를 토양으로 하여 발아되고 숙성되는 것이므로 그 토양의 변화는 필연적으로 사상 자체의 자기변신을 요구한다. 더구나 현실지향적인 성향을 강하게 띤 선진 제자들의 사상적 성격을 고려할 때 이 점은 필연적이다. 정치적으로 분화되어 있는 현실을 자기 나름의 통일적인 세계로 이끌려 했던 제자들에게 있어 선진은 자유로운 가능성의 영역이었다고 할 수 있다. 하지만 이미 통일을 달성한 정치적 상황에서는 현실에 대해 언급할 때 기존의 방식과는 다른 지적 작업을 필요로 한다. 그 전환의 과정은 한 마디로 통일의 방식에 대한 탐구에서 통일의 지속책에 대한 탐구라는, 관심축의 이동으로 설명될 수 있다.

관심축의 이동은 곧 자기변신을 의미한다. 그러나 현실적으로 볼 때 그러한 변신의 색깔은 사상 자체의 논리에 의해서만 결정되지는 않는다. 현실을 장악하고 있는 집단을 의식해야 하기 때문이다. 따라서 이 문제는 자연히 '한漢'이라는 새로운 정치 환경의 통치 계층이 지니고 있었던 정치적 성향 혹은 의도와 필연적으로 맞물릴 수밖에 없다. 변화된 상황에 적응하기 위하여 스스로의 변신을 도모하지 않을 수가 없었다는 점과, 그 변신의 방향이 다분히 권력의 시선을 의식하는 속에서 이루어져야 했다는 것이 바로 한초의 사상계가 자기변신을 꾀하는 데 영향을 미쳤던 내·외적인 요인이다.

새로운 권력은 당연히 자기의 정당성을 확보해 줄 새로운 이데올로기를 필요로 한다. 이것은 진을 이어서 중앙집권적인 전제 체제를 확립한 한의 통치 계층에게도 예외는 아니다. 새롭게 장악한 권력을 영원토록 지속시킬 수 있는 방안에 대한 모색, 이것이 그들을 잠을 못 이루게 할 정도로 사로잡고 있는 문제였다. 무제가 대책을 구하면서 내린 칙령에서도 그러한 고뇌를 읽을 수 있다.

> 짐이 선왕들의 존귀한 지위와 훌륭한 덕을 이어받아 그 지위를 영원토록 전하고 그 덕을 한없이 베풀고자 하나, 책임은 크고 지켜야 할 것은 무겁도다. 이런 까닭에 아침부터 밤까지 마음이 편할 틈이 없고, 오래도록 만사의 근본을 생각해 보았으나 오히려 미처 살피지 못한 것이 있을까 두렵다. 그러므로 사방의 뛰어난 지식인들에게 문호를 여니, 군과 국의 책임자와 제후들은 능력이 뛰어나고 덕행이 방정하며 학문을 잘 닦은 선비를 공정하게 천거하라. 대도의 요체와 지극한 논의의 핵심을 듣고자 함이다.[1]

표현은 비록 의례적인 수식들로 이어져 있지만 행간에는 제국적 질서의 유지라는 현실적 책무에 대한 부담감이 상당히 짙게 깔려 있음을 느낄 수 있다. 따라서 정치적으로 통일된 현실을 인정하고 그 현실에서의 성공적인 안착을 염원하고 있던 사상가들에게 권력의 이러한 요구는 그들의 자기변신에 무시할 수 없는 요소로 작용할 수밖에 없었다. 결국 새로운 환경에 적응하기 위한 자기변신의 노력과 그 노력의 방향을 결정짓는 시대적인 요청으로서의 새로운 통치 이데올로기의 모색이라는 두 가지 요소가 한초의 사상계를 압박해 온 것이다.

그런데 이 두 요소는 서로 조화를 필요로 한다. 왜냐하면 집권 세력 혹은 새로운 질서에 부응하는 이데올로기를 모색하되, 그것은 어디까지나 자기들 학파의 기본 색조를 유지하는 전제 위에서 이루어져야 하기 때문이다. 한초에 벌어진 사상계의 각축은 기본적으로 이것을 둘러싸고 벌어진 헤게모니 싸움이었고 할 수 있다. 그리고 그 투쟁의 최종적인 승리는 서두에서 말한 대로 유가에게로 돌아갔다. 무제가 동중서의 이른바 '천인삼책'을 채택함으로써 유학이 공식적인 통치 이데올로기로 자리잡았기 때문이다.

동중서의 건의와 무제의 수용이라는 표면적인 모습을 넘어, 유학이 왜 한의 통치 이데올로기로 '채택될 수밖에 없었는가' 하는 문제는 여러 가지로 설명될 수 있다. 그러나 그 가운데 무엇보다도 중요한 것은 자기변신을 통하여 확보된 유학의 사상적 적응력과 당시의 사회구조와 유학적 사유틀 사이에 존재하던 친밀성이다.

다른 학파들과 마찬가지로 유가도 전국에서 진·한에 이르는 기간

---

1) 『漢書』 권56 「董仲舒傳」, 2495쪽, "朕獲承至尊休德, 傳之亡窮, 而施之罔極, 任大而守重, 是以夙夜不皇康寧, 永惟萬事之統, 猶懼有闕. 故廣延四方之豪儁, 郡國諸侯公選賢良修絜博習之士. 欲聞大道之要, 至論之極."

동안 끊임없이 타학파의 장점들을 자기화하려고 시도했는데, 그 과정에서 단연 주목되는 부분은 바로 음양오행설의 광범위한 흡수이다. 이것은 유학의 변천에 있어서 중요한 의미를 지닌다. 왜냐하면 음양오행설의 흡수는 선진의 유학이 지니고 있었던 중요한 결점의 하나를 보완하는 것이었기 때문이다. 공자에서 맹자를 거쳐 순자로 이어지는 선진 유학의 강점은 두말할 필요도 없이 인간에 포인트를 맞추고 있는 그 실용적인 현실주의이다. 이것이 유학으로 하여금 다른 학파와 구별되게 만든, 다시 말해서 유학을 유학답게 만든 요소이다. 하지만 유학의 그러한 강점은 어쩔 수 없이 그 반대 측면의 약화를 가져올 수밖에 없었다. 그것은 곧 형이상학적인 측면의 미발달이다. 진·한을 거치면서 유학이 음양오행설을 흡수했다는 것은 바로 이 부분에 대한 보완이 이루어졌다는 것을 의미한다. 그렇게 함으로써 유학은 새로운 시대의 흐름에 한층 유연하게 대처할 수 있는 적응력을 확보할 수 있었던 것이다.

유학의 그러한 적응력은 당시로 볼 때 그것이 성공적으로 현실에 안착하는 데 크게 두 가지 면에서 순기능을 발휘하였다. 우선 지적할 수 있는 것은 음양오행설을 흡수함으로써 유학은 당시의 자연과학적 성과와 일정한 연결고리를 확보할 수 있었다는 점이다. 이것은 유학이 당시의 보편적인 세계관과 괴리되지 않을 수 있는 발판을 마련해 주었으며, 그 결과 유학은 한대 사상의 일반적인 분위기인 천인상감론에 능동적으로 참여할 수 있었다. 이 점은 유학이 한대의 주도적인 이데올로기로 변신하는 데 상당히 중요한 역할을 한 부분이다.

이른바 '대일통大一統'으로 표현되는 한대의 통일적인 세계관은 일정 부분 당시의 자연과학적 성취를 기반으로 한 것이었다. 그런데 세계와 인간을 하나의 틀로 묶어 설명하려는 한대인들의 그러한 통합적 세계관의 이론적 핵심은 바로 음양오행설이었다. 한대의 유학은 음양오행설을 吸수함으로써 그러한 통합적 세계관에 동참할 수 있었고, 동시에 현실 권력의 요구에도 부응할 수가 있었던 것이다. 예를 들어, 자신의 정당성을 확보하려는 당시 권력의 요청에 동중서가 훌륭히 대응할 수 있었던 것도 유학의 그러한 자기변신이 있었기 때문이다. 앞에서 본 것처럼, 무제가 동중서에게 물은 내용은 모두 세 가지인데, 그 가운데 첫 번째 질문의 요지는 고대의 제왕들이 하늘에서 명을 받은 징표가 무엇이며 그것이 다시 회수되는 이유는 또 무엇이냐 하는 것이었다.[2] 이것은 곧 권력의 정당성 확보라는 문제와 관련된 질문인데, 여기에 대하여 동중서는 음양론적인 사고에 기댄 수명론受命論과 재이설災異說로 그 질문에 대답할 수 있었다.[3]

유학이 한대의 이데올로기로 등장하는 데 긍정적인 역할을 한 또 하나의 요소는 그것이 한을 지탱하고 있던 사회적 기층 질서를 충돌 없이 소화해 낼 수 있는 특성을 가지고 있었기 때문이다. 이른바 '부로父老'와 '자제子弟'라는 향리의 인적 관계와 소농 경제를 축으로 하는 한의 기층 질서는 그 특성상 본질적으로 가부장적이다.[4] 한의 통치 계층은 사회의 그러한 질서 구조를 주목하여 그 질서를 지탱하고 있는 공동체 의식을 수용하는 방식으로 자신들의 통치권을 확립하고자 하였다. 따라서 사회의 이러한 기본 질서를 해체시키고자 한다며 모르되,

---

2) 『漢書』 권56, 「董仲舒傳」, 2495쪽, "三代受命, 其符安在? 災異之變, 何緣而起?"
3) 같은 책, 같은 곳, 2495~2505쪽 참조
4) 한대 취락구조의 기본 단위는 자연 촌락인 里이다. 이 里의 대표자는 里民이 경험이 풍부한 里의 유력자 가운데에서 추대하는데, 이를 '父老'하고 한다. 그리고 이에 대비되는 일반 里民은 '子弟'라고 하였다. 貝塚茂樹 외, 윤혜영 편역, 『중국사』, 162~165쪽. 한대의 향촌 질서 속에는 이 밖에도 '豪傑'이라는 존재들이 있었는데, '父老'가 향촌 질서의 안정적 측면을 대변한다면 이 豪傑은 그런 안정적 질서의 외곽에 존재하던 사적 집단의 리더로서 고립된 향촌들을 연결시켜 주는 매개고리 역할을 수행하였다. 여기에 대해서는 정하현, 「전국말-한초의 향촌사회와 호걸」을 참조하라.

그것을 모순 없이 끌어안을 수 있는 지배 이데올로기를 탐색하고자 한다면 유학이 주목받을 수밖에 없었다. 그러한 사회 구조를 포용하는 데 가장 근접해 있는 사상이 바로 유학이었기 때문이다.

한대의 유학은 자신의 이러한 두 가지 특성, 즉 음양오행설의 흡수를 통한 현실 적응력의 향상과 그 사유 구조가 지닌 당시의 사회 구조와의 친밀성을 바탕으로 하여 사상 투쟁에서 최후의 승리자가 된다. 동중서를 비롯한 한대의 유가들은 한편으로는 통치 권력에 '전제專制'적인 절대권위를 부여하면서, 또 한편으로는 그것이 이른바 '덕치德治'라는 자신들의 기본 관심을 넘어서지 않게 하는 이중적인 이론틀을 성공적으로 결합함으로써 그 승리를 이끌어 내었다. 그들의 이러한 작업은 구체적으로 권력의 정점인 황제에게 음양오행설에 기반을 둔 신비적인 권위와 당시의 사회 구조로부터 연역된 가부장적인 권위를 동시에 부여하는 방식으로 진행되었다. 그들은 수명론 등을 통하여 황제를 개인으로서가 아니라 제도로서 수용함으로써 권력의 요구와 절충하였고, 다시 거기에 가부장적인 성격을 부가함으로써 자신들이 기대했던 권력의 '온정적인 지배 체제'를 확보하고자 하였다. 이 과정에서 유학이 지니고 있는 가족주의적 요소가 어떤 역할을 했으리라는 것은 충분히 짐작할 수 있는 부분이다.

한초 유학자들의 이러한 종합적인 시도는 상당한 설득력을 발휘하여, 결국은 "육예와 공자의 가르침에 기반을 두지 않고 있는 모든 학문은 그 길을 끊고 뻗어 나가지 못하게 하여" 유학을 축으로 하는 학문상의 대통일을 이루게 된다. 그 결과 탄생한 것이 바로 그 이후 중국 철학사에서 절대적인 영향력을 행사하였던 '경학經學'이다. 따라서 이런 점에서 본다면 경학은 결국 당시의 제국적 질서가 이데올로기의 확립이라는 측면에서 요구하는 현실적 수요와, 그 제국의 질서 속에서 자신들의 학문적 이상을 구현해 보고자 했던 유학자들의 이해가 맞아떨어진 결과라고 할 수 있다. 다시 말해서, 당시의 현실에서 한제국과 유학은 서로가 상대를 필요로 하는 관계에 있었다는 말이다. 이 가운데 특히 유학의 입장에서 한제국의 출현이 어떤 의미로 다가왔는가 하는 점은 당시 유학자들이 제시한 현실 문제에 대한 대책, 역사관 등을 통해서 더 분명히 살펴볼 수 있다.

현실 문제에 대한 당시 유학자들의 대책은 일단 중앙집권적 체제의 강화라는 방향으로 나타난다. 그 대표적인 예가 가의賈誼가 제시한 '중건 제후책衆建諸侯策'이다. 가의는 천하가 혼란하게 되는 원인 가운데 하나 는 중앙집권적 전제 체제가 흔들리기 때문이라고 진단한다. 따라서 이러 한 환란을 방지하기 위해서는 군주 밑에 있는 제후의 세력들을 약화시켜 그들의 모반을 미연에 방지해야 하는데, 만약 그리하지 못하여 "큰 도시 의 힘이 나라에 견줄 만하고 대신의 힘이 군주에 견줄 만한 상태에 이르 게 되면 이는 환란의 매개가 되는 것이다."[5] 제후들의 이러한 세력의 강 대화를 막기 위하여 제후가 죽으면 그 영지를 여러 아들들에게 동등하게 분할함으로써 제후국의 세력을 점차 약화시키고자 한 것이 바로 '제후를 여럿 세운다'는 뜻의 '중건제후책'이다.[6] 이렇게 함으로써 중앙의 군주의 권력이 강화되어 강력한 전제군주권을 획득할 수 있다고 본 것이다. 이것 은 통치자의 물리적 힘을 주목한 것으로서, 한제국을 지탱하는 전제라는 지배 체제를 승인하는 태도라 하겠다.[7]

5) 『新書』, 「大都」, 1036쪽 아래, "大都疑國, 大臣疑主, 亂之媒也."
6) 賈誼의 '衆建諸侯策'은 『新書』의 「藩彊」, 「大都」, 「五美」 등에 잘 설명되어 있다. 제 도사의 도전을 이야기하면서도 언급했지만 漢은 건국 과정을 통해 잠시 봉건제를 활 용하기도 했는데, 당시 제후의 수는 한때 143명에 이를 정도였다. 『漢書』 권16, 「高惠 高后文功臣表」, 527쪽 참조.
7) '중건제후책'은 賈誼 뿐만 아니라 같은 시대에 활약했던 主父偃에게서도 발견되는데, 이는 황제의 전제권의 강화가 당시 유학자들의 중요한 관심사 가운데 하나였음을 보 여준다. 『史記』 권112, 「平津侯主父列傳」, 2961쪽 참조.

그런데 강력한 군주권을 기반으로 하는 중앙집권적 전제 체제를 가장 효율적으로 주창한 학파는 법가이다. 따라서 이 체제를 효과적으로 지지하기 위해서는 법가의 이론을 채택하는 것이 바람직하다고 할 수 있다. 하지만 그럼에도 불구하고 한초의 지식인들이 법가적인 통치 방식에 등을 돌린 이유는 앞에서 말한 진·한 교체기의 반진적 분위기 때문이었다. 이 점과 관련하여 한초의 지식인들은 한제국처럼 똑같은 중앙집권적인 통일 제국을 건설했던 진이 왜 그렇게 빨리 멸망했는가에 주목하였다. 이 문제는 한초 지식인들의 공통된 관심사였는데, 그들은 천하통일이라는 진의 공을 인정하면서도 그러한 능력을 지녔던 진이 그렇게 빨리 망해버린 원인은 어디에 있는가를 규명해 보고자 하였다.[8]

이 문제에 대하여 한초 유가들은 진이 필연적으로 망해야 하는 왕조였다고는 보지 않는다. 그들은 진이 망한 원인이 통치 방식의 잘못에 있다고 보고, 만약 진이 천하를 통일한 후에 통치 방식을 변경시켰더라면 오래도록 지속될 수 있었을 것이라고 말한다.

진이 결코 천하를 잘 다스리고자 하는 마음이 없었던 것은 아니다. 그런데도 그렇게 하지 못한 것은 흉포한 정책을 시행하고 형벌을 지나치게 사용했기 때문이다.[9]

앞서 진의 이세가 훌륭한 군주의 행동을 하여 정사를 충성스럽고 어진 신하에게 맡기고, 신하와 군주가 한결같은 마음으로 나라의 근심을 걱정하고 검소한 태도를 선왕의 잘못을 바로 잡았으며…… 세금은 가볍게 하고 부역은 적게 시켜 백성들의 급한 경우를 돕고, 법을 간략하게 줄이고 형벌을 면제하여 그들의 후손들이 살아가게 하여서…… 훌륭한 덕망으로

---

8) 朱大昀, 「從旬子論秦看兩種不同的‘統一觀’」, 44쪽.
9) 『新語』, 「無爲」, 7쪽, "秦非不欲爲治也, 然失之者, 乃擧措暴衆, 而用刑罰太極故也."

천하와 호흡을 함께 해 나갔다면 온 백성이 즐겁게 자기들의 처소에 편안함을 누렸을 것이니, 그랬다면 백성들은 오히려 어떤 변동이 있을까 근심하였을 것이다.[10]

이것은 진이 통일 후에 통치 방식을 변화시키지 않았기 때문에 멸망했음을 지적하는 말이다. 진의 통치 방식은 엄격한 법에 의한 통치였다. 그런데 그러한 통치 방식은 천하를 통일하는 과정에서는 유용했지만 통일된 천하를 경영하는 데에는 부적절했다는 것이 한초 유가들의 견해이다.[11]

그러면 통일 제국에 적합한 새로운 통치 방식은 무엇인가? 그것은 바로 인의와 같은 군주의 도덕성에 의거한 통치이다. 이것은 앞의 인용문들이 의미하는 내용만 보더라도 분명히 드러난다. '훌륭한 덕망으로 천하와 함께 호흡해 나간다'는 것은 곧 정치가 통치자의 도덕성에 기반을 두어야 한다는 점을 말하고 있는 것이다. 이 통치자의 도덕성을 기본적인 통치 수단으로 삼는 정치 이념이 바로 유학의 '덕치'이다. 당연히 통일 후에는 통일 과정에 필요했던 법치라는 정치 이념을 덕치로 바꾸어야 했음에도 불구하고 진은 육가가 지적했듯이 '말(馬) 위에서 천하를 얻던 방법'을 고수함으로써 천하를 잃게 되었다고 보는 것이다. 가의 역시 「진의 잘못을 책망하는 글」(過秦論)에서 진이 그 위세

---

10) 『新書』, 「過秦下」, 1032쪽 위·아래, "嚮使二世有庸主之行, 而任忠賢, 臣主一心, 而憂海內之患, 縞素而正先帝之過,……輕賦少事, 以佐百姓之急, 約法省刑, 以持其後,……而以盛德與天下息矣, 卽四海之內, 皆歡然各自安樂其處, 惟恐有變."

11) 任繼愈는 秦의 멸망 원인을 하나의 제후국에서 시행하던 통치 방식을 통일 후에 문화적 전통과 습속이 다른 모든 제후국이 무차별적으로 확대 적용함으로써 생긴 갈등에서 비롯되었다고 지적한다. 『中國哲學發展史』 秦漢, 86쪽. 秦의 문화적 특징을 '功利를 숭상하고 仁義를 가볍게 여기는 것'(重功利, 輕仁義)이라고 규정하고 이러한 특성이 법치라는 정치 이념이 실현될 수 있었던 토대였다고 보는 견해가 있는데 그렇다면 任繼愈의 이러한 견해는 타당한 것이라 하겠다. 林劍鳴, 「從秦人價値觀看秦文化的特點」 참조.

에도 불수하고 종국에 천하의 웃음거리가 된 것은 인의에 근거한 정치를 하지 않았기 때문이라고 결론짓고, 천하를 얻을 때와 그것을 지킬 때는 방법이 달라야 한다는 점을 분명히 하면서 이런 입장에 동조하였다.[12] 한초의 지식인들이 한의 중앙집권적 체제를 옹호하고자 하면서도 법가적인 이념을 선택하지 않은 데에는 이와 같은 시대적인 맥락이 가로놓여 있다.

한제국의 등장에 대한 한초 유학자들의 긍정적인 시선을 다시 한 번 확인할 수 있는 곳은 그들의 역사관이다. 이들의 역사관의 특징은 한 마디로 '오늘'을 경시하지 않는 태도라 할 수 있다. 육가는 "나라를 다스리는 도는 가까이 있는 것이지 반드시 먼 옛날의 성왕으로부터만 나오는 것이 아니다. 옛날이든 오늘이든 그 요체를 잡아 시행하면 나라를 다스릴 수 있다"[13]고 하여 옛것을 중히 여기고 오늘을 가볍게 여기는 태도는 잘못된 것이라고 비판한다. 그는 여기에서 한 걸음 더 나아가 "글은 반드시 공자의 문하에서 나와야만 가치를 지니는 것이 아니며 약도 반드시 편작扁鵲의 처방에서 비롯되어야 효험이 있는 것이 아니다"[14] 라고 하여 현실 중시의 입장을 표명하였다. 이러한 역사관은 선진 유학에서 상대적으로 진보적인 성향을 보였던 순자의 역사관보다도 한층 더 '오늘'을 강조하는 역사관이라 할 수 있다.

이와 같은 현실 긍정의 역사관은 특히 동중서에게서 두드러지게 나타난다. '삼통설三統說'이 바로 그것이다.[15] 삼통설이란 역사를 흑통黑統·백통白統·적통赤統의 삼통이 순환하는 것으로 보는 역사관인데, 그 구체적인 내용은 대략 다음과 같다.

---

12) 『新書』, 「過秦上」, 1031쪽 아래, "……爲天下笑者, 何也? 仁義不施, 而攻守之勢異也."
13) 『新語』, 「術事」, 4쪽, "道近不必出於久遠, 取其致要而有成."
14) 같은 책, 같은 곳, 5쪽, "書不必起仲尼之門, 藥不必出扁鵲之方."
15) 三統說은 『春秋繁露』, 「三代改制質文」에 구체적 내용이 잘 나와 있다.

왕이 제도를 개혁하고 법을 만드는 것은 어떻게 하는 것인가? 열 두 가지 색깔 가운데에서 각각 법에 따라 색깔을 결정하고 3의 수를 역으로 반복시킨다. 그리하여 삼대三代 이전을 내치는 것을 오제五帝라고 하는데, 각각의 제는 차례로 하나의 색깔을 주된 것으로 삼아 5의 수를 따라 서로 순환반복한다. 예와 악은 각각 그 마땅한 것을 본받도록 하고, 4의 수로 서로 순환반복하게 한다. 그렇게 하여 모두 나라 이름을 새로 짓고 도읍을 옮기고 관직의 명칭을 바꾸고 예와 악을 제정한다. 그러므로 탕왕은 하늘의 명을 받아 왕이 되고 나서 하늘의 뜻에 부응하여 하나라를 바꾸어 나라 이름을 은殷이라고 하였고, 시대를 백통의 시대로 정하고 하나라를 가장 가까운 조대로 하고 순임금의 우虞를 옛 나라로 정하였으며, 요임금의 당唐을 내쳐서 제요帝堯라고 부르고 신농神農을 적제赤帝로 삼았다. 그리고 도읍을 낙수 하류의 북쪽에 건축하였고 재상직의 명칭을 윤尹이라고 하였으며, 호악濩樂이라는 음악을 만들고 질박한 예를 제정하여 하늘의 뜻을 받들었다. 문왕은 하늘의 명을 받아 왕이 되자 하늘의 뜻에 부응하여 은나라를 바꾸어 나라 이름을 주라고 하였고, 시대를 적통의 시대로 정하고 은나라를 가장 가까운 조대로 하고 하나라를 옛 나라로 정하였으며, 순임금의 우虞를 내쳐서 제순帝舜이라고 부르고 헌원軒轅을 황제黃帝로 삼으며 신농을 추숭하여 구황九皇으로 삼았다. 그리고 도읍을 풍에 건축하였고 재상직의 명칭을 재宰라고 하였으며, 무악武樂이라는 음악을 만들고 문식이 훌륭한 예를 제정하여 하늘의 뜻을 받들었다.…… 그러므로『춘추』는 하늘의 뜻에 부응하여 새로운 왕의 일을 만들었으니, 시대는 흑통의 시대로 정하고 노나라를 왕의 나라로 삼았으며 흑색을 숭상하였다.[16]

---

16) 蘇興,『春秋繁露義證』,「三代改制質文」, 185~191쪽, "王者改制作科奈何? 曰: 當十二色, 歷各法而正色, 逆數三而復. 紬三之前曰五帝, 帝迭首一色, 順數五而相復. 禮樂各以其法象其宜. 順數四而相復. 咸作國號, 遷宮邑, 易官名, 制禮作樂. 故湯受命而王, 應天變夏作殷號, 時正白統. 親夏故虞, 紬唐謂之帝堯, 以神農爲赤帝. 作宮邑於下洛之陽, 名相官曰尹, 作濩樂, 制質禮以奉天. 文王受命而王, 應天變殷作周號, 時正赤統. 親殷故夏紬虞謂之帝舜, 以軒轅爲黃帝, 推神農以爲九皇. 作宮邑於豊. 名相官曰宰. 作武樂, 制文禮以奉天.……故『春秋』應天作新王之事, 時正黑統. 王魯, 尙黑, 紬夏, 親周, 故宋." '順數四而相復'에 나오는 '四'는「三代改制質文」의 이어지는 내용에 나오는 '商・夏・質・文'의 네 가지를 가리킨다.

내용에서 드러나고 있듯이 삼통설은 그 구조면에서 일단 역사를
토土-목木-금金-화火-수水라는 다섯 가지 덕이 순환하는 것으로
보는 추연鄒衍의 오덕종시설五德終始說을 계승하고 있다. 삼통설에 따
르면 삼통의 순서는 '흑통→백통→적통'으로 일정하며, 역대의 왕조는
이 삼통 중 어느 하나에 반드시 속한다. 즉 하나라는 흑통, 은나라는
백통, 주나라는 적통이라는 순서로 역사는 진행되어 왔다는 것이다.
각각의 왕조는 이처럼 역사의 순환 법칙에 의하여 등장한 것이 되므로
그 필연적인 존재 근거를 획득하게 되고, 따라서 체제 긍정의 효과를
지니게 된다. 그런데 동중서는 이러한 삼통설을 다시『춘추』와 연결시
켜『춘추』는 공자가 주나라의 도가 쇠망하는 것을 보고 새로운 통의
왕조를 예상하여 흑통에 입각한 왕조의 제도를 서술한 것이라고 주장
한다. 따라서 주를 잇는 왕조는 이 흑통의 왕조이며 이 왕조의 제반
제도는 공자가 이미『춘추』속에 제시해 놓았다는 이른바 '한대예정설
漢代豫定說'이 가능해지는 것이다.[17]

삼통설이 강력한 현실 긍정의 효과를 목표로 하는 역사관이라는
사실은 다른 점을 통해서도 증명이 된다. 이 부분은 특히 그 구조의
유사성에도 불구하고 삼통설과 오덕종시설이 갈라지는 길목이기도 하
다. 이와 관련하여 우리는 무엇보다도 삼통설의 원칙 가운데 '삼대 이
전을 내쳐 오제로 삼는다'는 부분을 주목해 볼 필요가 있다. 이것은
삼통설이 오덕종시설처럼 단순히 순환반복을 역사의 중심적인 전개
원칙으로 보고 있지 않음을 의미한다. 다시 말해서, 오덕종시설은 왕조
의 교체가 '토→목→금→화→수'의 순서로 순환반복한다는 점만 말하
고 있는 데 비하여 삼통설은 오래된 조대는 현실의 역사를 축조하는
의미 공간에서 배제된다는 점을 분명히 함으로써 항상 현실의 왕조를

---

17) 金谷 治 外, 조성을 역,『中國思想史』, 126~127쪽.

역사의 중심에 놓는 효과를 만들어 내고 있는 것이다.

역사는 '흑-백-적' 삼통이 순환하는 구조로 진행된다. 그러나 이 삼통의 기점은 언제나 지금의 왕조이다. 따라서 앞의 인용문에서 신농의 경우가 그러하듯이, 지금의 왕조를 기점으로 삼는 이 삼통의 역사관에서 지금을 기점으로 할 때 삼대를 넘어가는 조대는 '제帝'의 영역으로 물러나고 시간이 흘러 조대의 변화가 지속되면 그것은 다시 '황皇'의 영역으로 축출된다. 즉 현실을 구성하는 역사적 의미 공간으로부터 배제되는 것이다. 그러므로 이런 맥락에서 볼 때 삼통설에서 항상 중심이 되는 것은 결국 현재의 왕조일 수밖에 없다.

동중서가 편년체로 쓰여진 『춘추』에서 기사를 쓸 때 통상적으로 사용하는 서술법인 '왕정월王正月'의 의미를 해석한 부분은 삼통설에 투영되어 있는 현실 중시의 의식을 또 다른 각도에서 보여 주고 있다.

『춘추』에서 '왕정월'이라고 했는데, 『공양전』에서는 "왕은 누구를 가리키는가? 문왕을 가리킨다. 왜 먼저 왕을 말하고 뒤에 정월을 말하는가? 왕의 정월이기 때문이다"라고 풀이하고 있다. 무엇 때문에 왕의 정월이라고 했는가? 왕은 반드시 하늘의 명을 받은 후라야 왕이 된다. 왕은 반드시 정월과 초하루를 고치고 복색을 바꾸며 예악을 제정하여 천하를 하나의 통치질서 속으로 수렴한다. 이렇게 하는 것은 새로운 성을 가진 왕의 등극이지 다른 사람을 자리를 이은 것이 아니며, 모든 것을 이미 하늘에서 받았음을 분명히 하기 위해서이다. 왕이 하늘의 명을 받아 왕이 되면 정월을 제정하여 천명의 변화에 부응하는 까닭에 여러 법령을 만들어 하늘을 받들게 된다. 그러므로 왕정월이라고 하는 것이다.[18]

18) 같은 책, 「三代改制質文」, 184~185쪽, "『春秋』曰: '王正月', 傳曰: '王者執謂? 謂文王也. 曷爲先言王而後言正月? 王正月也.' 何以謂之王正月? 曰: 王者必受命而後王. 王者必改正朔, 易服色, 制禮樂, 一統於天下. 所以明易姓, 非繼人, 通以己受之於天也. 王者受命而王, 制此月以應變, 故作科以奉天地, 故謂之王正月也."

새로운 성을 가진 왕의 등극이지 다른 사람을 자리를 이은 것이 아니라는 것을 밝히기 위해『춘추』에서 '왕정월'이라고 하였다는 해석은 분명히 새로운 왕조의 정통성을 옹호하는 해석이다. 요컨대『춘추』의 관심은 항상 '신왕新王'에게 있다는 해석이다. 이런 점에서 동중서의 삼통설은 전국말에서 진·한 교체기로 넘어오는 시기에 대대적으로 유행한 현실중시적 역사관의 연장선상에 있다고 할 수 있다.[19] 이런 역사관이 한왕조의 정통성을 이론적으로 보장해 주는 역할을 한다는 점에 대해서는 별다른 설명이 필요 없을 것이다. 한초의 유학자들은 이처럼 진의 중앙집권적 전제 체제를 그대로 계승한 한의 체제를 긍정함으로써 한의 통치 계층이 필요로 하던 왕조의 정통성에 대한 이론적 근거를 제공하면서, 동시에 우·탕·문·무로 이어지는 중국 역사의 황금시대를 한에서 실현할 수 있다는 강한 자신감도 가졌던 것이다.[20]

이상의 고찰로부터 우리는 한제국이라는 새로운 정치 환경과 만나면서 한초 유학자들이 스스로 두 가지 과제를 짊어졌음을 다시 한 번 확인할 수 있다. 그것은 중앙집권적 전제 체제의 유지와 덕치라는 유학적 정치 이념의 실현이다. 바로 여기에서 이후 동아시아 정치사에서

---

19) 삼통설이 가지고 있는 이런 특징을 주목하여 삼통설에는 後王主義의 이데올로기와 殺父의 신화가 숨겨져 있다고 보기도 한다. 김근,『한자는 중국을 어떻게 지배했는가』, 247쪽 참조. 이 후왕주의가 직접적으로 순자의 '法後王' 개념과 연결된다는 점에서 삼통설을 통해서도 우리는 한대 유학과 순자 철학의 상관 관계를 엿볼 수 있다. 순자의 철학과 한대 유학의 전반적인 상관 관계에 대해서는 순자의 학설과 한대 유학자들의 학설을 조목조목 비교하고 있는 徐平章,『荀子與兩漢儒學』을 참조하라.

20) 일반적으로 '漢'이라는 자기들 제국에 대한 한대인들의 자부심은 대단한 것이었다. 경학자들의 경우는 이 점에 관해서는 더 말할 필요도 없고, 경학의 기반인 천인상감론적 사고 방식을 강하게 비판하였던 王充조차도 이른바『춘추』의 한대예정설'을 믿으면서 한을 지지하고 있다는 점은 한대인들의 그러한 특징을 잘 엿보게 한다. 北京大學歷史系論衡注釋小組,『論衡』,「須頌」, 1162쪽, "是故『春秋』爲漢制法,『論衡』爲漢平說." 한편 벤자민 슈월츠는 한대 유학의 특징적인 사고인 천인상감적 우주론에 대해 이런 유형의 우주론 자체가 인간의 주관적 능동성을 고무하는 측면이 있다고 본다. 벤자민, 슈월츠, 나성 옮김,『중국 고대사상의 세계』,「제9장 천인상응적 우주론」참조.

가장 일반적 통치 방식인 '외유내법外儒內法', 즉 겉으로는 유학적 이념을 표방하면서 내면적로는 엄형준법의 법가적 통치에 의거하는 전통적인 통치 방식의 원형이 만들어진다. 유학의 입장에서 본다면 이것은 곧 '덕치'의 이상과 '전제'의 현실을 어떻게 이상적으로 결합할 것인가 하는 문제이다.

이 문제와 관련하여 하나 더 짚고 넘어갈 것은 전통 사회에서의 대부분의 다른 사상가들과 마찬가지로 한초 유학자들에게도 어떤 정치 체제를 선택할 것인가 하는 문제는 고려의 대상이 되지 않았다는 점이다. 그들에게 군주제는 선택의 여지가 없는 당연한 정치 체제였으므로 남은 것은 어떤 지배 체제를 택하느냐 하는 것이었다. 문제는 봉건이라는 간접 지배 체제를 택하느냐 군현이라는 직접 지배 체제를 택하느냐 하는 것이었지 군주제 자체에 대한 것은 아니었다는 말이다. 결국 그들의 주요 관심은 정치 이념에 대한 것일 수밖에 없었고, 그에 따라 어떻게 하면 현실의 전제 체제를 자신들의 이념을 실현하는 데 유용한 방향으로 이끄느냐 하는 문제에 관심을 집중하였을 뿐이다. 이런 점에서 이들에게 덕치와 전제의 결합이란 실질적으로 전제를 덕치의 방향으로 성공적으로 유도하는 것을 의미한다고 할 수 있다.

7. 제국적 질서, 유학적 이상

덕치와 전제에 대한 한초 유학자들의 관심은 우선 군주의 통치권이 어디에 기반을 두는가 하는 문제에 대한 견해에서 동시적으로 드러난다. 그것은 통치권의 기반을 종교적인 측면과 도덕적 측면에서 동시에 파악하려는 시도이다. 다수의 통치가 아닌 한 사람의 통치를 전제로 하는 군주제에서 보편적으로 제시되는 통치권의 기반은 잘 알려진 대로 '군권신수설君權神授說'이다. 군주의 권력은 신으로부터 오는 것이므로 그 군주에 의하여 행사되는 통치권은 당연히 신에 의하여 보장된다는 것이 이 설의 요지이다. 그런데 중국에서는 전통적으로 신에 대치될 수 있는 관념이 '천'이었으므로 여기서는 군주권을 하늘로부터 부여된 것이라고 본다. 이것이 곧 '천명설天命說'이다. 은나라에서 처음 공식화된 이 천명설은 그 뒤로 내부적인 변화는 겪었지만[1] 중국 역사에서 줄곧 군주의 통치권에 대한 기반을 보장하는 이론으로 채용되어 왔다. 한초 유학자들은 한의 전제 체제를 유지하기 위해 통치권의 기반으로서의 이런 천명설을 강화한다. 동중서의 이야기부터 들어보자.

---

1) 여기서 말하는 내부적 변화란, 천명이란 영구불변하는 것이 아니라고 하는 周代의 '天命靡常說'과 그 뒤 춘추전국 시대에 유행했던 天에 대한 불신감 등을 말한다. 여기에 대해서는 김충열, 『중국철학사』 1, '제3장 서주의 인문 사상'을 참조하라.

오직 천자만이 하늘로부터 명을 받고, 천하는 그 천자로부터 명을 받는다.[2]

하늘로부터 명을 부여받은 군주는 하늘의 뜻에 의하여 그 권위를 부여받은 것이다. 그러므로 천자라고 불리는 자는 마땅히 하늘을 어버이와 같이 여겨야 하며 어버이를 대하는 효의 도리로서 하늘을 섬겨야 한다.[3]

동중서의 천 관념은 정치적 필요성에 의하여 요청된 측면이 강한데,[4] 그의 사상 체계에서 천은 자연천의 의미도 있지만 그보다는 주로 의지를 지닌 최고 권위의 주재자라는 성격을 더 많이 가지고 있다. 여기에 따르면 인간은 천의 부수副數적인 존재라는 위치를 갖는다. 이런 까닭에 천과·인간의 주종 관계가 정치적인 측면으로 전환되면 통치자는 인간 사회에서 천에 해당되는 절대적 권위체로서 등장하는 효과를 얻게 된다. 그러므로 통치자의 권위는 바로 이 최고 주재자인 천으로부터 온 것이라는 동중서의 설명은 곧 통치자의 통치권이 불가침적인 절대권임을 주장하는 역할을 수행하게 되는 것이다.

천의 권위를 빌려 통치권의 절대성을 강조하려는 이런 식의 관심은 단순한 이론적 정당화에만 머물지 않는다. 그것은 역사적으로 전해 내려오는 여러 가지 설화와 결부되어, 하늘이 어느 개인에게 통치자로서의 권위를 부여할 때는 그 표시로서 어떤 상서로운 징표를 실제로 생기게 한다는 주장으로까지 연결된다. 『춘추』에 보이는 '서쪽에서 기린을 잡았다'는 것과 같은 역사적 사실이 바로 이러한 징표의 대표적인 예이다.[5]

---

2) 蘇輿, 『春秋繁露義證』, 「爲人者天」, 319쪽, "唯天子受命於天, 天下受命於天子."
3) 같은 책, 「深察名號」, 286쪽, "受命之君, 天意之所予也. 故號爲天子者, 宜視天如父, 事天以孝道也."
4) 徐復觀, 『兩漢思想史』 제2권, 413쪽.
5) 蘇輿, 『春秋繁露義證』, 「符瑞」, 157쪽, "有非力之所能致而自至者, 西狩獲麟, 受命之符是也."

한대에 들어와서 새롭게 이러한 천명설이 강조되는 것은 당연히 한이라는 신흥 제국의 정당성을 옹호하기 위한 것이다. 무제의 대책 내용에서도 우리는 이 점을 이미 확인한 바 있다. 한은 열국이 분열되어 있던 선진과는 달리 진이라는 또 하나의 제국을 무너뜨리고 천하를 통일한 제국이었다. 따라서 무엇보다도 필요한 것은 그 제국의 정통성이고 또 황제의 권위에 대한 피통치자들의 절대적인 복종이다. 중앙집권적 정치 체제의 국가에서 최고 통치자의 권위의 기반이 취약하다는 것은 무엇보다도 경계되어야 될 점이기 때문이다. 앞에서 말한 것처럼 한의 통치 집단이 기존의 귀족 세력이 아니라 평민 계층에서 새로이 부상한 집단이었다는 사실로 볼 때 그 필요성은 더욱 컸으리라고 여겨진다. 한초의 유학자들이 천명설을 새삼 강조하는 것은 바로 그런 필요성에 부응하기 위한 노력의 일환이다.

한편, 한초의 유학자들은 전제 체제에 대한 강화책으로 통치권의 천명설을 주장하면서도 다른 한편으로 덕치라는 정치 이념을 염두에 둔 또 하나의 통치권의 기반을 언급한다. 그것은 통치권의 도덕적 기반이다.

주紂도 성덕을 지닌 천자의 후손이다. 그러므로 천하를 소유한 것은 당연한 것이다. 그러나 끝내 올바른 도를 등지고 의를 버렸으며, 경건하고 삼가는 태도를 버리고서 교만하고 사치한 행동을 하였으니, 천하의 사람들이 그를 떠나기를 마치 산이 무너지는 듯이 하였고, 그를 배반하는 것이 사전에 약속이나 한 듯이 하였다. 군주된 자로서 진실로 삼가지 않을 수 있겠는가?[6]

---

6) 『新書』,「連語」, 1061쪽 아래, "紂聖天子之後也. 有天下而宜然. 苟背道棄義, 釋敬愼而行驕肆, 則天下之人, 其離之若崩, 其背之也, 而不約而若期. 夫爲人主者, 誠奈何而不愼哉!"

가의의 이 말은 군주의 통치권이라는 것이 세습적으로 계승되었다고 해서 불가침적인 절대권력이 되는 것은 아니라는 점을 지적한 것이다. 통치권은 한편으로 '도의道義'나 '경건하고 삼가는 태도'와 같은 통치자의 도덕성에 기반을 두는 것이기도 하다. 따라서 비록 자신의 선조가 천명을 부여받아 통치권의 기반을 획득한 상태라 하더라도 그것이 통치자의 도덕성이라는 또 하나의 기반을 상실하게 되면 그러한 통치권은 여지없이 무너지게 된다는 점을 말한 것이다.

통치자의 도덕성이란 인의仁義라는 개념으로 정식화될 수 있다. 그 인의라는 도덕성이 정치로 표출된 것이 곧 유학에서 일관되게 주장하는 '인정仁政'이다. 한초의 유학자들도 이와 같은 '인정'의 시행 여부가 통치권의 중요한 기반이 된다고 본다. 그러므로 "인이란 도의 근간이고 의란 성인의 학문이다. 이것을 배우는 자는 밝게 드러나게 되지만, 잃거나 반대로 행하게 되면 정치가 혼미해지거나 망하게 된다"[7]라고 주장하는 것이다.

유학의 정치 사상에서 중시하는 통치자의 도덕성은 넓게 보면 『중용』에서 언급되고 있는 바와 같이 자신과 다른 사람의 도덕성을 충분히 발현시키고 외부의 사물에까지 그것이 미치게 하여 하늘과 땅의 화육에 참여함으로써 궁극적으로는 천지와 대등한 위치에까지 이르게 되는 지극한 '성실함'(誠)이라고 할 수 있다.[8] 이것은 천·지·인 삼재三才 사상에 입각한 유학의 중심적인 가치관인데, 한초의 유학자들 역시 통치자는 바로 이와 같은 도덕성의 구현자여야 한다고 본다. 동중서의 다음과 같은 말에서 이러한 사상이 그대로 계승되고 있음을 볼 수 있다.

---

7) 『新語』, 「道基」, 3쪽, "仁者道之紀, 義者聖之學. 學之者明, 失之者昏, 背之者亡."
8) 『中庸』, 22장, "唯天下至誠, 爲能盡其性. 能盡其性, 則能盡人之性. 能盡人之性, 則能盡物之性. 能盡物之性, 則可以贊天地之化育. 可以贊天地之化育, 則可以與天地參矣."

군주란 국가의 근본이다. 나라를 다스리고 교화를 시행함에 있어서 근본을 숭상하는 것보다 더 중요한 것은 없다. 근본을 숭상하게 되면 군주의 교화는 마치 신묘한 작용과 같이 이루어지지만, 근본을 숭상하지 않는다면 군주가 다른 사람보다 뛰어날 것이 없다. 다른 사람보다 뛰어난 점이 없으면 비록 형벌을 엄중히 시행한다 하더라도 백성들은 따르지 않는다.…… 무엇을 근본이라 하는가? 천·지·인이 근본이다. 하늘은 만물을 낳고 땅은 그것을 기르며 인간은 그것을 성취시킨다. 하늘은 효제로써 만물을 낳고 땅은 의식으로 이들을 기르며 인간은 예악으로 성취시킨다. 이 셋은 수족과 같아서 서로 그 기능이 합해져야 온전한 전체를 이룰 수 있다. 그러므로 어느 하나라도 없어서는 안 되는 것이다.[9]

'백성들을 따르게 하는 것', 즉 통치권의 기능이 제대로 발휘되기 위해서는 형벌과 같은 강제력보다 통치자의 도덕성에 의지해야 한다는 주장이다. 그것이 곧 통치권의 기반이면서 동시에 그것에 복종하는 피통치자들의 정치적 의무감의 기반이기도 하다. 한초 유가들은 이처럼 통치권의 두 가지 기반을 지적함으로써 통치권의 전제적 성격과 도덕적 성격을 함께 부각시키고자 하였다.

군주의 통치권이 두 가지 기반을 가진다는 생각은 당연히 그러한 두 가지 기반에 부합되는 통치 수단에 대한 요구로 이어진다. 기본적으로 통치 수단이란 정치 체제보다는 정치 이념과 연결된 것임을 고려할 때 한초 유학자들이 주장하는 전반적인 통치 수단은 일차적으로 덕치에 입각한 것이다. 그러므로 새로운 제국의 통치 수단은 '인의'여야 한다는 생각은 한초 유가들의 일관된 정치적 주장이었다.

---

9) 蘇輿, 『春秋繁露義證』, 「立元神」, 168쪽, "君人者, 國之本也. 夫爲國, 其化莫大於崇本. 崇本則君化若神, 不崇本則君無以兼人. 無以兼人, 雖峻刑重誅, 而民不從……何謂本? 曰: 天地人萬物之本也. 天生之, 地養之, 人成之. 天生之以孝悌, 地養之以衣食, 人成之以禮樂. 三者相爲手足, 合以成體, 不可一無也."

탕왕과 무왕은 인의와 예악으로 천하를 다스려 그 덕의 혜택이 사람을 넘어 초목과 금수에까지 미칠 정도였고, 사방의 오랑캐들에게도 덕이 미치는 정치를 행함으로써 그 나라가 오래도록 지속되었다.······ (이것을 秦王의 정치와 비교해 볼 때) 어떤 정치가 더 좋은지는 그 명백한 결과가 크게 드러나지 않았는가!······ 그런데도 이제 예의로 하는 정치는 법령으로 하는 것만 못하고 교화의 정치는 형벌로 하는 것만 못하다고 하는 사람들이 있는데, 군주의 몸으로 어찌 은·주·진이 보여 준 일의 성패를 통하여 그것을 살피지 않을 수 있겠는가!10)

무왕이 대의를 행하여 인을 해치는 잔악한 무리를 평정하고 주공이 예악을 제정하여 정치를 문채나게 하니 성왕과 강왕의 훌륭한 정치에 이르러서는 감옥이 40여 년 동안이나 텅 비었었다. 이것은 역시 교화가 점차로 백성들에게 스며들어가고 인의의 정치가 행해졌기 때문이지 백성들에게 형벌을 가하여 이루어진 것이 아니다.11)

여기에 따르면 바람직한 이상사회는 결코 법령이나 형벌과 같은 강압적 수단에 의하여 이루어지지 않는다. 그것은 통치자 자신의 도덕성으로부터 우러나오는 감화력에 의지해야 가능하다. 통치자의 도덕성에 의한 감화란 피통치자들을 피교육자로 보고 통치자는 그들을 교육시키는 교육자라야 한다는 유학의 교화정치론을 말한다. 그러므로 한초의 유학자들 역시 자신들의 덕치 이론을 이와 같은 교화정치론과 연결시켜 통치자는 피통치자들에 대한 교화를 최우선의 책무로 삼아야 한다고 주장한다.

<hr>

10) 『漢書』 권48, 「賈誼傳」, 2253쪽, "湯武治天下於仁義禮樂, 而德澤治, 禽獸草木廣裕, 德被蠻貊四夷, 累子孫數十世.······秦王置天下於法令刑罰, 德澤亡一有,······是非其明效大驗!······今或言禮誼之不如法令, 教化之不如刑罰, 人主胡不引殷周秦事以觀之也!"
11) 『漢書』 권56, 「董仲舒傳」, 2510쪽, "武王行大義平殘賊, 周公作禮樂以文之, 至於成康之隆, 囹圄空虛四十餘年. 此亦教化之漸, 而仁義之流, 非獨傷肌膚之效也."

사람이 이익을 쫓는 것은 마치 물이 아래로 흐르듯이 자연스러운 일이다. 그런데 이를 교화로써 막지 못하면 멈추게 할 수 없다. 교화가 이루어지면 간사한 일들이 모두 그치게 되는데 이는 제방이 갖추어졌기 때문이다. 교화가 이루어지지 않으면 간사한 일이 다투어 일어나 형벌로도 그것을 막지 못하게 되니, 이것은 제방이 무너졌기 때문이다. 옛날의 성왕은 이것을 잘 알았기 때문에 왕의 자리에 올라 천하를 다스림에 있어서 백성에 대한 교화를 가장 큰 일로 삼았던 것이다.[12]

물론 이와 같은 인의에 의한 교화 정치는 공자 이래로 면면히 지속되어 온 유가 정치 사상의 일관된 주장이지 진의 멸망이라는 사건을 계기로 새롭게 제시된 것은 아니다. 다만 다소 추상적인 관념으로만 여겨져 오던 그것이 진의 멸망을 계기로 한초에 보다 호소력을 지닌 정치적 주장으로 되살아났다는 데에 현실적인 의미가 있는 것이다.

하지만 한초의 유학자들은 이처럼 덕치에 입각한 '인의'라는 통치 수단을 강조하면서도 통치권의 기반을 논할 때와 마찬가지로 현실 문제의 해결을 위해 통치 수단에 대한 고려 역시 도외시하지 않는다. 현실의 문제란 중앙집권적 전체 체제에서 발생할 수 있는, 또 실제로 발생하고 있었던 통치권에 대한 도전 같은 것들이다. 앞에서도 말했듯이 그 당시의 국가 체제는 이미 강력한 중앙집권 체제였고 국가의 규모도 선진에 비하여 비교가 안 될 정도로 방대해졌으므로 다소 추상적인 인의 정치, 즉 덕치는 당시의 질서를 유지하고 효율적인 통치를 시행하기 위한 충분조건은 되지 못하였다. 따라서 이들은 다음과 같은 '현실의 전제 체제를 유지하기 위한 통치 수단'에도 관심을 기울였다.

---

12) 『漢書』 권56, 「董仲舒傳」, 2503쪽, "夫萬民之從利也, 如水之走下, 不以敎化隄防之, 不能止也. 是故敎化立而姦邪皆止者, 其隄防完也; 敎化廢而姦邪竝出, 刑罰不能勝者, 其隄防壞也. 古之王者明於此, 是故南面而治天下, 莫不以敎化爲大務."

인의와 두터운 은덕은 군주에게 있어서 날이 선 예리한 칼과 같은 것이고 권세와 법제는 자귀나 도끼와 같은 것이다. 세력이 정하여지고 권위가 족하게 되면 인의와 은덕이 베풀어지고, 그렇게 되면 덕이 널리 펴져서 천하의 사람들이 흠모하는 마음을 지니게 된다. 오늘날 제후왕은 모두가 넓적다리의 뼈와 같다. 그런데 자귀나 도끼로 다스리는 법을 버리고 날이 선 칼이나 휘두르고자 한다면 그 칼은 부러지지 않으면 이가 빠지고 말 것이다.[13]

'자귀나 도끼로 다스리고' 권력으로 혼란을 방지하고자 하는 것은 확실히 법가적인 통치 수단이지 유가적인 것은 아니다. 그러나 '오늘날 제후왕'들과 같이 군주의 통치권에 대항하는 사태는 인정으로 해결될 수 있는 성질의 것이 아니다. 그러므로 당연히 힘에 의한 통치를 해야 한다고 주장하는 것이다. 왜냐하면 그러한 사태는 긴급을 요하는 것임에 비하여 덕치는 그 효과가 나타나기에는 다소 시간이 걸리기 때문이다. 이런 점에서 본다면 한초 유가들이 제시하는 두 가지 통치 수단 중 인의에 의한 통치가 앞으로의 문제를 해결하기 위한 것이라면, 힘을 통한 통치는 전제 체제의 유지라는 현실의 문제를 해결하기 위한 것이라고 볼 수 있다. 가의는 이 점을 다음과 같이 명확히 한다.

사람의 지혜란 이미 일어난 일은 능히 알 수 있어도 장차 일어날 일은 알지 못한다. 예란 장차 일이 일어나기 전에 그것을 예방하는 것이고 법은 이미 일어난 일에 금제를 가하는 것이다.[14]

---

13) 『新書』, 「制不定」, 1041쪽 위·아래, "仁義恩厚, 此人主之芒刃也, 權勢法制, 此人主之 斤斧也. 勢已定權已足矣, 乃以仁義恩厚因而澤之, 故德布而天下有慕志. 今諸侯王皆衆 髀牌也, 釋斤斧之制, 而欲嬰以芒刃, 臣以爲刃不折則缺耳."
14) 『漢書』 권48, 「賈誼傳」, 2252쪽, "凡人之知, 能見已然, 不能見將然. 夫禮者禁於將然之 前, 而法者禁於已然之後."

물론 선진 유학에서도 법령에 의한 통치는 부정되지 않는다. 덕치를 실현하기 위한 보조 수단으로서의 그것의 기능을 인정한다. 그것은 예가 미치지 못하는 범위 내에서 최소한의 기능을 한다. 따라서 교화를 시행하기 이전에 형벌을 먼저 사용한다든가 하는 것은 바람직하지 않은 것이다. 공자가 "가르치지 않고 함부로 죽이는 것을 잔학함이라고 하고 미리 주의시키지도 않고 성사시키기를 바라는 것을 흉포함이라고 한다"15)라고 한 말은 형벌 이전에 먼저 교화가 있어야 한다는 선진 유가의 입장을 보여 주는 것이다. 한초 유학자들은 이 점을 계승하면서도 다음에서 보듯이 전제 체제의 유지라는 현실 문제로 인하여 법령에 의한 통치를 인의에 의한 통치의 보조 수단으로 보는 데 그치지 않고 후자에 버금가는 수단으로까지 인정한다.

> 상과 형벌은 쓰이는 곳이 다르지만 그 효력은 같은 것으로 군주가 덕을 이루는 도구이다……. 상과 형벌이 갖추어지지 않을 수 없는 마치 봄·여름·가을·겨울이 갖추어지지 않을 수 없는 것과 같다.16)

> 교화는 정치의 근본이고 형벌은 정치의 말단이다. 이것들이 쓰이는 영역은 다르지만 그 기능은 하나이다. 따라서 이 둘은 함께 사용되지 않을 수 없으므로 다스리는 자는 이것들을 중하게 여긴다.17)

동중서의 이 말은 군주의 도덕성이 아닌 힘에 의한 통치도 궁극적으로는 덕치라는 정치 이념의 실현에 배치되지 않는다는 적극적인 주

---

15) 楊伯峻,『論語譯注』,「堯曰」 2, "不教而殺, 謂之虐, 不戒視成, 謂之暴."
16) 蘇輿,『春秋繁露義證』,「四時之副」, 353쪽, "慶賞罰刑, 異事而同功, 皆王者之所以成德也……. 慶賞罰刑之不可不具也, 如春夏秋冬不可不備也."
17) 같은 책,「精華」, 94쪽, "教, 政之本也, 獄, 政之末也. 其事異域, 其用一也. 不可不以相順, 故君子重之也."

장이다. 이러한 주장이 가능한 것은 도덕 정치의 구현자여야 하는 군주가 동시에 현실적인 권력의 소유자이기도 하기 때문이다. 그런데 전제적 체제를 유지하고자 하는 한초 유가들의 이와 같은 관심은 단순히 덕과 형벌을 함께 쓰자는(德刑並用) 주장에 그치지 않고 그것을 한초의 일반적 분위기였던 무위정치론에 연결시킴으로써 더욱 강력한 군주의 통치술을 요구하기에 이른다.

> 군주된 자는 아무것도 함이 없는 자리에 거처하고 말없는 가르침을 행한다. 적막하여 아무런 소리도 없고 고요하여 형체도 없는 가운데 아무런 흔적도 없는 정치의 원칙을 잡아 나라를 다스리는 근원으로 삼는다. 국가를 자신의 몸으로 삼고 신하를 자신의 마음으로 삼아 신하의 말과 일을 자신의 소리와 형체로 삼는다. 소리가 있으면 반드시 울림이 있고 형체가 있으면 반드시 그림자가 있는 것이다.······ 그러므로 군주는 마음을 비우고 고요히 거처하면서 그 울림을 잘 듣고 그 그림자를 잘 살펴 그것을 근거로 상벌을 집행한다.······ 명칭에 의거하여 실질을 살펴서 일의 진상을 두루 고려하므로 상은 헛되이 내려지지 않고 벌도 이유 없이 집행되지 않는다. 그러므로 뭇 신하들은 그 직책을 나누어 사무를 처리하면서 각자 그 일을 정성껏 하여 공을 다투고 이름을 드러내고자 한다. 군주는 그러한 과정 속에서 자신의 성취를 이룰 수 있으니 이것이 신하들로 하여금 스스로 그 힘을 다하게 하는 방법이다. 성인은 이러한 통치술에 의거하여 정치를 하기 때문에 공은 신하에게서 나오지만 명예는 군주에게로 귀속되는 것이다.[18]

---

18) 같은 책, 「保位權」, 175~176쪽, "爲人君者, 居無爲之位, 行不言之敎, 寂而無聲, 靜而無形, 執一無端, 爲國源泉, 因國以爲身, 因臣以爲心, 以臣言爲聲, 以臣事爲形, 有聲必有響, 有形必有影.······故爲君, 虛心靜處, 聽聽其響, 明視其影, 以行賞罰之象.······責名考質, 以參其實, 賞不空施, 罰不虛出, 是以群臣分職而治, 各敬而事, 爭進其功, 顯廣其名, 而人君得載其中, 此自然致力之術也, 聖人由之, 故功出於臣, 名歸於君也."

이것은 권력의 두 자루인 상과 형벌을 효과적으로 이용하면 군주는 아무런 수고도 기울이지 않고 나라를 다스릴 수 있다는 법가의 정치 사상과 동일한 주장이다.[19] 동중서는 강력한 전제 체제의 유지라는 현실의 요구를 기존의 법가 논리와 한초의 일반적인 분위기였던 무위 사상을 결합함으로써 만족시키고자 했던 것이다.

앞에서 대동사회론을 살펴볼 때도 잠깐 언급이 있었지만 이와 같은 무위정치론은 진·한 교체기의 독특한 사상적 분위기를 반영한다. 한초의 그런 분위기는 일반적으로 전란 이후의 시대 상황에 부응하기 위한 시도라고 설명된다.[20] 하지만 한이 제국적 질서를 향하여 움직이기 시작하는 문제文帝 때에 오면 이러한 무위정치론은 차츰 비판받기 시작한다. 가의가 대표적인 공격수인데, 그는 무위정치론은 당시의 정치적 불안정에 둔감하고 시세에 어두운 자들의 잘못된 주장이라고 비판하면서 적극적인 유위의 정치를 역설한다. 가의가 말하는 당시의 시세란 구체적으로 부호들의 토지겸병, 제후들의 득세, 그리고 그에 수반되는 통치권의 약화 등이다.[21] 그런데 이러한 무위정치의 주장이 비교적 정치적 안정을 이룩한 무제 때의 동중서에 이르면 법가적인 요소가 대폭 가미된 무위정치로 다시 등장하는 것이다. 물론 여기에는 당시의 유행 사조였던 황로학黃老學의 영향이 결정적인 요소로 작용한다고 보아야 한다.

여기까지 오면 우리는 한초 유학자들에게 있어서 전제적 통치권의 확립이 제국적 질서의 유지라는 현실적인 필요의 차원을 넘어 덕치라는 유학의 이상을 실현하기 위한 적극적인 조건으로까지 상정된다는

---

19) 『韓非子』의 「八經」편을 참조하라.
20) 葛榮晋, 「陸賈」, 17~20쪽.
21) 張慶捷, 「漢代儒學復興與儒學獨尊局面的形成」, 228~229쪽.

느낌을 받는다. 이것은 독존유술을 성사시킨 한초 유학자들의 기본 성향이 체제지향적이었다는 점을 말해 주는 부분이기도 한데, 이런 특징은 뒤에 경학의 정체성에도 그대로 전승된다. 이 문제를 군주권의 강화와 견제라는 주제에 초점을 맞추어 좀더 살펴보자.

전제 체제의 유지의 핵심은 당연히 군주의 통치권을 강화시키는 것이다. 한초 유학자도 이 점을 염두에 두고 군주의 지위는 성역임을 강조한다. 이것은 앞에서 말한 통치권의 종교적 기반과 그 맥을 같이하는 부분이다.

『춘추』의 법도는 사람으로 하여금 군주를 따르게 하고 군주로 하여금 천을 따르게 한다.[22]

백성을 굽혀 군주을 신장시키고 군주를 굽혀 천을 신장시키는 것이 『춘추』의 대의이다.[23]

군주는 백성을 죽이고 살릴 수 있는 지위에 있는 존재로 천과 함께 변화의 형세를 주관한다.[24]

이것은 언뜻 보면 군주가 천에 예속되는 것처럼 느껴지게 한다. 그러나 현실적 측면에서 볼 때 천은 결국 이론적 장치에 지나지 않으므로 이런 주장들이 궁극적으로 의도하는 것은 군주권의 절대적 권위인 것이다. 그러므로 국가의 모든 것은 군주 한 개인의 행동에 따라 좌우되어야 한다.

---

22) 蘇輿, 『春秋繁露義證』, 「玉杯」, 31쪽, "春秋之法, 以人隨君, 以君隨天."
23) 같은 책, 같은 곳, 32쪽, "屈民而伸君, 屈君而伸天, 春秋之大義也."
24) 같은 책, 「王道通」, 332쪽, "人主立於生殺之位, 與天共持變化之勢."

군주는 국가의 근본이다. 그의 말과 행동은 모든 것의 관건이 된다. 그 관건이 발동하는 것에 따라 영욕이 갈려진다.[25]

한 나라의 군주는 몸에 있어서 마음과 같다. 깊은 궁중에 은거하고 있는 것은 마음이 가슴속에 숨겨져 있는 것과 같고, 지극히 존귀하여 그것에 대할 짝이 없으니 마음의 신묘함이 더불어 짝할 것이 없는 것과 같다.[26]

군주라는 지위는 '존귀함과 신묘함'을 갖춘 자리로 그 위치에서 나오는 '말 한마디 행동 하나에 따라' '피통차들의 영욕이 갈라진다'는 뜻이다. 그런데 군주의 지위 강화는 당연히 상대적으로 신권臣權의 약화를 가져온다. 관료란 기본적으로 군주에게 명령을 받고 그것을 집행하는 것을 본분으로 삼는 존재이므로 그러한 전제 체제에서 신권이 약화되는 것은 어쩔 수 없는 결과이다. 한초 유가들은 통치의 보조자라는 관료의 기본적인 속성을 인정하면서도 동시에 군주에 대한 절대적인 복종을 강조한다.

사람의 신하된 자의 도리는 좋은 일을 생각하게 되면 그것을 군주에게 건의하고 좋은 일을 들으면 또한 그것을 군주에게 알려야 하며 좋은 일을 알게 되어도 그것을 군주에게 알려야 한다. 백성이라는 것은 군주만이 가지고 있는 것이므로 신하된 자는 이를 도와 다스리는 것이다.[27]

신하된 자는 마땅히 하늘을 따르는 땅의 이치를 쫓아 신실함을 귀하게

25) 같은 책, 「立元神」, 166쪽, "君人者, 國之元, 發言動作, 萬物之樞機, 樞機之發, 榮辱之端也."
26) 같은 책, 「天地之行」, 460쪽, "一國之君, 其猶一體之心也. 隱居深宮, 若心之藏於胸, 至貴無上敵, 若心之神無與雙也"
27) 『新書』, 「大政上」, 1083쪽 위, "人臣之道, 思善則獻之於上, 聞善則獻之於上, 知善則獻之於上. 夫民者, 唯君有之, 爲人臣者, 助君理之."

여겨서 군주에게 자기의 자질을 모두 드러내 보여야 한다. 그래야만 군주
도 그러한 자질을 식별할 수 있게 되어 군주의 도가 존엄을 유지하고 그것
을 잃지 않는 것이다. 신하된 자는 항상 정성과 힘을 다하여 자신의 장단
점을 드러내 보임으로써 군주로 하여금 그것을 헤아려 제대로 쓸 수 있게
하여야 한다. 이것은 땅이 자신의 능력을 다하는 것과 같으니 그렇게 함으
로써 신하의 재능이 어디에 적절한지를 군주가 판단할 수 있는 것이다.[28]

　　뒤의 예문은 그대로 『한비자』 속에 집어넣어도 무방할 만큼 신하
를 철저하게 군주에게 예속시키고 있음을 볼 수 있다.
　　군주의 지위를 강화하기 위한 한초 유학자들의 이러한 관심은 이
른바 '대일통大一統' 사상에서 정점에 이룬다. '대일통'이라는 용어는
『춘추공양전』 '은공 원년'에 처음 나오는 것으로, 우주만물이 하나의
자연 질서에 따라 운행하는 것과 같이 인간 세계의 제반 요소들을 하
나의 정치 질서에 따라 움직이게끔 하고자 하는 의도에서 만들어진
용어이다. 따라서 하나의 통치자, 하나의 통치 질서를 강조한 말이라고
할 수 있다.[29] 따라서 대일통적 질서는 군주를 정점으로 하는 피라미드
식 질서 체계와 불가분의 관계를 가진다. 따라서 한초 유학자들은 그러
한 질서 체계에 관심을 기울인다.

　　군주의 존엄함이란 당堂의 섬돌에 비추어 다를 것이 없다. 섬돌이 아홉
계단이나 되면 당의 높이가 거의 여섯 자나 되지만 섬돌이 없으면 당의

---

28) 蘇輿, 『春秋繁露義證』, 「離合根」, 165~166쪽, "爲人臣者, 比地貴信, 而悉見其情于主.
　　主亦得而財之, 故王道威而不失. 爲人臣常竭情悉力, 而見其短長, 使主上得而器使之. 而
　　猶地之竭竟其情也, 故其形宜可得而財也."
29) 김충렬, 『중국철학산고』 II, 247쪽. 여기서 '大'는 동사로서 '하나로 통일하는 것을 중
　　히 여긴다'는 의미이다. 동중서는 이것을 전제 체제하에서 체계적으로 조직된 천하
　　질서를 뜻하는 용어로 사용한다. 馮友蘭, 『中國哲學史新編』 3책, 47쪽.

높이는 한 자를 넘지 못한다. 군주는 당과 같고 신하는 섬돌과 같으며 일반민은 땅과 같다고 하는 것은 그러한 관계를 비유한 것이다.[30]

가의의 이 말은 국가의 질서 체계란 섬돌과 같이 군주를 정점으로 하여 신하, 일반민의 순으로 신분 질서가 뚜렷한 가운데에서 유지되어야 한다는 점을 말한 것이다. 만약 신분 질서가 확립되어 있지 않다면 군주의 권위가 세워질 수 없고, 따라서 군주의 권위를 기반으로 하는 전제 체제는 불가능하게 된다. 이것은 곧 현실의 혼란을 의미하기에 가의는 이 점에 관심을 기울였던 것이다. 신분 질서는 현실에서 구체적인 등급으로 구체화되어야 한다. 그러므로 이에 대한 요구가 뒤따른다.

그러므로 옛날의 성왕은 서열의 등급을 정하였던 것이다. 안으로는 공公·경卿·대부大夫·사士의 등급이 있고 밖으로는 공公·후侯·백伯·자子·남男의 등급이 있은 다음에 관청의 책임자나 하급 관리가 있게 되며, 이러한 제도가 백성들에게까지 적용되는 것이다. 그 등급이 분명한 토대 위에 군주가 있게 된다. 그러므로 군주의 지위의 존귀함은 아랫사람이 미칠 바가 아니다.[31]

가의의 경우 이와 같은 신분 질서는 엄격한 예적 질서에 의하여 유지된다. 예라는 것은 "존귀함과 비천함의 법도를 지키고 강하고 약한 것의 명칭을 지키는 것"[32]으로서, "국가를 견고히 하고 사직을 안정시켜 군주로 하여금 그의 백성을 잃지 않게 하는" 규범이다.[33] 따라서

---

30) 『新書』,「陛級」, 1042쪽 아래, "人主之尊, 辟無異堂陛. 陛九級者, 堂高大幾六尺矣。若堂無陛級者, 堂高殆不過尺矣. 天子如堂, 群臣如陛, 衆庶如地, 此其辟也."
31) 같은 책, 같은 곳, 1042쪽 아래, "故古者聖王制爲列等. 內有公卿大夫士, 外有公侯伯子男, 然後有官師小吏, 施及庶人, 等級分明, 而天子加焉. 故其尊不可及也."
32) 『新書』,「禮」, 1064쪽 위, "禮者, 所以守尊卑之經, 彊弱之稱者也."

이러한 예는 개인의 행위 규범일 뿐만 아니라 정치 사회의 조직 원리로서 군주를 정점으로 하는 조직 체계에서 전제적 통치권을 유지하는 역할을 한다. 현실적 측면에서 볼 때 신분 질서의 등급이란 곧 관제官制로 표현된다. 동중서는 이 관제를 천의 오행 관념에다 대비시켜 관제는 임의로 설치된 것이 아니라 천의 법도를 본받아 성립된 것이라고 주장한다.

> 군주가 관제를 제정함에 3공·9경·27대부·81원사를 설치하여 모두 120인을 둠으로써 신하의 서열을 갖추었다. 나는 이러한 관제가 성왕이 천의 큰 법도를 본받아 만든 것이라고 들었다. 천의 법도는 3개월이 한 계절을 이루고 4계절이 순환하여 1년의 수를 마친다. 관제도 또한 이러한 것이니 그것은 법도가 될 만하도다!34)

관제의 근거를 천에 소급시키는 이러한 발상은 정치 질서를 자연 질서에 소급시킨 것으로서, 이는 당연히 한제국이라는 시대적 상황의 요구에 의한 것이라고 볼 수 있다.35)

한초 유가들의 군주권에 대한 강화책은 단순한 이론적 보강에 그치지 않고 현실 정책면에서도 구체적 대안으로 제시된다. 당시 군주의 권력 강화에 가장 큰 걸림돌이 되는 것은 제후들의 세력이었다. 이러한 제후들의 세력을 약화시키는 방책으로 제시된 것이 앞에서 잠깐 언급한 '중건제후책'이다. 이 시책을 누구보다도 앞장서서 주창했던 가의는 "천하의 치안을 유지하고 군주의 근심을 없애는 방책으로 제후를

---

33) 같은 책, 같은 곳, 1064쪽 위, "禮者, 所以固國家, 定社稷, 使君無失其民者也."
34) 蘇興, 『春秋繁露義證』, 「官制象天」, 214쪽, "王者制官, 三公·九卿·二十七大夫·八十一元士; 凡百二十人, 而列臣備矣. 吾聞聖王所取, 儀金天之大經. 三起而成, 四轉而經. 官制亦然者, 此其儀與!"
35) 李澤厚, 『中國古代思想史論』, 153쪽.

여럿 세워 그 세력을 약화시키는 것만한 일이 없다"[36]고 역설한다. 중건제후책은 제후의 영지를 그 후손에게 상속시킬 때 장자에게만 상속시키지 말고 아들의 수에 따라 균등하게 분할함으로써 그 세력을 약화시키고자 하는 정책이다. 또 땅은 넓고 아들이 적은 경우 영토를 분할하여 제후국을 세우고 후손이 생기기를 기다려 그 때 가서 그들로 하여금 그 땅을 맡도록 하게 한다. 가의는 이렇게 하면 문제를 제후들 자체의 세력 싸움으로 돌려놓을 수 있으므로 중앙집권화를 더욱 용이하게 할 수 있다고 보았다.[37] 한초 유가들은 이처럼 군주의 권위를 강화시켜 군주를 정점으로 천하가 그것에 연결되는 일사불란한 '대일통' 적 천하 질서를 구축하고자 하였다. 이런 것들은 물론 전제 체제의 유지라는 관심에서 비롯된 것들이라고 할 수 있다.

그런데 군주권의 지나친 비대화는 덕치의 구현이라는 측면에서 보면 심각한 문제를 야기할 수 있다. 현실적으로 강력한 군주권은 그것이 남용되었을 때 문제를 발생시킨다. 그리고 그러한 문제는 당연히 덕치의 실현과 배치되는 방향으로 나아가게 마련이다. 그러므로 한초의 유학자들은 덕치의 실현에 장애가 될 수도 있는 그러한 군주권의 남용을 방지하기 위하여 그 군주권에 대한 제한책도 동시에 강구한다. 군주전제 체제에서 군주권에 대한 견제책으로 제시될 수 있는 것은 현실적으로 볼 때 비록 한계는 있지만 신하의 간언이나 일반민의 저항권에 의지하는 하는 것일 가장 효과적일 수밖에 없다. 하지만 한초의 유학자들은 여기에다가 독특한 견제책을 하나 더 추가한다. 그것은 군주권을 강화시키기 위하여 도입했던 천을 이용한 견제책이다. 천에 의한 군주

---

36) 『新書』, 「藩彊」, 1036쪽 위·아래, "欲天下之治安, 天子之無憂, 莫如衆建諸侯而少其力."

37) 于傳波, 「試論賈誼的思想體系」 참조. 이 중건제후책은 뒤에 실제로 정책에 반영되어 제후 세력을 약화시키는 데에 기여하였다. 翦伯贊, 『秦漢史』, 280~281쪽.

권의 제한이란 당시의 음양오행설을 흡수한 재이설災異說이다. 음양오행설에 의거한 재이설은 당시 사상계의 일반적 경향이었는데, 이것은 천과 인간은 같은 부류로서 서로 감응한다는 천인상감설에 기초한 것이다.

이런 생각은 대체로 두 가지 측면에서 이해될 수 있다. 하나는 천과 인간이 똑같은 기氣의 체계로 구성되어 있으므로 지상에서의 기의 변동은 그대로 하늘의 기를 변화시킨다는 기계론적 천인상감설이다. 그리고 다른 하나는 천을 의지를 가진 존재로 파악하여, 천이 현실 정치의 잘못을 바로잡기 위하여 의도적으로 경고를 보낸다는 목적론적 천인상감설이다. 한초 유학자들의 생각 속에는 이러한 두 측면이 모두 보인다.

잘못된 정치는 나쁜 기를 발생시키고 나쁜 기는 재이를 발생시킨다. 뱀과 같은 종류는 기의 변화에 따라 생기고, 무지개 같은 부류는 정치의 선악 여부에 따라 발생한다. 정치가 아래에서 잘못되게 되면 하늘의 기상이 위에서 헤아리게 되고 정치가 백성들에게서 유실되게 되면 해충의 재해가 땅에서 생기는 것이다.[38]

선한 것을 알고도 행하지 않는 것을 지혜롭지 못하다고 하고 악한 것을 알면서도 고치지 않는 것은 반드시 하늘의 재앙을 받는다. 하늘은 언제나 복을 지니고 있어 반드시 덕 있는 자에게 주며 하늘은 언제나 재앙을 지니고 있어 백성들의 생활을 그르치게 하는 자에게 내린다.[39]

---

38) 『新語』, 「明誠」, 18쪽, "惡政生於惡氣. 惡氣生於災異. 蝮虫之類, 隨氣而生, 虹蜺之屬, 因政而見. 治道失於下, 則天文度於上 政流於民, 虫災生於地."
39) 『新書』, 「大政上」, 1082쪽 아래, "知善而弗行, 謂之不明, 知惡而弗改, 必受天殃. 天有常福, 必與有德. 天有常菑, 必與奪民時."

앞의 육가의 말은 자연적 기의 변화에 근거한 기계론적 천인상감설이라 볼 수 있고 뒤의 가의의 말은 천에 의지를 부여한 목적론적 천인상감설이라 볼 수 있다. 동중서는 후자의 입장에서 이 재이설을 다음과 같이 정식화시킨다.

세상의 일 가운데에는 평상적인 것을 벗어나는 변고가 생길 경우가 있는데 그것을 이異라 한다. 그 이異 중 작은 변고를 다시 재災라고 한다. 이 둘 중 재災가 항상 먼저 이르고 이異가 그 뒤를 따른다. 재災란 하늘이 보이는 견책이고 이異란 하늘이 보이는 위세이다. 그러므로 하늘이 군주를 견책하는데도 알지 못하면 위세로써 그를 두렵게 하는 것이다. 『시경』에서 "하늘의 위세를 두려워하라"라고 한 것은 이것을 말한 것이다. 재이의 근원은 모두 나라의 실정에서 비롯된다. 나라의 실정은 조그마한 조짐에서 시작되는데 그러면 하늘이 재해를 일으켜 그것을 경고한다. 하늘이 경고를 보냈는데도 그 변화를 알지 못하면 뒤이어 괴이한 일을 발생시켜 놀라게 한다. 놀라게 했는데도 여전히 두려워하지 않으면 하늘의 재앙이 마침내 이르게 된다.[40]

따라서 군주는 이러한 천의 변화를 잘 살펴 그것을 정치에 반영할 줄 알아야 한다. 그런데 이러한 천의 변화는 현실 정치가 어떻게 진행되느냐에 달려 있으므로 천의 경고나 재앙을 받는 여부는 현실 정치의 성패에 달려 있게 된다. 그 현실 정치의 성패는 물론 덕치의 실현 여부와 연결된다. 따라서 군주권을 제한하는 주된 세 요소인 '민의'와 '신하

---

40) 蘇輿, 『春秋繁露義證』, 「必仁且智」, 259쪽, "其大略之類, 天地之物, 有不常之變者, 謂之異, 小者謂之災. 災常先至而異乃隨之. 災者天之譴也, 異者天之威也. 譴之而不知, 乃畏之以威. 詩云: '畏天之威', 殆此謂也. 凡災異之本, 盡生於國家之失. 國家之失乃始萌芽, 而天出災害以譴之. 譴告之而不知變, 乃見怪異以驚駭之. 驚駭之尙不知畏恐, 其殃咎乃至."

의 간언'과 '재이설'은 덕치의 실현을 위한 역할을 함으로써 서로 일관성 있게 연결된다. 즉 군주의 실정은 천에 의하여 견책을 받게 되므로 신하는 이러한 일이 일어나지 않게 올바른 길로 군주를 이끌 책임이 있으며, 그러한 정치는 또 민의에 의하여 지지받게 됨으로써 나라의 지속적인 안녕을 도모할 수 있다고 보는 것이다. 따라서 재이설은 군주의 정통성의 근거인 천명이 군주의 덕에 따라 부여되는 가변적인 것이지 고정불변한 것은 아니라는, 유학의 오랜 신념의 한대적 표현이라고 할 수 있다.

한초 유가들은 군주권에 대한 이러한 일련의 제한 장치들을 강구한 뒤 다시 그 군주권의 유지와 관련된 덕치의 효용성을 강조하여 통치자로 하여금 덕치에 대한 관심을 진일보시키게 한다. 이것은 앞에서 말한 군주권에 대한 견제책으로서의 민의와 관련된 것이다. 전제 체제에서 통치자의 가장 큰 관심은 아무래도 그 권력의 지속적인 유지에 있다고 할 수 있다. 따라서 권력의 지속적인 유지를 위해서는 그것에 장애가 될 수 있는 것들에 대비해야 한다. 현실적인 측면에서 군주권에 대한 가장 큰 위협 세력은 제후들이지만 이에 대해서는 한초의 유학자들이 이미 몇 가지 대책을 제시했음을 앞에서 살펴보았다. 제후들의 세력이 약화된 뒤에 군주권에 대하여 가장 큰 위협 세력으로 등장할 수 있는 것은 일반민이다. 제후들이 가시적인 위협 세력이라면 일반민의 존재는 잠재적인 위협 세력으로 결코 그 힘을 경시해서는 안 된다는 점을 한초 유학자들은 지적한다. 가의의 다음과 같은 말은 잠재적 위협 세력으로서의 일반민에 대한 주의를 요청하는 소리이다.

백성이란 존재는 지극히 천하지만 얕보아서는 안 되며 지극히 어리석지만 속여서는 안 된다. 그러므로 옛날부터 오늘에 이르기까지 백성과 원수

진 자는 늦고 빠르고의 차이는 있을지라도 백성들에 의하여 반드시 멸망당했던 것이다.[41]

백성이란 큰 집단이어서 두려워하지 않을 수 없다. 백성이란 힘이 강한 세력이어서 적으로 삼아서는 안 되는 것이다.[42]

백성들이란 가시적인 위협 세력은 아니지만 그렇다고 해서 그 집단과 대적하려 하면 시간의 완급은 다르더라도 반드시 멸망당하게 됨을 지적한 말이다. 그러므로 강한 전제 군주가 되기 위해서는 이 최대의 세력인 백성들을 자기편으로 끌어들여야 한다. 이것을 달성하는 자만이 진정한 통치자로서의 자격을 갖는 것이다. 동중서는 군주가 군주될 수 있는 근거도 여기에 있다고 지적한다.

왕이란 백성들이 모여드는 곳이요 군주란 그 무리를 잃지 않는 자이다. 그러므로 모든 사람들로 하여금 몰려오게 할 수 있고 천하의 무리를 얻을 수 있는 자는 천하에 대적할 자가 없는 것이다.[43]

일반민은 때에 따라서 '천하에 대적할 자가 없는' 상황을 만들어 주기도 하지만 반대로 전제적 권력을 붕괴시켜 버리기도 하는 이중성을 지녔다. "군주란 배와 같고 백성이란 물과 같다. 물은 배를 띄우기도 하지만 엎어 버리기도 한다"[44]는 순자의 말은 그대로 진의 멸망이라는

---

41) 『新書』,「大政上」, 1082쪽 아래, "夫民者, 至賤而不可簡也, 至愚而不可欺也. 故自古至於今, 與民爲讎者, 有遲有速, 而民必勝之."
42) 같은 책, 같은 곳, 1083쪽 아래, "夫民者, 大族也, 民不可不畏也. 故夫民者, 多力而不可適也."
43) 蘇輿,『春秋繁露義證』,「滅國上」, 133쪽, "王者, 民之所往, 君者, 不失其群者也. 故能使萬民往之, 而得天下之群者, 無敵於天下."
44) 王先謙,『荀子集解』,「哀公」, 544쪽, "君者舟也, 庶人者水也. 水則載舟, 水則覆舟." 한

사건을 계기로 현실화되었고, 따라서 이러한 주장은 한의 통치 집단에게 직접적 호소력을 지니게 되었을 것이다. 그러한 분위기에서 한초 유학자들은 백성을 국가와 통치자의 근본으로 인정하라는 주장을 펼친다.

> 정치에 대해서 듣기에 백성이 근본이 되지 않음이 없다. 나라가 이를 근본으로 삼으며 군주가 이를 근본으로 삼으며 관리가 이를 근본으로 삼는다. 그러므로 나라는 백성에 의하여 안위가 결정되며 군주는 백성에 의하여 위엄과 수모의 여부가 결정되고 관리는 백성에 의하여 귀천이 결정된다. 이를 일러 백성이 근본이 되지 않음이 없다고 하는 것이다.[45]

백성을 모든 것의 근본으로 보아야 한다는 생각은 군주권을 강화하기 위하여 천을 끌어들였던 동중서가 거꾸로 "하늘이 백성을 낳은 것은 왕을 위해서가 아니다. 오히려 하늘이 왕을 세운 것은 백성을 생각해서이다"[46]라고 한 데서 정점을 이룬다.

통치자에게 백성의 존재를 강조하는 이와 같은 주장들은 결국 통치자로 하여금 그들을 얻게 하는 방법을 강구하게 만들고, 따라서 이것은 자연스럽게 덕치로 연결된다. 형벌이나 법령을 동원하는 정치는 그 실패가 이미 진에서 확인되었기에, 백성과 대적하면 언제나 패할 뿐이라는 충고에 의할 때 백성을 자기편으로 삼을 수 있는 최선의 방법은

무제 때 사람 徐樂은 그 역풍의 강도에 따라 국가적인 위협을 '土崩'(땅이 꺼짐)과 '瓦解'(집이 무너짐)라는 두 유형으로 구분하면서 천하의 근심은 '와해'에 있지 않고 '토붕'에 있다고 역설하는데, 여기서 말하는 토붕 역시 백성들의 봉기를 가리킨다. 『史記』 권112, 「平津侯主父列傳」, 2956쪽 참조.

45) 『新書』, 「大政上」, 1082쪽 위, "聞之於政也, 民無不爲本也. 國以爲本, 君以爲本, 吏以爲本. 故國以民爲安危, 君以民爲威侮, 吏以民爲貴賤. 此之謂民無不爲本也."

46) 蘇輿, 『春秋繁露義證』, 「堯舜不擅移湯武不專殺」, 220쪽, "天之生民, 非爲王也. 而天立王, 以爲民也."

인의로 다스리는 방법밖에 없다는 결론이 나오게 되는 것이다. 이렇게 본다면 한초 유학자들은 통치자의 관심에 부합하는 덕치의 효용성을 말함으로써 통치자에게 "나라가 오래 지속되어도 어지러워지지 않는 것은 인의로 다스리기 때문"[47]이라는 점을 지적하고 그것을 실행할 것을 요구했다고 할 수 있다.

한초 유학자들에게서 덕치와 전제의 이론이 어떻게 구체적으로 전개되었는가를 살펴본 이상의 논의를 요약하면 다음과 같다. 한초의 유학자들은 자신들이 당면한 현실에서 전제 체제의 유지와 덕치의 실현이라는 두 과제를 추출하고 그것의 해결을 위하여 그들의 정치 사상을 전개시켰다. 그들은 이를 위하여 군주의 통치권이 천명이라는 종교적 기반을 지님은 물론 군주 자신의 도덕성에도 기반을 둔다는 점을 분명히 하여, 통치자로 하여금 이 두 가지 과제에 걸맞은 통치 수단을 채택할 것을 요구했다. 그러면서 그들은 각각의 과제에도 관심을 기울였는데, 군주의 지위를 보다 강화시키면서 군주를 정점으로 하는 신분 질서를 구축하여 기존의 전제 체제를 유지시키려 하였다. 또 지나친 전제 체제의 강화는 덕치의 실현에 장애가 될 수 있다는 점을 주목하여 군주에 대한 견제책도 동시에 강구하면서 나아가 덕치의 효용성을 전제 체제의 유지라는 측면과 결부시켜 그 실현을 촉구하였다. 결국 지금까지 보아 온 대로 덕치와 전제는 한초 유학의 정치 사상에서 일관된 두 축으로 작용하고 있음을 알 수 있다.

그러나 군주전제주의를 지지하되 그 군주권의 과도한 비대화도 적절히 견제함으로써 그 힘을 덕치의 온전한 구현으로 돌리려 했던 시도가 현실적으로 과연 성공적이었는가 하는 문제에 대해서는 논의의 여

---

47) 『新語』,「道基」, 3쪽, "萬世不亂, 仁義之所治也."

지가 있다. 특히 군주권의 자의적인 남용을 막기 위한 견제 장치로서 제기된 재이설이 실제적으로 그러한 기능을 제대로 담당했었는가에 대해서는 의문이 남는다. 재이설이 제대로 기능할 수 있는가의 여부는 재이로 여겨지는 사태의 발생이 아니라 일어난 사태를 어떻게 해석하느냐에 달려 있다고 볼 수 있는데, 그 해석이 통치자의 이해 관계에서 벗어난 객관적 입장에서 해석될 여지는 비교적 희박하기 때문이다. 실제로 재이설을 주장했던 동중서조차도 기원전 135년에 발생했던 한고조 묘당의 화재 사건을 무제에 대한 하늘의 경고로 해석했다가 죽을 뻔한 경우가 있었으니, 이는 재이설의 실질적인 효과를 의심하게 만드는 하나의 상징적인 사례이다.[48) 이 점에서 볼 때 군주권에 대한 견제 장치로서의 재이설은 한계가 있을 수밖에 없었다.

재이설과 관련하여 여기서 하나 더 짚고 넘어갈 것은 이 재이설이 수명론受命論과 함께 한대 유학의 천인상감론적 천관을 가감 없이 보여 주는 자료라는 점이다. 재이설이나 수명론에 비친 천은 두말할 필요도 없이 종교적 색채가 상당히 농후한 천이다. 하지만 제국적 질서와 유학적 이상의 결합을 시도했던 한초 유학자들의 경우 그런 천관이 이론적인 차원을 벗어나 실제적인 측면에서도 종교적인 관심으로 빠져들어간 것 같지는 않다. 예를 들면, 동중서의 저작들 속에 당시의 지배적인 종교적 분위기였던 신선불사에 대한 관심은 전혀 보이지 않는다는 점이 이것을 잘 말해 준다.[49) 따라서 그런 천관을 통하여 제국

---

48) 당시 동중서는 재이에 관한 저서인 『災異之記』를 지었는데, 당시 요동에 있던 고조 묘당에서 발생한 화재를 동중서가 비방한 부분이 있음이 드러나 동중서에게 사형을 판결하였으나, 무제의 조칙으로 사면되었다. 동중서는 이후 재이에 관해서 다시는 감히 강론하지 않았다고 한다. 『史記』 권121, 「儒林列傳」, 3128쪽 참조. 그 뒤로도 재이는 통치자에 대한 견제가 아니라 통치자가 신하를 문책하는 구실로 작용하기도 하였다. 송영배, 『중국사회사상사』, 196쪽 참조.
49) 벤자민 슈월츠, 나성 옮김, 『중국 고대사상의 세계』, 516쪽.

의 통치자에게 우주적인 보편왕의 위상을 부여하고자 하는 것이 동중서의 진정한 의도였다고 추정해 볼 수도 있다.[50]

그러나 진정한 의도가 거기에 있었더라도 이와 같은 천관은 이 문제에 대한 직전의 유학적 전통, 즉 순자적인 천관에 대한 대대적인 역풍임에는 틀림이 없다. 당시 일상에서 유행하였던 관상술조차 용납하려하지 않았던 합리주의자 순자의 가치중립적 자연관이 거부된 것이다. 이것을 어떻게 이해해야 할까? 단순히 음양오행설의 대대적인 유행이라는 당시의 사상사적인 분위기에만 그 원인을 돌리기에는 무언가 흡족하지 못한 부분이 있다. 그보다는 차라리 순자의 자연관에 대한 한대 유학의 반전은 역설적으로 유학적 사유에서 노모스와 피지스의 완전한 분리라는 것이 얼마나 어려운 문제인지를 상징적으로 보여 준다고 받아들이는 것이 더 제대로 된 이해일지도 모른다. 한대 경학 이후 위진 현학과 수당 불교를 거쳐 재정비되는 유학, 즉 성리학이 다시 '천리天理' 개념에서부터 자신들의 논의를 전개시켜 나가는 것을 염두에 두면서 보면 말이다.

---

50) 같은 책, 515쪽.

8. 덕치와 전제

    유학사에서 '독존유술'이라는 획기적인 사건을 만들어 낸 한초의 유학자들의 작업을 검토하면서 마지막으로 살펴볼 것은 이들이 '덕치'와 '전제'를 어떤 논리로 결합하고 있는가 하는 점이다. 이것을 살펴보기 위해서는 먼저 해명되어야 할 문제가 있다. 그것은 서로 상반되어 보이는 덕치와 전제가 어떻게 결합할 수 있는가 하는 문제이다. 이 문제와 관련하여 덕치와 전제는 서로 상반되는 정치적 주장이 아니며, 또한 서로 배치되는 개념도 아니라는 점을 먼저 분명히 할 필요가 있다. 이를 명확히 하기 위해서는 덕치와 전제라는 개념에 대한 정확한 이해가 선행되어야 한다.

    덕치가 제반 정치 행위의 기반을 통치자 개인의 도덕적 품성에 두고서 그 통치자의 덕이 피통치자들에게 미치게 하여 기대한 정치적 효과를 달성하고자 하는 정치적 주장이라면, 전제란 국가를 효율적으로 관리하고 그 국가의 잠재적 가능성을 극대화시키기 위하여 통치권을 비롯한 국가의 제반 경영권을 통치자 한 사람에게 귀속시키는 제도라 할 수 있다. 따라서 덕치는 국가 구성원의 생활이 군주 한 사람의 은혜에 의해서만 가능하게 되는 통치 방식의 관념적 표현, 즉 정치 이념이고, 전제란 국가 구조에 있어서 권력의 존재 형태가 궁극적으로 군주 한 사람의 손에 집중되는 지배 체제의 한 형태, 즉 정치 체제인 것이다. 이 점을 인정한다면 이 양자는 모순되는 정치적 주장이 아니라 오히려 하나의 지배 구조에 대한 상이한 관점의 표현임을 알 수 있다.[1)]

덕치란 어디까지나 군주제를 기반으로 하여 형성된 정치 이념, 즉 한 국가의 구성원들이 인간적인 생활을 누릴 수 있는지의 여부가 전적으로 한 개인의 능력에 달려 있다는 군주제 하에서의 가장 바람직한 정치 이념의 하나일 뿐이다. 그것은 피통치자들의 자각적인 능력에 의거한 오늘날의 민주제와 같은 정치 체제에서의 이념이 아니다. 이것은 군주전제주의와 마찬가지로 군주제에 기반을 두고 있으므로, 결국 덕치와 군주전제는 서로 모순 없이 결합될 수 있는 것이다.[2)]

앞에서 한초 유학자들의 정치 사상에서 군주는 모든 권위와 덕목의 귀결처라는 점을 지적한 바 있다. 관료나 백성은 모두 이러한 권위와 덕목에 결부되어 있는 존재일 뿐이다. 이것은 바로 대일통적 천하 질서의 요구라는 당시의 시대 상황으로부터 비롯되는 자연스러운 결과이다. 이렇게 볼 때 덕치와 전제는 이러한 대일통적 천하 질서를 유지하기 위한 서로 다른 차원의 두 가지 정치적 주장인 셈이다. 전제가 군주권의 자의적 남용과 필연적으로 결합되는 것은 아니다. 일반적으로 생각하는 전제 정치의 폐단은 전제라는 정치 체제 자체에서 연유되는 것이 아니라 그 체제가 무엇을 지향했느냐에 관련된 것이라고 보아야 한다. 결국 전제라는 정치 체제와 덕치라는 정치 이념은 말 그대로 '체제'와 '이념'일 뿐이며, 따라서 문제가 되어야 하는 것은 이것들이

---

1) 貝塚茂樹 외, 윤혜영 편역, 『中國史』, 105쪽.
2) 이런 점에서 볼 때 덕치에 대가 되는 정치적 주장은 법치라고 할 수 있다. 전자가 통치자의 도덕성을 주요한 통치 수단으로 보는 정치 이념임에 비하여 후자는 그보다는 엄정한 법의 집행을 주요한 통치 수단으로 보는 정치 이념이기 때문이다. 어느 것을 일차적 통치 수단으로 보느냐에 따라서 이 두 이념의 구별이 생긴다고 할 수 있다.

아니라 전통적인 정치 문화에서 이러한 체제와 이념의 주체인 통치자인 셈이다. "어지러운 군주가 있지 어지러운 나라가 있는 것이 아니며 다스리는 사람이 있지 다스리는 법이 있는 것이 아니다"[3]라는 순자의 말은 바로 이 점을 지적한 것이다. 한초의 유학자들도 기본적으로 이 점을 인정하고 덕치와 전제를 저항감 없이 결합시켰던 것이다.

이들이 덕치와 전제를 상반되는 관념으로 보지 않았다는 것은 동중서의 다음과 같은 말을 분석해 보면 분명히 드러난다.

> 국가가 국가인 근거는 덕이며 군주가 군주인 근거는 힘이다. 따라서 덕과 힘은 나누어져서는 안 되는 것이다. 덕이 나누어지게 되면(다른 사람들도 군주처럼 덕화를 행하게 되면) 백성들은 은혜를 잊어먹게 되고 힘이 분산 되게 되면 권력을 상실하게 된다. 권력을 상실하게 되면 군주의 지위는 천하게 되고 백성들이 은혜를 잊게 되면 흩어지게 된다. 백성들이 흩어지면 나라가 혼란해지는 것이요, 군주의 지위가 천하게 되면 아랫사람들이 반란을 일으키게 된다. 그러므로 군주된 자는 그 덕을 굳건히 지켜 백성들이 떠나지 않게 해야 하며 권력을 굳건히 지켜 아랫사람들을 바로잡아야 한다.[4]

우선 이 말에서 주목해야 할 것은 '국가'는 '덕'과 연결되어 있고 '군주'는 '힘'(威)과 결합되어 있다는 점이다. 국가의 존재 근거는 덕이고 군주의 존재 근거는 힘이다. 그런데 국가의 존재 근거라는 문제는 그 국가의 권력 형태가 어떠한가와 관련되는 것이 아니라 그 국가가 무엇을 지향하는가 하는 문제와 관련이 있다. 한 국가의 권력 형태가

---

3) 4장의 각주 28) 참조
4) 蘇輿, 『春秋繁露義證』, 「保位權」, 174~175쪽, "國之所以爲國者, 德也, 君之所以爲君者, 威也. 故德不可共, 威不可分. 德共則失恩, 威分則失權. 失權則君賤, 失恩則民散矣. 民散則國亂, 君賤則臣叛. 是故爲人君者, 固守其德, 以附其民, 固執其權, 以正其臣."

어떠한가, 즉 한 개인이나 소수에게 권력이 집중되어 있는 전제 체제인가 아니면 그 구성원들에게 분산되어 있는 민주 체제인가 하는 문제와 그 국가가 무엇을 지향하는가, 예를 들면 자유인가 평등인가 하는 문제는 근본적으로 차원이 다른 문제이다. 전자는 정치 체제의 문제이고 후자는 정치 이념의 문제인 것이다.

이 점을 염두에 두고 다시 예문으로 돌아가서 살펴보면 다음과 같은 점들이 드러난다. '국가가 국가인 근거'는 정치 이념을 말하는 것이라 했는데 그것이 '덕'이라고 말한 것은 한제국이 지향해야 할 정치 이념은 곧 덕치라야 한다는 점을 말한 것이다. 그리고 다음의 '군주가 군주인 근거'는 '힘'이라는 말에서, '힘'은 곧 권력을 의미한다. 군주가 군주인 근거는 그가 가진 권력 때문이다 라는 말은 결국 한제국은 모든 권력이 군주에게 집중되어 있는 전제 체제라는 점을 인정한 말이다. 그런데 한 국가의 모든 권력이 군주에게 집중되어 있는 정치 체제에서는 군주가 곧 그 국가이게 된다. 그러므로 이 말은 다음과 같은 것을 주장한 것이라고 볼 수 있다. 군주는 국가의 모든 권력을 장악하고 있으므로 군주가 곧 국가이다. 그런데 국가가 군가로서 인정받는 것은 덕치를 정치 이념으로 하기 때문이므로 군주는 덕치를 실현하여 국가의 존재 근거 즉 자신의 존재 근거를 확립해야 한다. 이런 점에서 '국가'가 아니라 '군주'가 덕을 굳게 지킨다는 말이 가능해지는 것이다. 결국 전제의 유지와 덕치의 실현은 다른 차원의 문제이며 그것이 군주 한 사람에게 달렸다는 것을 한초 유학자들도 인정했음을 알 수 있다.

한초의 유학자들은 이런 덕치와 전제를 하나의 틀로 결합하기 위해서 '도道/술術', '상常/변變', '경經/권權'과 같은 범주쌍을 채용한다. 이 범주쌍은 모두 중국 철학에서 사물들의 관계를 매개하는 개념들이다. 이 가운데 '도'·'상'·'경'은 사물이나 인간 세계의 상주성, 필연성, 일반성 등을 뜻하고 이와 대비되는 '술'·'변'·'권'은 변동성, 우연성, 특수성 등을 가리킨다. 5) 그런데 한초 유학자들이 이런 범주쌍들을 이용하여 덕치와 전제의 문제를 어떻게 결합시키고 있는지를 살펴보기 위해서는 먼저 그들이 말하는 '도'의 의미를 명확히 하고 그것이 정치적으로 어떠한 의미를 지니는가를 고찰해야 한다. 그렇게 하여야만 이 개념들과 덕치 및 전제와의 관계가 드러날 수 있기 때문이다. 먼저 다음 예문들을 보자.

자연과 인간의 공능이 합해짐으로써 근원적인 도가 갖추어진다.6)

인도의 큰 근원은 자연에서 나온다. 따라서 자연의 도가 변하지 않는 한 사람의 도 역시 변하지 않는다.7)

하늘의 도는 사물들이 자랄 수 있는 여건을 베풀어주는 것이고 땅의 도는 그 만물을 화육시키는 것이며 사람의 도는 그것에 대하여 작위를 가하는 것이다.8)

---

5) 張立文, 『中國哲學範疇發展史』 天道篇, 115~116쪽.
6) 『新語』, 「道基」, 2쪽, "天人合策, 原道悉備."
7) 『漢書』 권56, 「董仲舒傳」, 2518~2519쪽, "道之大原, 出於天. 天不變, 道亦不變." 동중서의 천 관념의 특징은 앞에서도 보았듯이 그 농후한 종교적인 색채에 있다. 동중서의 이러한 천 관념은 당시의 일반적인 천관인 기론에 입각한 천도관을 계승하면서, 한편으로 자신의 정치철학적 기반을 위해 그것을 주재천의 의미로 전환시킨 것으로 볼 수 있다. 따라서 동중서의 철학 체계 속에서 동시적으로 발견되는 물리적인 자연천 관념과 종교적인 주재천 관념의 경우 전자는 동중서의 기론적 세계관에 바탕을 둔 것이고 후자는 그의 정치적 의도가 개입되어 요청된 천 관념이라고 보아야 한다. 이런 맥락에서 이 인용문의 '천'은 '자연'으로 번역되어도 무방하다.
8) 같은 책, 「天道施」, 468쪽, "天道施, 地道化, 人道義." 여기서 '義'는 '爲'와 같은 의미이다. 賴炎元, 『春秋繁露今註今譯』, 444쪽 참조.

세 번째 예문은 두 번째 나오는 '자연의 도'가 무엇인지를 명확히 하기 위하여 부연한 것이다. 여기에서 보이는 한초 유학자들의 도 개념은 전통적인 유가의 도에 대한 이론을 벗어나지 않는다. 물리적인 자연을 자연 그대로 보지 않고 만물에 대하여 '베풀고' '화육시키는' 도덕적 의미로 파악하여 인도의 근원으로 삼는, 유가의 전통적 도론이 그대로 이들에게 계승되고 있는 것이다. 여기서 우리는 천에 대한 한초 유학자들의 생각이 분명히 순자로부터 벗어나 유학의 전통적인 천관으로 회귀하고 있음을 볼 수 있다. "도는 하늘의 도도 아니고 땅의 도도 아니며, 인간으로서 걸어야 할 길이고 군자가 밟아 나가야 할 길이다"[9]라고 함으로써 의미론적 천관과 결별했던 순자의 시각이 여기서는 거부되고 있는 것이다. 따라서 이들처럼 천에 대한 유학의 전통적인 관점을 취할 때 정치는 도덕적인 의미로 파악된 자연의 도(天道)로부터 추출된 이 인도를 그대로 인간 사회에 실현하는 것에 지나지 않는다. 정치는 자연의 법도에 기반을 두고 행해져야 하는 것이다. 가의의 다음 발언은 바로 이 점을 말하고 있다.

> 나라의 기강은 자연의 섭리에 근본을 두고 정치의 법도는 사계절의 운행 원리에 의거하면 후세에 변동이 없고 항상된 법도(常)가 바뀌지 않을 것이니, 그 자취를 좇아 길이 유지될 수 있을 것이다.[10]

정치는 모름지기 자연의 도에 근거해야 하며, 그렇게 해서 그것을 변함없는 법도로 삼는다면 국가를 길이 유지할 수 있다는 주장이다.

---

9) 4장 각주 33) 참조
10) 『新書』, 「數寧」, 1035쪽 위, "因經紀本於天地, 政法倚於四時, 後世無變故無易/常, 襲跡而長久耳."

그러면 그렇게 자연의 법도를 따라 행하는 정치는 어떠한 정치여야 하는가? 여기에 대해서 한초의 유학자들은 다음과 같이 말한다.

> 인은 도의 근간이고 의는 성인의 학문이다. 이것을 배우면 밝게 드러나게 되지만 잃거나 반대로 행하게 되면 정치가 혼미해지거나 망하게 된다.[11]

> 도란 그것을 따라 다스림의 길로 나아가는 바의 것인데 인의예악은 모두 그것을 실현하기 위한 도구이다.[12]

이것은 자연의 도를 인간 세계에 구현하기 위해서는 인의와 같은 덕목에 근거하여 정치를 해야 한다는 말이다. 이것은 애초부터 자연을 도덕적 의미로 파악했던 유학의 당연한 귀결이다. 본받아야 할 자연의 도가 도덕적인 것인 만큼 그것을 구현하려는 인간의 행위도 당연히 도덕성에 의거하여야 하기 때문이다. 이러한 요구를 충족시키는 정치는 물론 두말할 것도 없이 덕치이다. 따라서 도를 구현할 수 있는 가장 바람직한 정치 이념은 덕치가 되는 것이다. 도는 인간 세계가 지향해야 할 근원적이고 변함이 없는 목표이므로 그것을 구현하기 위한 덕치라는 정치 이념도 항상적인(常) 준칙(經)으로서의 자격을 지닌다. 결국 한초 유학자들에게서 도는 인간 세계가 추구해야 할 최고의 가치 규범으로서의 자격을 지니는데, 그것이 구체적인 정치로 구현될 때는 덕치라는 정치 이념으로 정식화된다고 할 수 있다.

그러면 이 도의 구현, 즉 덕치라는 정치 이념은 어떻게 현실에서 구현되는가? 이렇게 묻는 이유는 구현해야 할 목표는 불변하지만 그것이 구현될 장으로서의 현실은 변화하기 때문이다. 따라서 이것은, 현실

---

11) 『新語』, 「道基」, 3쪽, "仁者道之紀, 義者聖之學. 學之者明, 失之者昏, 背之者亡."
12) 『漢書』 권56, 「董仲舒傳」, 2499쪽, "道者, 所繇適於治之路也, 仁義禮樂皆其具也."

에는 현실에 맞는 구체적인 시책이 있는데 상황에 따라 변화하는 그러한 시책들이 어떻게 불변하는 덕치라는 정치 이념의 구현과 연결되는가 하는 점에 대한 물음이 된다.

육가는 이 점에 대하여 '도'와 '술'이라는 개념을 이용하여 논의를 전개시킨다. 육가의 역사관에서는 '고古'와 '금今'이 동일한 비중을 가지고 강조된다고 하였는데 일견 이것은 모순되어 보이지만 그 내재적인 논리를 검토해 보면 결코 그렇지 않다. 육가에게 있어서도 도는 시간의 변화에 관계없이 항상 추구되어야 하는 통시적인 규범이다.[13] 그러나 현실적으로 이러한 도를 구현하기 위해서는 현실적 여건을 고려해야 하는 필요성이 생긴다. 현실적 여건을 살펴서 덕치가 실현되는 구현장으로 만들기 위한 조치를 취해야 하는 것이다. 이 구체적인 조치들을 육가는 '술'이라고 부른다. '도'를 목표라고 한다면 '술'은 그 목표를 실현하기 위한 방법인 셈이다. 방법은 상황에 따라 달라질 수밖에 없으며, 때문에 옛날의 방법을 계속 고집하는 것은 곤란하다. 이것이 육가가 주장하는 현실 중시의 역사관의 구체적 의미이다.[14]

그런데 '술'은 '도'를 구현하기 위한 구체적 현실대응책이란 점에서 그것은 무원칙적으로 설정되어서는 안 된다. 육가는 이 점을 다음과 같이 분명히 밝힌다.

하늘은 만물을 낳고 땅은 그것을 기르며 성인은 그것들을 성취시킨다. 이 셋의 공덕이 서로 합해지는 데서 '도'와 '술'이 생긴다.[15]

'술'도 결국은 전체적으로 볼 때 '도'와 같은 범위에 속한다는 것을

---

13) 『新語』, 「術事」, 4쪽, "萬世不易法, 古今同紀綱."
14) 王更生, 「陸賈」, 23～24쪽.
15) 『新語』, 「道基」, 1쪽, "天生萬物, 以地養之, 聖人成之. 功德參合, 而道術生焉."

말한 내용이다. 따라서 현실의 구체적 시책인 '술'은 어디까지나 '도'를 구현하기 위한 것이어야 그 정당성을 확보하게 되는 것이다. 그러면 한초의 상황에서는 어떤 현실대응책을 세워야 하는가? 가의는 여기에 대해서 다음과 같이 말한다.

> 천하를 통일하고자 하는 자는 술수와 힘을 높이 여기고 천하를 안정시키고자 하는 자는 '변화된 상황에 따르는 것'(權)을 귀하게 여긴다. 이로써 본다면 공격하는 것과 지키는 것은 그 방법이 다른 것이다.16)

가의가 말하는 '변화된 상황'이란 "나아가 공격하던 때와 다른 나라를 병합해.나가던 시대는 지났다"17)는 것을 말한다. 따라서 그러한 때에 쓰던 '술수'나 '힘'은 이제 더 이상 현실대응책으로서의 효력을 지닐 수 없음을 말한 것이다. 가의의 이 말은 물론 통일 제국으로서의 한은 이제 그 정치 이념을 덕치로 바꾸어야 한다는 점을 말한 것이다. 그러나 덕치는 무작정 실현한다고 되는 것이 아니다. 우선 현실을 덕치를 실현할 수 있는 상황으로 개조시켜야 한다.

한초 유학자들의 이러한 문제의식은 단순한 이론적인 탐색을 통하여 정립된 것이 아니라 자신들이 몸담았던 당시의 제국 질서의 실상에 대한 직접적인 체험에서 비롯된 것이었다. 제국 질서의 유지에 있어 한제국이 초기에 직면했던 어려움은 "10여 년 동안 반란을 일으킨 자가 아홉이나 있었고, 그 가운데 천하를 거의 위태롭게 만들었던 경우가 예닐곱 번은 되었다"18)는 가의의 지적에서도 충분히 확인할 수 있다. 무력으로 한제

---

16) 『新書』, 「過秦下」, 1032쪽 위, "夫幷兼者, 高詐力, 安危者, 貴順權. 以此言之, 取與攻守, 不同術也."
17) 같은 책, 「時變」, 1045쪽 아래, "進取之時去矣, 幷兼之勢過矣."
18) 같은 책, 「親疏危亂」, 1049쪽 아래, "十年之間, 反者九起, 幾無天下者五六."

국을 일으킨 고조 때조차 이러하였으므로, 봉건제의 부활을 지지하는 사람들의 주장에서 보듯이 국가 권력이 계속 소극적인 역할에 머문다면 결국은 제국의 분열과, 그로부터 야기되는 천하 질서의 붕괴를 필연적으로 초래하게 될 것이라는 위기 의식을 이들은 느꼈던 것이다.

그러한 상황은 제국 질서의 유지를 통하여 이른바 덕치를 구현하려고 하는 사람들의 입장에서 보면 무엇보다도 경계되어야 하는 상황이다. 그러므로 국가의 소극적 역할론을 주장하는 무위정치적 관점에서 당시를 평가하여 "천하가 안정되었고 잘 다스려지고 있다고 말하는 자들은 지극히 어리석어 무지한 자들이 아니면 아첨하는 자들로서, 모두 실제로 치란의 실체가 무엇인지를 모르는 자들"19)이라고 비판하는 것이다. 이들에게 있어 '치란의 실체'는 단순히 국가 구성원들의 자연적 삶을 보장해 주기 위한 소극적 질서의 유지가 아니라 제국 질서의 유지를 통한 덕치라는 적극적 가치의 구현으로 요약될 수 있다. 따라서 이러한 비판은 이들의 입장에서 볼 때 정당한 것이다. 이들이 권력이 분산되는 봉건적 지배 체제를 비판하고 강력한 중앙집권적 지배 체제의 실현을 촉구했던 것은 이런 이유 때문이다.

그러므로 덕치를 실현하기 위해서는 우선 그런 부정적인 상황이 개선되어야 한다. 이러한 상황을 타개하기 위한 대응책이 바로 앞에서 살펴보았던 전제 체제의 강화이다. 따라서 이렇게 본다면 전제라는 정치 체제는 결국 덕치라는 정치 이념을 보다 효과적으로 실현하기 위하여 요청되는 현실대응책으로서의 의미를 지닌다고 할 수 있을 것이다. 즉 전제라는 정치 체제는 '도'의 실현을 위한 '술'인 셈이다. 이 점은 동중서의 다음 말에서 그 의미가 보다 분명하게 드러난다.

---

19) 같은 책, 「數寧」, 1034쪽 아래, "夫曰天下安且治者, 非至愚無知, 固諛者耳. 皆非事實知治亂之體者也."

성인의 심원한 의도를 이해하기는 어렵지만 대체로 성인이 귀하게 여기는 것은 천하의 환란을 제거하는 것이라고 볼 수 있다. 천하의 환란을 제거하는 것을 귀하게 여기므로 『춘추』는 이를 중시하여 천하의 환란을 두루 기록하였던 것이다. 이것은 천하가 환란에 이르게 되는 까닭을 밝히려는 데 근거한 생각으로, 그 뜻은 그렇게 함으로써 환란을 없애고자 하는 것이다. 이것은 무슨 말인가? 천하에 환란이 없게 된 후라야 사람의 본성이 선해질 수 있고 본성이 선해진 뒤라야 사회에 청렴한 기운이 넘치게 된다. 청렴한 기운이 사회에 충만하게 되면 비로소 왕도가 실현되고 예악이 흥성해지는 것이니, 성인의 마음씀이 바로 여기에 있다는 말이다.[20]

이 내용을 보면 한초의 유학자들이 궁극적으로 지향하는 사회는 이른바 '왕도가 실현되고 예악이 흥성해지는' 사회임을 알 수 있다. 이것은 단순히 타고난 천성으로부터 구성원들의 온전한 삶의 질서가 담보되는 그러한 사회가 아니라 자기들이 생각하는 '왕도'가 실현되어 '예악'이라는 인위적 가치가 구현되는 사회이다. 그러한 사회는 당연히 덕치가 온전히 실현된 이상적인 사회이다. 그런데 동중서는 '사람의 본성이 선해지고 청렴한 기운이 사회에 넘치는' 그러한 이상사회는 반드시 '천하의 환란이 없어진 후'라야 가능한 것임을 주장한다. 따라서 군주의 통치권이 허약하다면 이러한 단계적 목적은 처음부터 달성될 수 없다. 이로부터 먼저 군주의 통치권이 무엇보다 강화되어야 한다는 결론이 나온다. 군주의 전제권이 아직 제대로 확립되지 못한 한초의 상황에서 천하의 환란을 방지하기 위한 전제 체제의 강화는, 궁극적으로 볼 때 이처럼 '왕도가 실현되고 예악이 흥성해지는' 덕치 실현의

---

20) 蘇輿, 『春秋繁露義證』, 「盟會要」, 140~141쪽, "至意雖難諭, 蓋聖人者, 貴除天下之患. 貴除天下之患, 故春秋重而書天下之患遍矣. 以爲本於見天下之所以致患, 其意欲以除天下之患. 何謂哉? 天下者無患, 然後性可善, 性可善, 然後淸廉之化流. 淸廉之化流, 然後王道擧禮樂興, 其心在此矣."

선결 조건이 되는 것이다. 동중서는 이와 같은 입장에서 논의를 '상'과 '변'의 논리로 보다 세련화시킨다.

『춘추』의 도는 천도를 받들고 옛날 법도를 본받는 것이다. 아무리 정교한 손재주가 있더라도 컴퍼스나 직각자를 쓰지 않으면 원이나 네모를 그릴 수 없고, 밝은 귀가 있더라도 육률六律을 쓰지 않으면 오음五音을 정할 수 없으며, 지혜나 분별력이 있더라도 선왕의 법도를 본받지 않으면 천하를 다스릴 수 없다. 그러므로 선왕이 남긴 도가 바로 천하를 다스리는 자(尺)이며 육률인 것이다. 그러므로 성인은 하늘을 본받고 어진 사람은 성인을 본받는 것이니 이것이 천하를 다스리는 대도이다. 이 대도에 의거하면 다스려지지만 이것을 잃으면 혼란해진다. 그러므로 이것은 다스려짐과 어지러움의 경계인 셈이다. 천하에는 도가 둘이 아니라고 들었다. 그러므로 성인의 다스림은 다르지만 그 다스리는 이치는 한가지이다.[21]

이것은 도는 곧 '천도'이고 그것은 또한 옛날에 선왕들에 의하여 이미 정치의 준칙으로 확립되었다 라고 말함으로써 '천도는 둘이 아니다'라는 입장을 분명히 한 말이다. 한초 유학자들이 볼 때 이것은 나라를 다스리는 대전제이므로 변해서는 안 되는 것이다. 그러므로 가의도 "옛것을 변화시키고 항상된 법도를 바꾸려는 자는 죽지 않으면 망하게 된다"[22]라고 못박고 있는 것이다.

그러나 동중서도 인정했듯이 '성인의 다스리는 이치는 같지만 다스림은 다르다.' 다른 말로 하면 성인의 정치 이념은 같지만 그것을 실현하

---

21) 같은 책, 「楚莊王」, 14쪽, "春秋之道, 奉天而法古. 是故雖有巧手, 弗修規矩, 不能正方圓, 雖有察耳, 不吹六律, 不能定五音, 雖有知心, 不覽先王, 不能平天下. 然則先王之遺道, 亦天下之規矩六律已. 故聖者法天, 賢者法聖, 此其大數也. 得大數而治, 失大數而亂, 此治亂之分也. 所聞天下無二道, 故聖人異治同理也."
22) 『新書』, 「立後義」, 1095쪽 아래, "欲變古易常者, 不死必亡."

는 방법은 다르다는 뜻이다. 이렇게 되는 이유는 "성인들이 만난 시대가 다르기 때문이다."[23] 즉 시대가 다르므로 그 시대에 맞는 '술'을 선택해야 한다는 논리이다. 이것은 내면적으로 다음과 같은 것을 승인하는 것이라 볼 수 있다. 한제국은 한에 맞는 '술'을 선택해야 한다. 한제국에 맞는 '술'이란 통일 제국을 효과적으로 경영하기 위한 전제 체제이다. 따라서 전제 체제는 덕치를 실현하기 위한 '술'이므로 강화되어야 한다. 동중서는 이러한 '술'의 필요성을 인정하고 "『춘추』에는 모든 사건을 두루 포괄할 수 있는 판단사가 없다. 다만 변화에 따라 말을 달리할 뿐이다"[24]라고 하면서 그것을 이론적으로 뒷받침한다.

> 『춘추』의 도는 본래 항상된 것(常)도 있고 변화하는 것(變)도 있다. 변화의 도리는 변화하는 형세에 적용되고 불변의 도리는 불변하는 일에 적용된다. 이 둘은 각자의 영역에 쓰이므로 서로 방해되지 않는다.[25]

이것은 '상'과 '변'은 서로 고유한 영역이 있어서 '서로 방해되지 않는다'라고 함으로써 '변'(즉 술)에 대하여 적극적인 의의를 부여하는 태도이다. 이러한 논리는 현실적인 측면에서 볼 때 한의 전제 체제를 적극적으로 긍정하는 효과를 지닌다. 그러나 동중서는 육가나 가의와 마찬가지로 '술'의 현실적 의의를 인정하면서도 그것이 어디까지나 '도'의 영역에 있어야 한다는 점을 뚜렷이 함으로써 종국에는 전제 체제가 덕치의 이념을 실현하기 위한 기반으로서만 의의를 지닌다는 점을 분명히 한다. 다음과 같은 말에서 이 점을 살필 수 있다.

---

23) 『漢書』 권56, 「董仲舒傳」, 2509쪽, "帝王之條貫同. 然而勞逸異者, 所遇之時異也."
24) 蘇興, 『春秋繁露義證』, 「竹林」, 46쪽, "春秋無通辭, 從變而移."
25) 같은 책, 「竹林」, 53쪽, "春秋之道, 固有常有變. 變用於變, 常用於常. 各止其科, 非相妨也."

기물의 명칭은 그것을 처음 만든 사람이 붙인 이름에 따르고 땅의 명칭은 그것을 마지막에 소유한 사람이 부르는 호칭에 의거하는 것을 법도라고 한다. 이것이 권도權道의 근본이다. 그러므로 잘 헤아리지 않을 수 없다. 일시적인 변통(權)이 비록 항상된 법도(經)에 어긋나더라도 그것은 결국 그것이 설정한 범위 내에 있는 것이지 그러한 범위를 벗어나는 것이 아니다. 만약 벗어난다면 죽더라도 그러한 변통을 행해서는 안 된다.[26]

기물이나 땅의 명칭은 다양할 수 있지만 결국은 그 이름붙일 자격이 있는 사람의 호칭에 의거할 수 밖에 없는 것처럼 상황에 따른 대응책(權, 즉 術)도 종국에는 항상된 법도(經, 즉 道)의 범위 내에 있어야 하는 것이다. 한초 유가들은 이렇게 함으로써 원칙을 벗어난 무분별한 현실대응책을 방지할 수 있다고 보았다. 이것은 물론 덕치를 잊고 전제 체제 자체를 목적으로 하기 쉬운 통치자의 경향성을 견제하기 위해 내놓은 이론적 포석이라고 할 수 있다. 결국 한초의 유학자들은 '도'와 '술'의 논리를 이용하여 전제 체제는 덕치라는 이념을 지향하는 한에서 실질적인 의미를 지닌다고 함으로써 성공적으로 이 양자를 결합시키고 있는 것이다.[27]

---

26) 같은 책, 「玉英」, 78~79쪽, "器從名, 地從主人之謂制. 權之端焉, 不可不察也. 夫權雖反經, 亦必在可以然之域, 不在可以然之域. 故雖死亡, 終弗爲也也." '器從名, 地從主人之謂制'에 대한 해석은 賴炎元의 번역을 따랐다. 賴炎元 註譯, 『春秋繁露今註今譯』, 65쪽 참조. 이것은 『춘추공양전』「桓公 2年」에 나오는 내용이다. 李宗侗 註譯, 『春秋公羊傳今註今譯』, 44쪽 참조.

27) 불가피한 상황에서 항상적인 준칙을 잠시 벗어나는 임시적 변통(權)에 대해서는 맹자도 일찍이 그 필요성을 인정한 바 있다. 남녀가 신체적인 접촉을 하지 않는 것이 항상적인 규범(禮)이지만 형수가 물에 빠진 경우라면 그 규범을 어기더라도 손을 잡아 구해 주어야 한다는 유명한 예화가 그것이다. 楊伯峻, 『孟子注譯』, 「離婁上」 17 참조. 그런데 이 임시변통의 필요성에 대해 동중서가 이처럼 세밀하게 논의하고 있다는 사실은 이 범주를 통해 그가 정당성을 옹호해야만 하는 주제가 있었음을 의미한다. 유학자인 동중서가 한초의 현실에서 그 정당성을 옹호해야만 했던 주제, 지금까지 보아온 대로 그것은 바로 '專制'였던 것이다. 이런 점에서 '經 / 權'(혹은 道 / 術)의 논리는 현실을 수용해야 하는 한초 유학자들의 고뇌를 읽을 수 있는 부분이라고 할 수 있다.

한초의 유학자들은 자신들의 신념대로 이 두 가지 요소가 제대로 구비되고 결합된다면 다음과 같은 이상정치가 가능하다고 말한다.

오제와 삼황이 천하를 다스릴 때에는 군주다 백성이다 하고 나누는 마음이 없었다. 세금은 소출의 10분의 1만 받았으며, 백성들을 사랑하는 마음(愛)에 바탕을 두어 가르치고 백성들의 자발적으로 우러나는 마음(忠)에 의거하여 일을 시켰으므로, 백성들은 연장자를 공경하고 어버이를 친히 대하며 윗사람들을 존경하였다. 일을 시킬 때에도 백성들의 생계에 필요한 시간은 빼앗지 않았으며 그 부역 기간도 1년에 3일을 넘지 않았다. 백성들은 가정적으로나 개인적으로 모두 풍족하여, 원망하고 분노하거나 강자가 약자를 억압하는 환란이 없었고 헐뜯고 시기하는 사람도 없었다. 백성들은 스스로 타고난 덕을 닦아 아름다워졌으며 머리를 늘어뜨린 채 음식을 먹으며 노닐었다. 부귀를 부러워하지 않았고 악행은 수치스럽게 여겨 범하지 않았다. 아버지는 아들을 잃어 통곡하는 일이 없었고 형은 아우를 잃어 슬퍼하는 일이 없었다.…… 감옥은 텅 비었고, 법을 집행하는 자는 옷에 그 표식을 그리고만 있었어도 백성은 범법 행위를 저지르지 않았다. 그렇게 되자 사방의 오랑캐들이 통역을 거듭 거치면서 조공을 왔으며, 백성과 신하들은 성정이 지극히 순박해져 별도로 문식을 가할 필요가 없었다.[28]

내용에서 알 수 있듯이 이 사회는 통치자로 대표되는 국가 권력이 피통치자들의 삶을 방관하는 것이 아니라 그들을 '가르치는' 적극적인 통치 행위를 통하여 바람직한 사회 질서를 유지하고, 그러한 과정을

---

28) 같은 책, 「王道」, 101~103쪽, "五帝三王之治天下, 不敢有君民之心. 什一而稅. 教以愛, 使以忠, 敬長老, 親親而尊尊. 不奪民時, 使民不過歲三日. 民家給人足, 無怨望忿怒之患, 強弱之難, 無讒賊妬疾之人. 民修德而美好, 被髮衔哺而游, 不慕富貴, 治惡不犯. 父不哭子, 兄不哭弟.……囹圄空虛, 畵衣裳而民不犯. 四夷傳譯而朝. 民情至樸而不文."

통하여 구성원들이 궁극적으로 '성정이 지극히 순박해지는' 개인적 성취를 이루는 그러한 사회이다. 이것은 두말할 필요도 없이 정치란 통치자가 피통치자들을 다스리는 것이 아니라 가르치는 것이라는 유학의 전통적인 '교화정치론敎化政治論'이 지향하는 이상사회의 모델이다. 결국 한초에 새롭게 군주전제주의를 지지하는 유학자들은 선진 유학의 이러한 이상정치론을 그대로 수용하면서, 거기에 한제국의 등장에 따른 제국 질서의 유지라는 현실적 수요를 가미시킴으로써 자신들의 이론을 체계화시켰던 것이다. 그것이 전제와 덕치의 결합이라는 형식으로 나타났음은 지금까지 본 바와 같다.

전제와 덕치의 결합이라는 틀 속에서 국가의 존재 목적을 고찰할 때, 그 국가 권력의 집행자인 군주의 성격은 당연히 앞에서 말한 '힘'과 '덕'의 통일체로서 규정될 수밖에 없다. 그들이 볼 때 국가의 통치자는 안으로 자신의 완성된 덕성에 기초하여 피통치자들을 교화할 수 있는 자(內聖)라야 하며, 밖으로 힘을 기반으로 한 제국 질서를 유지할 수 있는 자(外王)라야 한다. 곧 순자가 말하는 '성왕聖王'이 되어야 하는 것이다. 이런 점에서 볼 때 이들은 성왕을 인륜의 수범자인 동시에 제도의 완성자로 보는 순자의 성왕론을 그대로 계승하고 있다고 할 수 있다. 그러므로 결국 군주는 통치자의 이 두 요소를 완벽하게 실현할 수 있는 현실과 이상의 결합체여야 하는 것이다.

국가의 목적을 이렇게 상정할 때, 국가의 제반 요소들은 당연히 이러한 두 가지 요소에 의한 이상정치가 가능한 영역으로 새롭게 개편되어야 한다. 군주전제주의자들이 이 두 요소를 다함께 실현시킬 국가 체제 건설의 수단으로서 바로 예를 주목하였다는 사실은 앞에서 말한 바와 같다. 예는 질서 유지라는 소극적 기능과 도덕적 가치의 구현이라는 적극적 기능을 동시에 갖고 있음으로 해서 이들의 관심에 부응하는 가장 적절한 규범 체계였다. 따라서 이들은 예에 의거한 새로운 통치 질서를 구축함으로써 한이라는 새로운 제국을 그들이 지향하는 덕치가 가능한 영역으로 재편하려고 시도하였던 것이다.

그런데 예를 기반으로 한 새로운 제국 질서의 모색은 자연스럽게 천하를 하나의 '가家'의 영역으로 환치시키려는 노력으로 연결된다. 이 것은 예가 조상에 대한 제례 행위로부터 기원하였다는 점을 고려하면 아주 자연스러운 발상이다. 조상에 대한 제례 행위 속에서 그 제례 참가자들의 서열이 그대로 현실의 가부장적 질서 체계의 서열로 전화되는 과정을 통하여, 예는 순자가 지적했듯이 차별성(分)을 가장 큰 특성으로 지니게 되었다. 이런 예의 특성은 두말할 필요도 없이 군주를 정점으로 하는 피라미드식 질서 체계를 구축하려는 사상가들의 구미에 맞는 것이었다. 그들은 한초에 나타났던 제국 질서의 동요는 예에 입각한 엄격한 신분 질서의 확립으로 막을 수 있다고 생각하였다.

이런 생각에서 그들은 군주전제 체제의 확립이라는 당시의 과제를 이 예에 의거한 신분 질서의 계층 구조로 정립시켰다. 그것이 바로 가부장적 질서 체계의 확대 적용이다. 그것은 곧 군주를 가장으로 하고 관료를 가형家兄으로 하며 피통치자를 자식으로 삼는, 가부장적 위계 질서의 확장을 의미한다. 이런 논리 속에서는 국가가 하나의 거대한 가정으로 탈바꿈하게 된다. 따라서 마치 한 가정의 자식들이 가장에게 무조건 복종해야 하는 것처럼 국가의 구성원들은 통치자에게 무조건 적으로 복종해야 할 의무를 지니게 되는 것이다. 왜냐하면 통치자는 자신들의 부모이기 때문이다.[29] 『효경孝經』이 특히 한대에 중시된 사

---

29) 같은 중앙집권적 지배 체제이면서도 진에서는 아직 가부장적 황제관이 형성되지 않았다는 사실은 이런 점에서 시사적이다. 그것은 같은 전제 체제이면서도 다른, 법을 기

실은 이런 맥락에서 볼 때 별로 특기할 만한 일은 아니다.30) 『대학』의 이른바 '수신修身-제가齊家-치국治國-평천하平天下'의 논리는 바로 이러한 통치 질서를 정당화시키려는 시도에서 비롯된 것이었다.31)

이렇게 되면 천과 군주, 가장이 하나의 연장선 속에 위치하면서, 그것을 기점으로 전개되는 인간의 모든 행위는 하나의 동일한 윤리 체계로 포섭되게 된다. 물론 이러한 논법에서 강조점이 군주에 있다는 것은 의심할 여지가 없다. 이들은 여기서 그치지 않고 군주의 권위를 궁극적으로 인간적 차원을 넘어서는 것으로 절대화시킨다. 곧 군주는 하늘과 땅, 그리고 인간을 포괄하는 질서의 체현자이다.32) 군주가 예의 화신이라는 점에서 본다면 이러한 결론은 필연적이다. 왜냐하면 그 유학적 관점에서 보았을 때 예 자체가 하늘과 땅, 그리고 인간의 질서를 그대로 반영하고 있는 것이기 때문이다.

하지만 군주는 이처럼 절대적 권력을 행사할 수 있는 지위를 보장받는 반대급부로 교화를 행할 수 있는 덕을 갖출 것이 요구된다. 마치 한 가정에서 가장이 가족의 절대적 복종을 받는 대신 애정을 가지고 그 가족을 보살펴야 하는 것과 같은 이치이다. 이것은 군주는 힘과 덕을 함께 구비하여야 된다는 논리의 연장인 셈이다. 『중용』에서는 이 점을 다음과 같이 요약한다.

반으로 하는 진의 지배 체제와 예를 기반으로 하는 한의 지배 체제의 차이성을 잘 보여 주는 사례이기 때문이다. 한제국에서 가부장적 황제관이 형성되는 과정에 대해서는 정하현, 「황제지배체제의 성립과 전개」를 참조하라.

30) 『孝經』은 『論語』와 마찬가지로 한대에 오경으로 편입되지도 않았고 박사가 설치되지도 않았지만 그 중요성이나 연구 정도는 오경에 결코 밑돌지 않았다. 兪啓定, 『先秦兩漢儒家敎育』, 126~129쪽 참조

31) 『大學』의 '平天下'의 이상에 대해서는 徐復觀, 『中國人性論史』, 「第9章 先秦儒家思想的綜合-大學之道」와 김철운, 『유가가 보는 평천하의 세계』를 참조하라.

32) 董仲舒는 '王'자를 天·地·人의 체현을 나타내는 것이라고 풀이한다. 蘇輿, 『春秋繁露義證』, 「王道通」, 328~329쪽, "三劃而連其中, 謂之王. 三劃者, 天地與人也, 而連其中者, 通其道也."

천자가 아니면 예에 대하여 논의할 수 없고 법도를 제정할 수 없으며 문자를 살펴 정할 수 없다. 이제 천하에서 수레는 바퀴 폭을 동일하게 하고 글은 그 문자를 통일하며, 행위는 그 규범을 함께한다. 비록 이런 것들을 제정할 지위는 가졌으나 진실로 그에 합당한 덕이 없으면 예와 악을 감히 만들지 못하고, 비록 그러한 덕은 지녔으나 그에 합당한 지위에 있지 못하면 역시 예와 악을 감히 만들지 못한다.[33]

피통치자를 단순히 다스리는 것이 아니라 가르칠 것을 요구하는 교화정치론에서 가장 중요한 통치 수단인 예와 악은 천자만이 제정할 수 있으며, 또 그 천자는 마땅히 그러한 전권을 행사할 수 있는 권력과 덕성을 함께 갖추어야 한다는 주장이다. 이는 통치자는 권력과 도덕의 결합체여야 한다는 것으로서, 결국 성인이 예악을 만들어야 하고 따라서 현실의 통치자는 성인이어야 한다는 논리이다. 현실적으로 성인이 되어야 하는 통치자는 그런 자격에서 피통치자들을 교화해 나가야 하는 것이다. 물론 이러한 통치 질서 속에서는 예를 위반하는 행위는 바로 통치권을 위반하는 행위로 판단될 수밖에 없다. 따라서 국가의 구성원들은 그 예를 준수함으로써 곧 군주로 대표되는 국가 권력에 일차적으로 복종하게 되며, 동시에 국가 권력은 그 복종의 궁극적 근거를 교화라는 정치 행위로 정당화함으로써 구성원들에 대한 우위를 확보하는 것이다.

이런 논법에서 국가가 구성원들보다 우위에 있다고 하는 의미는 국가가 하는 모든 행위는 도덕적으로 용인되며, 또 국가는 실제로 그러한 의무를 지고 있다는 뜻이 된다. 군주전제주의를 정당화하는 사상가

---

33) 『中庸』, 28장, "非天子, 不議禮, 不制度, 不考文. 今天下, 車同軌, 書同文, 行同倫. 雖有其位, 苟無其德, 不敢作禮樂焉; 雖要其德, 苟無其位, 亦不敢作禮樂焉."

들은 이렇게 함으로써 전제라는 정치 체제에 새로운 의미를 부여하고자 했던 것이다. 바로 공자로부터 면면히 지속되어 온 유학의 가족주의적 요소가 예를 매개로 현실을 이끄는 실질적인 이데올로기로 탄생하는 장면이다.

그런데 선진 유학에 비해 상대적으로 두드러진 한초 유학자들의 이와 같은 가부장적 군주관은 결과적으로 이들의 정치 이념인 덕치의 성격에도 중대한 영향을 미친다. 그것은 곧 '덕치의 전제화' 현상이다. '덕치의 전제화'란, 말 그대로 덕치의 전제적 성격이 보다 강화되는 현상을 가리킨다. 물론 앞에서도 말했듯이 덕치란 기본적으로 군주제에서 착상된 정치 이념이므로 그 자체가 전제적 성격을 지니고 있다고 볼 수 있다. 여기서 새삼스럽게 그것을 다시 거론하는 이유는 한초 유학자들이 선진 유학에 비하여 이 점을 보다 분명히 하였기 때문이다. 이 점을 맹자와 동중서의 인정仁政 이론을 비교함으로써 살펴보자.

맹자의 인정 이론의 밑바탕에는 그의 인성론이 깔려 있다. 맹자에 따르면 인간은 누구나 선의 단서를 가지고 있는데, 그것은 구체적으로 인의예지의 단서인 측은해 하는 마음, 부끄러워하고 미워하는 마음, 사양하는 마음, 옳고 그름을 가리는 마음이다.34) 인정이란 통치자가 바로 자신의 이러한 자각심에 의거하여 행하는 통치이며, 이렇게 되면 그것의 효과가 피통치자들에게도 바로 나타나는 것이다. 왜냐하면 피통치자들도 통치자와 마찬가지로 그러한 본성적인 자각심을 가지고 있는 존재이기 때문이다. 이렇게 볼 때 인성론에 기반을 둔 맹자의 인정 이론은 그 성격상 통치자와 피통치자의 구별을 거부한다고 할 수 있다. 통치자와 피통치자가 모두 어떤 외부적인 힘이 아니라 자신들의

---

34) 楊伯峻, 『孟子譯注』, 「公孫丑上」 6, "惻隱之心, 仁之端也, 羞惡之心, 義之端也, 辭讓之心, 禮之端也, 是非之心, 智之端也."

자발적인 공부를 통하여 모두 요·순과 같은 바람직한 인간으로 성장할 수 있으며, 인정이란 통치자가 그러한 자신의 공부를 외부로 드러낸 것에 불과한 것이기 때문이다.

이런 점에서 맹자가 말하는 인정이란 통치자가 사람인 이상 누구나 가지고 있는 '차마 하지 못하는 마음'(不忍人之心)을 그대로 정치에 투영한 것일 뿐이다. 통치자 입장에서 본다면 본디부터 가지고 있는 그러한 마음으로 그것에 근거한 정치를 행하므로 전혀 어려울 것이 없게 된다.35) 그러므로 맹자에게서는 인정이란 결국 보편적인 인간성에서 유래된 정치 형태인 셈이다.

그러나 동중서의 경우는 이와 다르다. 우선 동중서는 인성론에서 맹자와 같은 인성의 보편성을 인정하지 않는다. 동중서는 성이란 인간이 타고난 그대로의 바탕이라고 주장한다.36) 그런데 이 바탕으로서의 '성性'은 '정情'을 포함하고 있다. 따라서 성 그 자체를 선이라고 판단하는 것은 잘못된 것이다. 왜냐하면 그렇게 되면 정으로서의 성을 도외시하고 성의 일면만을 들어 말하는 것이기 때문이다.37) 정까지를 포함한 성 전체를 대상으로 할 때 그것은 선이라고 할 수 없다. 정이 있기 때문이다. 여기까지는 맹자의 이론과 다를 바가 없다. 맹자도 성에는 선의 단서(端)가 있다고 했지 성 자체가 이미 선한 것이라고는 하지 않았기 때문이다. 동중서의 성론은 다음과 같은 면에서 맹자의 그것과 방향을 달리한다.38)

---

35) 같은 책, 같은 곳, "人皆有不忍人之心. 先王有不忍人之心, 斯有不忍人之政. 以不忍人之心, 行不忍之政, 治天下可運之掌上"
36) 蘇輿, 『春秋繁露義證』, 「深察名號」, 291~292쪽, "其生之自然之資, 謂之性. 性者質也."
37) 같은 책, 같은 곳, 298쪽, "天地之所生, 謂之性情. 性情相與爲一瞑, 情亦性也. 謂性已善, 奈其情何?"
38) 이하 董仲舒의 인성론은 『春秋繁露』의 「深察名號」와 「實性」편의 내용을 중심으로 한 것이다.

동중서의 이론에 따르면 인성은 세 가지로 그 층차가 구분된다. 그것은 각각 '성인의 성'과 '중민中民의 성', '두소斗筲의 성'이다. '성인의 성'은 가장 이상적인 인간형을 말하는 것이고 '두소의 성'은 '도량이 좁은 자의 성'이라는 의미로 개선의 여지가 없는 가장 하층의 인간형을 말한다. 이런 특징 때문에 동중서는 자신이 논하고자 하는 인성은 보통사람, 즉 '중민'의 성임을 먼저 명백히 한다.[39] 동중서에 따르면 이러한 중민의 성은 선천적으로 타고난 '바탕'(質)에 불과 할 뿐이다. 그 자체는 선도 아니고 악도 아니다. 그런데 바탕으로서의 성은 '탐욕'(貪)과 '어짊'(仁)의 두 기질을 지니고 있다. 인성이 선·악 어느 쪽으로 발현되는가는 이 두 기질 중 어느 것을 계발하느냐에 달려 있다. 그런데 문제는, 중민의 경우 자력으로 인성을 선으로 이끌 수 없다고 보는 데 있다. 그는 이것을 고치와 실, 달걀과 병아리의 비유를 통하여 논증한다.

본성이란 고치나 계란과 같다. 계란은 어미 닭이 품어 준 뒤라야 병아리가 되고 고치는 그것을 켠 후라야 실이 되듯이, 본성은 교화를 받아야 선이 된다. 이것을 올바른 천도라고 한다. 하늘이 사람의 본성을 부여할 때 선할 수 있는 바탕은 주었지만 아직 선이라고 볼 수 없다. 그렇기 때문에 왕을 세워 본성을 선하게 만들었던 것이다. 이것이 하늘의 뜻이다. 즉 사람은 아직 선하지 않은 본성을 하늘로부터 받고 뒤에 왕으로부터 그 본성을 완성시키는 가르침을 받는 것이다. 그러므로 왕은 하늘의 뜻을 받들어 사람의 본성을 완성시키는 것을 소임으로 하는 자이다.[40]

---

39) 같은 책, 같은 곳, 300쪽, "名性, 不以上, 不以下, 以其中名之."
40) 蘇輿, 『春秋繁露義證』, 「深察名號」, 300~302쪽, "性如繭如卵. 卵待覆而成雛, 繭待繅而 爲絲, 性待敎而爲善, 此之謂眞天. 天生民性, 有善質 而未能善. 於是爲之立王以善之, 此天意也. 民受未能善之性於天, 而退受成性之敎於王. 王承天意, 以成民之性爲任者也." 『淮南子』에도 이와 거의 비슷한 인성론이 보인다. 劉文典, 『淮南鴻烈集解』, 「泰族訓」, 671쪽 참조

고치와 달걀이 실과 병아리로 되기 위해서는 '실을 뽑는' 과정과 '어미 닭이 품는' 과정이 필요하듯이, 중민의 성도 '교화'라는 외부적인 힘을 거쳐야만 선으로 전화될 수 있다는 논리이다. 맹자는 적어도 이론적으로는 모든 사람이 선의 가능성을 자각할 능력이 있다고 주장하고 그로부터 개인의 공부를 통하여 그 가능성을 극대화할 수 있다고 보았지만, 동중서는 이와 같은 이유 때문에 처음부터 그러한 자발적인 공부를 부정한다. 인간이 가지고 있는 선의 가능성은 위의 내용에서도 보듯이 어디까지나 통치자의 교화를 거쳐야만 현실화될 수 있다. 그러므로 통치자를 제외한 나머지 사람들에게서 자발적인 인의 발휘를 기대할수는 없다. 그것은 통치자가 하늘의 뜻을 본받아 피통치자들에게로 유입시킬 때 발휘될 수 있을 뿐이다.

결국 동중서가 볼 때 본성은 단지 하늘로부터 부여받은 바탕에 불과한 것이고 선이라는 덕목은 반드시 군주의 교화를 통해서만 이루어지는 것이다. 바탕이 없으면 교화도 불가능하지만 마찬가지로 교화가 없으면 인간의 본성도 선해질 수 없다. 이렇게 되면 덕치라는 정치적 이념의 구체적 표현인 인정은 통치자의 고유한 특권이 된다. 그것은 맹자와 같이 인의 보편적인 본성에 기반을 둔 자연적인 정치 형태가 아니라 통치자의 특수한 지위에서 유래하는 특별한 정치 형태가 되는 것이다. 이러한 인정 관념의 변화는 한초의 유학자들이 기존의 전제 체제를 긍정하고 그것과의 관련 속에서 자신들의 덕치 이론을 전개해 가는 과정에서 야기된 변화라고 하겠다. 결국 덕치와 전제의 동시 추구라는 그들의 관심으로 인해 덕치 이론이 보다 전제화되는 결과를 가져온 것이다.

일반적으로 선진 시대의 인성론은 인간 본성의 선악을 어떻게 규정하느냐에 따라 다음의 네 가지 유형으로 분류된다. 즉 인간의 본성은 선하다, 악하다, 선하지도 악하지도 않다, 그리고 선악이 섞여 있다는 네 가지 주장이 그것이다. 결론부터 말하자면, 전국말에서 진·한의 교체기를 거쳐 한대를 일관되게 흐르는 인성론의 주류는 네 번째 인성론이다. 그런데 이 입장은 현실적으로 존재하는 인간성의 악한 측면을 인정하고 그것을 선한 방향으로 유도할 것을 주장하는 점에 그 특징이 있다. 동중서의 경우에서 우리는 이러한 입장의 전형을 볼 수 있는 것이다.

그런데 이상과 같은 인간 이해는 이 시기에 자의적으로 형성된 해석이라기보다는 춘추에서 한에 이르는 역사의 흐름에서 필연적으로 파생된 것이라고 보는 것이 타당하다. 앞에서도 언급했듯이 춘추·전국을 거치면서 한에 이르는 역사의 과정은, 정치적 지배 체제의 측면에서 볼 때 봉건제에 기초한 지방분권적 지배 체제의 붕괴에서 군현제를 기반으로 하는 중앙집권적 지배 체제의 확립으로 이어지는 과정이다. 따라서 이 과정은 봉건제가 가능하였던 씨족적 질서가 그보다 더 작은 단위인 가족 및 개인으로 이행하는 과정이라고 할 수 있다.

사회의 구성 단위가 씨족에서 가족으로 해체되는 이 과정은 기존의 씨족공동체에서 기능하던 윤리 체계를 와해시키는 결과를 낳는다. 씨족공동체와 같은 폐쇄적 사회 체제는 기본적으로 구성원들간의 높은 인지도를 매개로 하여 윤리적 합의가 쉽게 도출될 수 있는 특성을 지닌다고 할 수 있다. 따라서 이러한 사회에서는 이른바 '대면對面 윤리 체계'가 자리잡는 경향이 강하다. 이런 특징으로 인하여 그 사회의 구성원들간에는 모범적인 인간형에 대한 합의가 수월하게 이루어지며, 이것은 바로 그들로 하여금 스스로 그러한 인간형이 되고자 하는 자발적 윤리 의식을 불어넣게 된다. 이와 달리 구체적 가족 및 개인을 기본 구성 단위로 하는 사회에서는 구성 단위들 간의 다양한 이해 관계가 얽혀 위와 같은 윤리적 합의를 쉽게 도출할 수 없게 된다. 따라서 이러한 사회 체제에서는 일반적으로 구성원 개개인의 도덕적 성취보다는 구성원들간의 합리적 공존을 위한 최소의 윤리 체계가 발달하는 경향이 강하다고 할 수 있는데, 이 시기의 인성론은 바로 이러한 사회적 변화가 반영된 결과인 것이다.[41]

이 점은 특히 진·한제국의 통일이 구체적으로 전국 시대의 육국을 통합하는 과정임을 고려할 때 더욱 분명해진다. 비록 교류는 활발하였다 하더라도 기본적으로 서로 다른 특색을 유지하던 문화권들이 하나로 통합되면서 가치 체계의 혼란을 가져왔으리라는 것은 쉽게 짐작할 수 있다.[42] 씨족공동체를 기본 구조로 하던 '제후국'의 형세가 '천하가 하나의 가家로 되는' 상황으로 바뀌는 과정에서 그러한 공동체에서 기능하던 윤리 체계는 붕괴되었으며, 이러한 상황에서 지식인들은 당연히 새로운 윤리 체계의 수립이라는 현실적 요구에 직면하였던 것이다. 그러나 이미 윤리적 합의가 쉽게 도출될 수 없다는 현실적 제약이 인성을 조절 내지 교정의 대상으로 먼저 인식하게 하는 윤리 체계로 전환하도록 만든 것이라 볼 수 있다. 그리고 한초 유학자들의 경우처럼 덕치와 전제를 하나로 결합시키려는 관심 속에서는, 사회 구성원이 준

---

41) 중국의 선진 사상사에서 현실지향적인 네사람의 대표적 사상가, 곧 孔子, 孟子, 荀子, 韓非子의 사상 경향을 살펴보면 이 시기의 이러한 사회적 변화에 대처하고자 하는 지식인들의 노력을 쉽게 확인할 수 있다. 다소 단순화의 오류를 무릅쓰고 이들의 핵심적인 철학 개념을 추출한다면, 그것은 차례로 '仁', '義', '禮', '法'이라고 할 수 있다. 따라서 우리는 이러한 철학 개념의 흐름을 통하여 선진의 사상사가 내재적 가치 규범에 대한 논의에서 외재적 사회 규범에 대한 논의로 이행되어 온 역사임을 다시 한 번 확인할 수 있다.

42) 이 점에서 秦의 멸망은 다양한 제후국이 통합되는 과정에서 진이라는 하나의 제후국에서 통용되던 통치 방식을 다른 모든 제후국의 영토에 무차별적으로 적용함으로써 생긴 갈등에서 비롯되었다는 분석도 가능하다. 任繼愈 主編, 『中國哲學發展史』 秦漢, 86쪽.

수해야 할 규칙을 제정하고 구성원의 인성을 그 규칙에 접합하게끔 교정하는 역할이 자연스럽게 통치자인 군주에게로 귀속되는 것이다.

한초 유학자들이 덕치와 전제의 결합이라는 자신들의 시대적 과제를 해결하기 위한 방안으로 추구했던 가부장적 군주상은 여기까지 오면 그 온전한 모습을 드러낸다. 한초의 유학자들은 이와 같은 군주상을 조형해 냄으로써 제국 질서의 수호를 고민하던 권력의 기대에 가장 성공적으로 부응해 갔다. 그리고 그 대가로 유학이 얻은 것은 공자에서 비롯된 가르침만이 권력으로부터 공인받는 배타적 권리였다. 원광 원년의 사건은 이 협상을 비준하는 일종의 조인식이었던 셈이다. 이제 바야흐로 유학의 텍스트가 절대적 권위를 지니는 바이블로 격상되는 시대, 즉 경학의 시대가 시작되는 것이다.

하지만 권력과 도덕의 결합이 대부분 전자에 의한 후자의 지배라는 결과를 낳는다는 것은 인간의 역사가 실증해 준 그대로이다. 경학의 역사도 이 점에 있어서는 크게 예외가 아니다. 이후의 중국 역사 속에서 '덕'이 '힘' 앞에서 좌절된 예를 찾기란 어렵지 않다. 이런 점에서 본다면 한대 경학의 운명은 그 시작에서부터 이미 예고되고 있었는지도 모른다.

9. 경학의 세 얼굴

    이른바 '경經'이란 무엇인가에 대해서는 그것의 유래와 의미와 관련하여 여러 가지 대답들이 있어 왔다.[1] 그러나 중요한 것은 그런 것들이 아니다. 한대에서 '경'이 가지는 지위나 담당했던 기능을 고찰하고자 할 때 더욱 중요한 것은 다른 누구가 아니라 한대인들이 그것을 어떻게 보았느냐 하는 점이다. 이 문제와 관련하여 우리는 한대에서 헌법에 필적하는 권위를 지녔던『백호통白虎通』에서 그 명쾌한 대답을 찾을 수 있다.『백호통』은 '경'을 이렇게 말한다.

    경은 영원불변함(常)을 뜻한다. 다섯 가지 영원불변한 도가 있으므로, 따라서 오경五經이라고 한다.[2]

    '경'과 '경학'이 한대에 어떤 지위를 누렸으리라는 것은 이 짤막한 정의로부터 쉽게 짐작할 수 있다. 실제로 유학이 일단 주도적인 위치를

---

1) 侯外廬 外,『中國思想通史』二, 315~323쪽 참조
2) 陳立,『白虎通疏證』,「五經」, 447쪽, "經, 常也. 有五常之道, 故曰五經." '五常'은 물론 仁, 義, 禮, 智, 信을 가리킨다. 그런데『白虎通』은 특징적으로 이 五常을 각각『樂』, 『書』,『禮』,『易』,『詩』와 결부시키고 있다. 이것은, 다음에서도 보듯이, 일반적으로 꼽는 五經과 차이가 나는 부분이다.

차지하게 되자 유학이 근거하고 있던 전래의 서적들, 즉『역易』,『서書』,『시詩』,『예禮』,『춘추春秋』는[3] 뒤에 '경'이라는 꼬리말이 붙으면서 독존적인 권위를 행사하기 시작하였다. 한대인들에서 이들 '경'이 차지하고 있던 권위는 가히 절대적이었다. 피석서皮錫瑞는 이 점에 대해, 한대인들은 "「우공禹貢」으로 황하를 다스렸고, 「홍범洪範」으로 변화를 살폈으며,『춘추』로 옥사를 판결하였고, 305편으로 간언하는 책을 삼았다"고 하여 한대의 이런 분위기를 설명한다.[4] 특히 이른바 경학의 '사법師法'과 '가법家法'이 확립되면서부터 '경'을 절대시하는 풍조는 일종의 판례에 해당하는 '조례條例'라는 형식을 통하여 종국엔 법전화되기에 이른다.[5]

그렇게 법전화된 경은 한대인들의 의식주 문화에서부터 시작하여 일상 생활 전반을 지배해 갔다.[6] 하지만 그 가운데에서도 가장 상징적인 사례는 역시 '춘추결옥春秋決獄'이라 불리는 한대의 법문화일 것이다. '춘추결옥'은 앞의 피석서의 말에서도 이미 나왔듯이,『춘추』에 의거하여 사법적 판결을 내리는 것을 말한다.[7] 사법 사건에 대한 이 '춘

---

3) 五經에 대한 이 순서는『漢書』권88 「儒林傳」에 기재된 순서에 따른 것이다. 일반적으로 '六經'을 순서짓는 방식은 예로부터 여러 가지가 있어 왔는데, 세부적인 차이를 무시하고 크게 구분한다면『詩』・『書』・『禮』・『樂』・『易』・『春秋』로 하는 방식과『易』・『書』・『詩』・『禮』・『樂』・『春秋』로 하는 두 가지 방식이 대표적이다. 한대의 경학사에서 말한다면, 전자는 금문학파가 취한 방식이고 후자는 고문학파가 선호한 방식이다. 王靜芝 편저,『經學通論』上冊, 23~30쪽. 六經의 순서를 둘러싸고 드러난 금문과 고문경학파의 이러한 차이는 이 두 학파의 학문적인 입장과 연관되어 있다.

4) 皮錫瑞, 이홍진 역,『중국경학사』, 64~65쪽. 「우공」과 「홍범」은 각각『書經』의 편명이고, '305편'은『詩經』을 말한다.

5) 章權才,『兩漢經學史』. 85~87쪽.

6) '經'이 한대인들의 일상 생활에 미친 영향에 대한 개략적인 스케치는 晉文, 「漢代的以經治國與社會生活」을 참조하라.

7) '춘추결옥'의 실제에 있어서는『춘추』뿐만 아니라『시경』이나『예기』와 같은 여타의 경들도 결옥에 활용되었다. 이 점에 대해서는 이인철, 「春秋決獄의 개념에 대한 재검토—董仲舒『春秋決獄』의 사례를 중심으로」를 참조하라.

추결옥'의 판결 방식은 동기주의적 관점을 견지한다. 그것은 '동기를 살펴서 죄를 논함'(原心論罪)을 치죄의 대원칙으로 삼는 방식이다.[8] 이 점을 동중서는 다음과 같이 간결하게 정리한다.

『춘추』가 사법 사건을 판결하는 것은 반드시 그 사실에 근거하여 처음의 뜻을 살핀다. 뜻이 사악한 자는 범죄가 실제로 이루어질 때를 기다리지 않고, 범죄의 수괴는 그 죄를 가중처벌하며, 원래의 동기가 곧았던 자는 단죄를 가볍게 한다.[9]

여기서 '범죄가 실제로 이루어질 때를 기다리지 않는다'는 것은 그 전에라도 처벌한다는 말이다. 춘추결옥의 강력한 동기주의적 시각을 읽을 수 있는 대목이다. 그런데 이와 같은 강력한 동기주의는 사실 『춘추』를 해석하는 한대 공양학파의 중심 논리인 '미언대의'를 고려할 때 충분히 예견될 수 있는 부분이기도 하다.

한대에 춘추결옥의 대표적인 전문가는 『춘추』의 그 '미언대의'를 강조했던 동중서다. 동중서는 실제로 자신이 행한 춘추결옥의 사례들을 모아 일종의 판례집에 해당하는 저서를 쓰기도 했는데, 이 가운데 현재 남아 있는 사례는 모두 여섯 가지이다.[10] 다음은 남아 있는 그 여섯 가지 사례 가운데 하나이다.

---

8) 兪榮根, 『儒家法思想通論』, 576~577쪽.
9) 蘇興, 『春秋繁露義證』, 「精華」, 92쪽, "『春秋』之聽獄也, 必本其事而原其罪. 志邪者不待成, 首惡者罪特重, 本直者其論輕."
10) 『漢書』「藝文志」에 "『公羊董仲舒治獄』16篇"이라는 기록이 있다. 이것은 동중서가 무제의 자문에 답하여 주로 『공양춘추』의 원리에 근거하여 사법 사건을 판결한 내용들로 구성된 책인 듯하다. 처음에는 232조항이 있었으나 송나라 때에 이미 산실되고 현재는 다만 6조항만 전한다. 이세걸 解譯, 『한서예문지』, 90쪽; 이인철, 「春秋決獄의 개념에 대한 재검토—董仲舒『春秋決獄』의 사례를 중심으로」, 2~3쪽 참조

판결요청 사례(疑獄) : 갑은 아들이 없었는데, 길에서 버려진 아이인 을을 주워 양육하여 아들로 삼았다. 을이 장성하여 살인을 저지르게 되었는데, 그 사실을 갑에게 알렸고 갑은 을을 숨겨 주었다. 갑은 어떤 죄를 받아야 하는가?

중서가 판결하여 말한다 : 갑은 아들이 없어 을을 거두어 양육하였는데, 비록 낳은 자식은 아니지만 그 무엇을 준들 바꾸려 하겠는가?『시』에서는 "나방이 알을 슬면 나나니벌이 업어 주네"라고 하였으니, 『춘추』의 정의는 아비가 자식을 위해 숨겨 주는 것이다. 갑은 마땅히 을을 숨겨 주어야 한다.[11]

살인한 아들을 숨겨 준 아버지를 처벌해야 하는가 하는 사법적 문제에 대하여 '아버지가 자식을 위해 숨겨 준다'는『춘추』의 사례에 입각하여 무죄로 판결하고 있는 모습이다. 여기서 판단의 근거가 된『춘추』의 사례는 혼처가 아닌 남자와 사통했던 노魯나라 문공文公의 누이동생 숙희叔姬의 죄를 덮어 주고자 했던 부모의 마음을 언급한『춘추공양전』「문공 15년」의 기사이다.[12] 동중서는 이 기사에 의거하여 자식의 죄를 덮어 주려는 부모의 행동은 단죄의 대상이 되지 않는다고 판단을 내린 것이다. 이것은 물론 범인을 은닉한 경우 처벌을 규정한 실정법의 조항과 배치되는 판결이다.

물론 그렇다고 한대에 춘추결옥이 항상 모든 실정법에 우선하는 초법적 기능을 수행했다는 것은 아니다. 그것은 대체적으로 실정법에

---

11) "疑獄曰: 甲無子, 拾道旁棄兒乙養之, 以爲子. 及乙長, 有罪殺人, 以狀語甲, 甲藏匿乙. 甲當何論? 仲舒斷曰: 甲無子, 振活養乙, 雖非所生, 誰與易之? 『詩』云: '螟蛉有子, 蜾蠃負之.' 『春秋』之義, 父爲子隱. 甲宜匿乙."(이인철, 「春秋決獄의 개념에 대한 재검토─董仲舒『春秋決獄』의 사례를 중심으로」, 4쪽에서 재인용. 여기서 나방의 알과 나나니벌의 관계는 사례에서 아버지와 양자인 아들의 관계를 상징한다.

12) 이 기사의 전체적인 맥락에 대해서는 이인철, 「春秋決獄의 개념에 대한 재검토─董仲舒『春秋決獄』의 사례를 중심으로」, 28~29쪽을 참조하라.

규정되어 있지 않은 사건이나 실정법에 규정은 되어 있지만 처벌의 유무를 결정하기 곤란한 경우 등에 주로 적용되었다.[13] 하지만 한대의 법문화에서 『춘추』를 비롯한 유학의 경전들이 실정법을 초월하거나 적어도 그에 버금가는 권위를 지녔다는 점은 부인할 수 없다.

그런데 무제가 '오경'에 박사관을 설치한 사건을 계기로 점차 가시화되기 시작한[14] 이러한 전통은 앞에서 말했듯이 권력의 요구와 유가들의 관심이 절충된 산물이었다. 유학이 국가의 공식적인 이데올로기가 된다는 것은 유학이 보호와 특권을 약속받는 대가로 정치 권력을 위한 이론적 뒷받침을 담당하는 상부상조의 공존 관계가 구축됨을 의미한다. 따라서 유학자들은 그런 타협을 통하여 자신들의 학문을 '경'으로 특화시킴으로써 배타적인 특혜를 누렸고, 통치 계층은 유학을 통하여 통치에 유효한 이데올로기를 공급받을 수 있었던 것이다.

그리하여 오경에 박사관을 설치한 이후에는 모든 관리를 경에 대한 이해도에 따라 선발하였으므로 유학의 권위는 거의 절대적이었다. 이런 시책은 무제가 박사였던 공손홍의 건의를 수용하면서부터 시작되었는데,[15] 이런 분위기는 갈수록 심화되어 원제元帝 때는 심지어 한 가지 경만이라도 능통한 사람에게는 요역을 면제해 주기까지 하였다.[16] 그리하여 중국에는 자식에게 황금을 물려주는 것보다 경 하나를

---

13) 한대 춘추결옥의 주된 양태에 대해서는 이인철, 「漢代 春秋決獄과 權斷의 諸形態」를 참조하라.

14) 六經이 아니라 五經에만 박사관이 설치된 이유는 『樂』이 다른 경전들과는 달리 독립된 서책으로 존재해 오지 않았기 때문이다. 『樂』의 존재 여부에 대해서는, 그것이 독립된 서책으로 존재해 왔으나 秦의 焚書 사건으로 없어졌다는 주장과 원래부터 독립된 서책으로는 존재하지 않고 다만 『詩』에 붙여진 악보를 의미했을 것이라는 주장 두 가지가 있는데 후자의 관점이 더 지배적이다. 이 문제에 관한 논의는 王靜芝 편저, 『經學通論』上冊, 30~36쪽 참조하라.

15) 『漢書』 권88, 「儒林傳」, 3593~3596쪽 참조

16) 같은 책, 같은 곳, "元帝好儒, 能通一經者皆復."

가르치는 것이 더 낫다는 속담까지 유행할 정도였다.[17]

　일반적으로 지적되는 경학적 사고의 여러 특징들, 예를 들어 권위에 대한 숭배라든가 사유의 규격화 내지는 공식화, 그리고 모든 것을 경에 의거하여 판단·처리하려는 태도와 그에 따른 복고적인 성향 등등[18]은 경학을 둘러싸고 있는 이런 분위기로부터 필연적으로 도출될 수밖에 없는 것들이었다. 경학은 '대일통'이라든가 '한대예정설', '삼강육기三綱六紀'등의 이론을 정립해 냄으로써 제국적 질서의 구축을 원하는 권력의 요구에 충실히 부응하였고, 또 그런 작업을 통하여 자신이 의도하는 세계를 실현시키고자 노력하였다. 우리가 지금까지 살펴본 '덕치'와 '전제'의 이중주가 바로 그것이다. 그렇게 하여 유학은 경학으로 더욱 성공적으로 변신하여 갔고, 그 결과 이후의 한대 학술사를 '경학사'란 이름으로 특징짓게 만들었던 것이다.

　이렇듯 유학의 변신과 그 결과로 확립된 '독존유술'의 상황으로부터 시작된 한대 경학의 역사는 크게 세 가지 흐름으로 요약된다. 금문경학今文經學과 고문경학古文經學, 그리고 참위讖緯가 그것이다. 이 세 가지 흐름은 때로는 서로 반목하기도 했지만 궁극적으로는 체제 유지라는 동일한 목적을 위하여 서로 유기적인 관계를 형성하면서 한대 경학사를 실질적으로 이끌어 갔다.

　오경박사의 설치로부터 시작된 서한 초기 금문경학의 생명력은 아마도 그 개혁 정신에서 찾아야 할 것이다. 앞에서도 보았듯이, 동중서를 대표로 하는 금문경학자들은 새로운 시대의 이데올로기 담당자라는 자부심에 넘쳐 있었다. 그리고 그들은 자신들의 그러한 자부심을 경전 해석이라는 방식을 통해 표출시켰다. 그들은 공자를 개혁적 성향

17) 같은 책 권73, 「韋賢傳」, 3107쪽, "故鄒魯諺曰: '遺子黃金滿籝, 不如一經.'"
18) 劉澤華, 「漢代『五經』崇拜與經學思惟方式」, 64~67쪽.

의 정치가로 변신시키고, 그의 메시지를 해독하여 오늘에 실현시킨다는 기치 아래 경전들을 해석해 나갔다. '『춘추』의 한대예정설'은 그러한 노력의 결정품이다.

'한대예정설'은 단순히 권력의 정당성을 옹호하는 성격만을 지니지는 않는다. 그 주장 속에는 이중적인 복선이 깔려 있다. 한제국의 출현은 이미 예정되어 있었다는 이론은 한편으로는 현실 권력의 정당성을 지지하는 효과도 가지고 있지만, 다른 한편으로는 또 그렇게 출현한 한이라는 국가의 통치 이념이나 제도 등도 이미 예정되어 있다는 주장을 함축하고 있기 때문이다. 그리고 이런 논리 속에서 무엇보다도 중요한 것은 그렇게 예정된 이념이나 제도가 어떤 것이냐를 해석해 내는 권리가 일차적으로 경학자들 자신에게 귀속된다는 점이다.

서한 초기의 금문경학자들은 자신들에게 부여된 그러한 특권을 최대한으로 활용하여 권력에 대해 이른바 '미언대의微言大義'를 역설해 나갔다. '미언대의'란『춘추』에 들어 있는 '평범한 기록'(微言)들을 통해 '한대예정설'과 같은 '큰 의미'(大義)를 읽어 낸다는 뜻이다. 따라서 이런 태도에는『춘추』의 모든 기록이 단순한 역사적 사건에 대한 나열이 아니라 고도로 압축된 메시지를 담고 있는 일종의 암호문이라는 믿음이 깔려 있다. 금문경학의 그런 관심은『춘추』삼전 가운데『공양전』의 해석을 통해 주로 이루어졌는데, 이것은『춘추』삼전 가운데『공양전』이 그런 색채가 가장 농후했기 때문이다.

이런 점에서 본다면,『공양전』과『예기』「왕제」편이 금문경학에서 가장 주목을 받았다는 사실도 이상한 일은 아니다.『춘추』삼전 가운데 가장 미언적인 요소가 강한 것이『공양전』이고, 「왕제」에는 황제를 정점으로 하는 대일통의 제도적 청사진이 담겨 있기 때문이다. 금문경학의 출발과 함께 확립되기 시작한 ‘사법’의 주된 내용이, 상하귀천의 신분적 질서를 정당화하고 다시 그것을 도덕적인 능력과 연결시키며 한족漢族과 타민족의 경계에 대해서 언급한 것으로 주로 채워져 있다는 것도 금문경학의 이러한 특성을 충분히 읽게 해 준다.[19]

그러나 금문경학의 이러한 전통은 그 자체 내에 이미 쇠락의 단서를 품고 있는 것이기도 했다. 왜냐하면 금문경학이 실현시키려고 했던 개혁이라는 것이 본질적으로 체제 내적인 것이었기 때문이다. ‘한대예정설’에서도 보듯이, 그들이 추구했던 것은 한이라는 제국을 ‘공자의 미언’이 실현되는 장으로 삼으려는 것이었지 그 체제 자체를 부정하려는 것은 아니었다. 더구나 개혁이라는 것은 그 본성상 체제가 아직 뿌리를 내리지 못할 때를 전제로 하기 때문에, 한제국의 체제가 점차 안정을 이루어 감에 따라 그 개혁의 구호는 자연히 빛을 잃을 수밖에 없었다. 그런 상황에서 예상되는 가능성은 권력에 의한 학문의 순치만이 남아 있을 뿐이다.

한초의 유학자들이 획득해 낸 ‘독존유술’의 개가는 이런 점에서 상황을 더욱 악화시키는 족쇄로 작용하였다. 경쟁이 없는 학문의 생명력은 이미 그 자체의 동맥경화를 예고하는 것이기 때문이다. ‘사법’에서 ‘가법’으로의 변화, 또 그 ‘가법의 무수한 분화’는 경쟁 상대가 없는 학문의 경화 현상을 그대로 보여 준다. 여기에다 경학에 대한 이해도가 관리 선발의 기준으로 자리잡게 됨에 따라 경학이 출세의 유용한 수단

---

19) 章權才,『兩漢經學史』, 90쪽. 지금 우리가 접할 수 있는 책 가운데 금문경학의 이러한 특성을 가장 잘 보여 주고 있는 것은 아마도 동중서의 『춘추번로』일 것이다. 경전에 대한 직접적인 해석서는 아니지만 『춘추번로』 속에서는 금문경학자들이 ‘微言’을 통해 ‘大義’를 추출해 내는 방식이나 ‘대일통’의 이념과 그것을 뒷받침해 주는 제도에 대한 모색, 나아가 음양오행설로 이런 것들을 정당화시키려는 그들의 노력 등을 확인할 수 있다. 더구나 현존하는 금문경전이 하휴의 『春秋公羊解』 하나 뿐이라는 점에서도 『춘추번로』는 동중서 개인의 사상서라는 의미를 넘어 그 이상의 가치를 지닌다.

으로 인식되면서 상황은 한층 악화되어 금문경학은 그 개혁적인 색채를 더욱 급속히 잃어 갔다. 이 과정을 『한서』는 다음과 같이 전한다.

> 무제 때 오경박사를 설립하고 제자원을 개설하면서 경전을 통해 관리를 뽑는 제도를 시행하고 관직과 봉록으로써 그것을 권면케 한 후 원시元始 연간에 이르기까지 백여 년이 경과하였다. 이에 경학을 전수하는 사람들이 날로 많아지고 지엽적인 것에만 매달리는 자들도 더욱 많아졌다. 그리하여 하나의 경전에 대한 해설이 백여 만 자에 달하고 대사大師의 무리가 천여 명에 이를 정도였으니, 이는 모두 관직의 봉록에만 일로매진하는 행태들이 그렇게 만든 것이다.[20]

'원시'는 서한 평제平帝 때(기원후 1~5)의 연호이다. 그리고 무제가 오경박사를 설치한 연도가 기원전 136년(建元 5년)이니까, 여기서 말하고 있는 '백여 년'은 정확하게 짧게는 137년에서 길게는 141년에 이르는 기간이다. 그러므로 여기서 묘사하고 있는 상황은 서한의 금문경학이 일직선으로 달려온 내용이라고 할 수 있다.

'사법'이나 '가법'의 예에서도 보듯이, 학문 탐구의 방향이 정해져 있다는 것은 학문의 생명인 창조성을 질식시킬 수밖에 없다. 그리고 그러한 창조성의 결여는 또 필연적으로 개혁적 성격의 퇴조를 가져온다. 그것은 고작해야 관직에 뜻을 두고 한 스승 밑에 작게는 천여 명에서 많게는 만여 명이 넘게 몰려, 하는 일이라고는 스승의 설에 중언부언하는 상황만을 노정시킬 수밖에 없는 것이다. 앞에서 하나의 경전에 대한 해설이 백여 만 자에 달했다는 말도 나왔지만, "「요전堯典」의 제

---

20) 『漢書』 권88, 「儒林傳」, 3620~3621쪽, "自武帝立五經博士, 開弟子員, 設科射策, 勸以官祿, 訖于元始, 百有餘年, 傳業者寝盛, 支葉蕃滋. 一經說至百餘萬言, 大師衆至千餘人, 蓋祿利之路然也."

목 두 글자의 뜻을 풀이한 것만도 10여 만 자에 이르렀고, 단지 '왈약계고曰若稽古'라는 문구를 설명한 것만도 3만 자였다"고 한 환담桓譚의 발언은 아마 당시의 이러한 학문적 풍조를 꼬집은 말로는 압권일 것이다.21) 이런 면에서 볼 때, 새로운 학문적 분위기의 등장은 이미 예견된 것이었다. 금문학이 이렇듯 공허한 관념의 유희로 타락하고 있을 때 고문학의 신선한 학문성이 눈길을 끌게 된 것은 너무도 당연한 결과였던 셈이다.22)

고문경학이 등장하게 된 직접적인 계기는 물론 이른바 '고문경古文經'의 출현이다. 하지만 금문경학과 고문경학의 차이는 단순한 문자상의 차이를 넘어선다. 한대 경학사의 맥락에서 본다면 고문경학의 등장은 우선 앞에서 지적한 금문경학의 폐해, 즉 그 자체의 생명력을 잃고 경전의 문구에 대한 번쇄한 관념적인 훈고에 빠져 버린 데 대한 반작용에서 비롯되었다. 그러므로 고문경학은 단순한 관념의 유희가 아닌 경전에 대한 실증적인 연구에 중점을 두는 특성을 보인다.『설문해자』로 대표되는 한대의 훈고학적 업적은 고문경학의 이러한 실증적인 특성으로부터 도출된 성과들이다. 그런데 실증적이라는 것은 곧 역사에 대한 관심을 수반한다. 고문경학자들이 공자를 정치가로 보지 않고 사학자로 보면서, 육경을 공자의 정치적 메시지가 담긴 것으로 생각하는 금문경학자들과 달리 어디까지나 그것을 고대의 사료로 자리매김하는 이유가 바로 여기에 있다.23)

---

21) "秦近君能說「堯典」, 篇目兩字之說至十萬言, 但說'曰若稽古'三萬言." 원문에도 나와 있듯이, 이것은 秦近君이라는 사람의 학문적 태도를 환담이 비판하는 과정에서 나온 말이다. 환담의 이 말은 顔師古가『漢書』「藝文志」에 주를 달면서 桓譚의『新論』에서 인용한 것이다.『漢書』권30,「藝文志」, 1723쪽 주6 참조.『신론』은 일찍 없어졌고, 嚴可均의『全漢文』에 輯佚本만이 전한다.

22) 金谷 治 외, 조성을 역,『중국사상사』, 142쪽.

23) 孔子에 대한 관점 말고도 금문경학과 고문경학은 학문적인 입장과 의거하는 경전, 한

그러나 고문경학의 출현 의미는 한편으로 학문적인 분위기의 변화라는 그러한 일면적인 측면을 넘어선다. 다른 각도에서 볼 때 그것은 새로운 학문 분위기를 빌린 또 다른 이데올로기의 등장을 의미하기 때문이다. 금문경학이 추구했던 것과 대비되는 그 또 다른 이데올로기의 가장 큰 특징은 개혁보다는 현상 유지 쪽에 무게가 실려 있다는 데 있다. 금문경학과 고문경학의 이러한 차이는 한대 지배 계층의 변화라는 구도 속에서 논의될 때 가장 잘 설명될 수 있다.

한대의 통치 집단을 구성하던 지배 계층은 사회경제적인 면에서 그 중심축이 초기의 중소지주에서 호족으로 대표되는 후기의 대지주 쪽으로 옮겨가는 변화를 보인다. 이러한 변화는 한이 체제의 안정을 찾기 시작하는 서한 중기부터 시작하여 후기에 이르러 거의 완성되는데, 바로 대지주인 그 호족 집단을 기반으로 하여 성립한 것이 왕망王莽의 신新과 광무제光武帝의 동한東漢이다. 금문경학의 퇴조와 고문경학의 부상은 바로 이러한 변화의 흐름과 맥을 같이한다.[24]

경제적인 부와 정치적인 권력을 함께 장악한 집단이 개혁보다는 현상 유지를 바라는 것은 당연한 일이다. 그러므로 그들에게는 '미언대의'의 구현이라는 부담스러운 구호보다는 경학의 범주 내에 있으면서도 자신들이 안주하고 있는 현실을 긍정해 줄 또 다른 이데올로기가 더욱 필요했던 것이다. 고문경학의 탄생은 경학이 바로 그러한 요구에 부응한 결과이다.[25] 왕망의 세력을 등에 업은 유흠劉歆의 노력에 의하

대에서의 위상 등 여러 방면에서 대비를 이룬다. 이 두 학파의 그러한 차이점을 대략적으로 이해하는 데에는 그 차이를 표로 간략하게 정리해 놓은 趙紀彬의 작업을 참조하라. 鄭涵 편집,『趙紀彬文集』I, 142쪽. 고문경학파가 기존의 방식을 거부하고 오경에 대하여 새로운 순서를 매겼던 이유도 역사를 중시하는 자신들의 입장에서 그것을 성립 순서에 의거하여 재배열했기 때문이다.

24) 금·고문경학과 한대의 지배 계층과의 관계에 대해서는 章權才,『兩漢經學史』, 166~179쪽을 참조하라.

여 잠시 설치되었을 때 등을 제외하고는, 한대를 통틀어 줄곧 박사관을 금문경학에게 양보해야만 했던 고문경학이 전후 3차례의 논쟁을 거치면서 동한의 현학으로 자리잡을 수 있었던 것도 그것이 지닌 이러한 특성이 일조를 했기 때문이었다.[26]

그러나 금문경학과 고문경학이 보여 주는 이러한 편차도 궁극적으로는 그것들이 추구하고 있는 체제 지향이라는 동일한 성격 속에서는 같이 용해되어 버리고 만다. 금문경학과 고문경학은 기본 입장에 있어서는 둘 다 가부장적인 신분 질서에 기반을 둔 지배 체제의 유지를 목적으로 한다. 그러므로 서로 상대를 "오경을 전도시켜 사법을 혼란시킨다"고 비판하고 "동문끼리 무리를 지어 참된 도를 시샘한다"고 헐뜯었지만,[27] 그것은 어디까지나 하나의 테두리 안에서 진행된 학문방법론상의, 혹은 지지 세력상의 차이에서 비롯된 것일 뿐이다. 이런 공

---

25) 정치·경제적인 방면에서 금문경학에 비하여 상대적으로 현상유지적인 보수화의 경향을 띠는 고문학의 성격에 관해서는 같은 책, 177~178쪽에 있는 대비항목을 참조하라.

26) 3차례의 금·고문논쟁은 각각 西漢 哀帝의 建平, 元壽년간(기원전 6~1)과 東漢 光武帝의 建武년간(25~55), 章帝의 建初 원년에서 4년에 이르는 기간(76~79)에 벌어졌다. 논쟁에 참여한 인물과 논쟁의 대상이 된 경전, 그리고 그 결과에 대해서는 趙紀彬이 작성한 간략한 표를 참조하라. 鄭涵 편집, 『趙紀彬文集』 I, 141쪽. 일반적으로 금·고문논쟁의 횟수에 대해서는 4차례로 정리하는 경우가 있는데(앞의 趙紀彬의 경우도 마찬가지), 4번째 논쟁으로 흔히 거론되는 하휴와 정현의 『춘추』 삼전을 둘러싸고 벌어진 논쟁은 금문과 고문간의 논쟁이라기보다 『춘추』 삼전의 평가 문제에 대해 벌인 논쟁이라고 보는 것이 더 타당하다. 당시 정현이 취하고 있던 입장은 『공양전』 일변도인 하휴의 편파성을 공격하는 것이기 때문이다. 章權才, 『兩漢經學史』, 247쪽 참조

27) 앞의 말은 王莽의 新에서 좌장군으로 있던 公孫祿이 고문경학의 대표자인 劉歆을 비판하면서 한 말이다. 『漢書』 권99하, 「王莽傳」, 4170쪽, "故左將軍公孫祿徵來與議, 祿曰: '……國師嘉信公顚倒五經, 毁師法, 令學士疑惑……'"(國師 嘉信公은 劉歆을 가리킨다). 그리고 뒤의 말은 劉歆이 東漢의 哀帝에게 고문경의 박사 설치를 청원했다가 금문경학자들인 당시 오경박사의 반대에 직면하자 그들에게 보낸 비판의 글(移書太上博士)에서 한 말이다. 『漢書』 권36, 「楚元王傳」, 1971쪽, "……若必專己守殘, 黨同門, 妬道眞, 違明詔, 失聖意……" 여기서 말하는 '專己守殘'은 '자신의 좁은 소견에만 몰두하고, 이가 빠진 經만 고수하고 있다'는 뜻인데, 특히 '殘'이라는 표현 속에는 금문경을 秦始皇의 焚書 사건 뒤에 우여곡절을 겪으면서 수습된 불완전한 經이라고 보는 고문경학자들의 시각이 깔려 있다.

통점이 있었기 때문에 이 두 학파는 『백호통』이라는 한대 경학의 거대한 호수 속으로 함께 흘러들 수 있었던 것이다.

금·고문경학의 절충을 꾀하기 위하여 소집된 백호관白虎觀 회의(東漢 章帝 建初 4년, 기원후 79년)의 결과로 반고班固에 의하여 편집된 『백호통』은 한대 경학의 결정판적인 성격을 지닌 책이다. 표면적으로 드러난 것만 가지고 말한다면 『백호통』은 금문경학의 설만을 채용하고 고문경학은 모두 배척하고 있다. 하지만 내면적으로는 고문경학의 주장을 그 속에 상당 부분 흡수하여 금·고문경학의 입장 차이를 교묘하게 해소시키고 있다.[28]

금문경학과 고문경학이 보여 주는 이러한 동질성은 한대 경학사의 또 하나의 주된 흐름인 참위에도 관통된다. 대체로 서한의 애제哀帝와 평제平帝 시대에 해당하는 기원 전후(기원전 6~기원후 5)에 본격적으로 등장하기 시작하는 참위는 그 표현 형식에서 차이가 있을 뿐 그것이 지향하는 세계는 금·고문경학과 별로 다르지 않다.

내용상으로 광범위한 영역에 걸쳐 있지만, 참위를 떠받치고 있는 주된 성분은 어디까지나 음양오행설에 기반을 둔 천인상감적 사고 방식이다.[29] 그리고 이러한 요소들은 다시 기존 질서 체제의 긍정이라는 방면으로 귀결되는 모습을 보인다. 체제유지적인 성향을 띠는 대표적인 경학 이론인 '한대예정설'이나 '삼강설三綱說' 등이 위서緯書 속에서 완전한 모습을 보이는 것만 보아도 참위의 그런 성격을 충분히 엿

---

28) 이것과 관련된 몇 가지 구체적인 예에 대해서는 金谷 治 외, 조성을 역, 『중국사상사』, 144~147쪽 참조하라.

29) 참위의 내용은 주로 경전에 대한 주석에서부터 시작하여 고대의 전장제도나 신화 등에 대한 풀이, 문자 방면의 해석, 災異와 符瑞에 대한 논의, 그리고 자연과학적인 성과 등 한대의 학문 전 분야에 걸쳐 있다. 참위의 이러한 광범위한 내용에 대해서는 鐘肇鵬의 『讖緯論略』, 77~98쪽과 呂凱의 『鄭玄之讖緯學』, 37~72쪽을 참조하라.

볼 수 있다. '한대예정설'의 완전한 형태는 아니지만『춘추』가 새로 등장하는 왕조를 위하여 쓰여진 것이라는 주장은 앞에서도 보았듯이 동중서의『춘추번로』「삼대개제질문」에서 먼저 보이고, '삼강설'도『춘추번로』「기의基義」편에 최초로 그 모습이 보인다. 그러나 이 두 설이 완전한 모습으로 정리된 것은『춘추위春秋緯』의「연공도演孔圖」와『예위禮緯』의「함문가含文嘉」라는 위서 속에서이다.[30] 이런 점에서 한대의 경학, 특히 금문경학으로부터 참위로 진행되는 방향은 이미 경학의 특성상 예고된 것이기도 하다.[31]

　다만, 그러면 이런 동질성에도 불구하고 참위라는 형식의 경학 사조가 왜 새롭게 등장했느냐 하는 문제가 제기될 수 있는데, 이것에 대한 답변은 권력과 학문의 상관 관계 속에서 찾을 수 있다. 권력과 결합된 학문은 필연적으로 그 권력의 영향권에 예속될 수밖에 없다. 권력과의 관계에서 학문이 부딪치는 그러한 운신폭의 제한이 바로 참위를 탄생시킨 중요한 요인이다. 다시 말해서, 권력에 직접적으로 거스르는 주의주장이 불가능해지자 금문경학은 그 제창자의 익명성이 보장되는 참위라는 표현 형식을 탄생시킨 것이다.[32] 주장의 진원지를 주로 공자에게 의탁하는 방식을 취했던 참위는 그러한 익명성의 보호막으로 경

---

30) 『春秋緯』,「演孔圖」, "孔子仰推天命, 俯察時變, 欲觀未來, 豫解無窮, 知漢當繼大亂之後, 故作撥亂之法以授之";『禮緯』,「含文嘉」, "三綱謂 : 君爲臣綱, 父爲子綱, 夫爲妻綱." 각각 皮錫瑞, 이홍진 역,『중국경학사』, 7쪽 주1과 83쪽 주20에서 재인용하였음.

31) 금문경학과 그 대표자인 동중서의 사상이 참위와 가지는 연관성에 대해서는 鐘肇鵬,『讖緯論略』, 116~146쪽 참조 呂凱 같은 사람은 서한의 학문은 참위적인 요소가 강한 '齊學'에 의해 주도됨으로써 금문경학과 참위가 자연스럽게 연결될 수 있는 계기가 잉태되었다고 분석하기도 한다. 呂凱,『鄭玄之讖緯學』, 166~168쪽.

32) 任繼愈 主編,『中國哲學發展史』秦漢, 420쪽. 재이의 발생에 대한 책임을 황제가 스스로 걸머지는 경우도 있었지만 그 문책 방향이 이처럼 신하들에게로 돌려지는 경우도 그에 못지 않게 많았는데, 이런 실례는『漢書』의 '帝紀'와 '列傳' 속에 비일비재하다. 皮錫瑞, 이홍진 역,『중국경학사』, 79쪽 주10. 이 문제에 대한 정확한 실상은 顧詰剛,『漢代學術史略』, 25~28쪽,「天象的信仰與天變的負責者」를 참조하라.

학자들을 끌어들일 수 있었다. 물론 참위가 다시 황당한 궤변으로 치닫게 된 주된 원인도 바로 이 보호막이었다. 익명성은 곧 자신의 주장에 대한 책임을 회피할 수 있게 해 주기 때문이다. 그러나 어쨌든 이렇게 탄생한 참위는 한편으로 지배층의 비호를 받으면서, 또 한편으로는 지식인들과는 일정한 거리를 유지할 수밖에 없었던 일반 민중들의 욕구 배출구 역할도 동시에 수행하면서 동한에 접어들어 대대적으로 유행하기 시작하였던 것이다.

참위의 유행에 불을 붙인 것은 왕망과 광무제라는 절대권력의 비호였다. 이 두 사람은 권력을 잡는 과정에서 참위를 적절히 이용하였는데, 이들은 참위를 국가적으로 공식 승인하여 위서에 대한 대대적인 편찬 작업을 벌이기도 했다.[33] 이러한 분위기는 동한의 명제明帝와 장제章帝에게도 그대로 이어져 이 때에 오면 바야흐로 참위의 전성 시대가 조성된다. 참위의 이러한 전개 과정은 그것이 금문의 전통을 잇는 초기의 개혁적인 '미언대의'의 기능을 상실하고 점차로 '삼강오상' 등을 내용으로 하는 체제지향적인 성격으로 변해 갔음을 의미한다.[34] 원래 군주권을 견제하는 방책으로 제안된 재이설이 참위에서는 주로 과거의 일을 문책하는 것이 아니라 미래를 언급하는 예언적인 모습으로 표현되었다는 것이 이 측면을 잘 말해 준다. 이런 점에서 본다면, 참위의 탄생은 재이설 등으로 권력을 제한하려 했던 한대 금문경학의 이론적 견제 장치가 지닌 취약성을 그대로 보여 주는 부분이라고 할 수도 있다.

그 세부적인 모습에서 보여 주는 차이에도 불구하고 한대의 경학사를 이끌었던 세 가지 흐름이 그 본질에 있어서 동일한 궤적을 그리고 있었다는 것은, 이들이 결국은 하나로 종합될 것이라는 점을 암시하

---

33) 任繼愈 主編, 『中國哲學發展史』 秦漢, 431~432쪽.
34) 같은 책, 426~428쪽.

는 것이기도 하다. 따라서 동한 말기부터 본격적으로 태동하기 시작한 경학의 종합화 경향은 한대 경학사의 이미 예견된 행로였다고 할 수 있다. 이런 종합화의 가능성이 현실화되는 데에는 동한의 일반적인 학문 풍토도 일익을 담당했다. 동한에 들어서면 경학자들이 점차로 금문경학과 고문경학을 함께 넘나들고, 거기다가 또 참위까지 곁들여 연구하는 풍조가 보편화된다. 이 때가 되면 경학자들은 금문경학을 연구하면서도 고문경학에 대한 관심을 소홀히 하지 않고, 고문경학을 강론하면서도 동시에 금문경학에 대해서도 그에 못지 않은 비중을 두었다.[35] 또한 대부분의 그러한 작업들 속에 참위의 성분까지 깔려 있었음은 물론이다.

동한에 접어들어 이러한 학문 분위기가 자리잡게 된 원인은 아무래도 금문경학과 고문경학 그리고 참위가 형성하고 있었던 역학 관계 속에서 찾아야 할 듯하다. 동한의 경학계를 주도한 사조는 앞에서도 말했듯이 고문경학과 참위이다. 그러나 한편으로는 그 실제적인 영향력이야 어떻든 금문경학 역시 여전히 관학의 위치를 점하고 있었다. 따라서 동한의 경학자들은 당시의 현학인 고문경학 및 참위와 관학인 금문경학 그 어느 하나에 대해서도 관심을 전적으로 배제할 수는 없었던 것이다. 여기에는 『백호통』의 예에서 보듯이, 이미 자신의 특수성을 어느 정도 상실해 가면서 서로 상대방의 특성을 내면으로 흡수하기 시작했던 경학간의 관계도 한 몫을 했으리라 짐작된다.

또 다른 요인을 하나 든다면 경학 자체의 학적인 성숙도 지적되어야 할 것이다. 한 가지 경에 대한 이해에도 급급했던 서한 초기의 상황과는 달리, 동한에 오면서 개개의 경에 대한 이해도가 성숙됨에 따라

---

35) 동한 경학자들의 이러한 종합적 연구풍토의 실례에 대해서는 皮錫瑞, 이홍진 역, 『中國經學史』, 95~98쪽; 呂凱, 『鄭玄之讖緯學』, 159쪽 참조.

경학자들은 다른 경 혹은 다른 경학에 대해서도 관심을 기울일 만큼 학문적인 여유를 지니게 되었기 때문이다.

이상의 요소들이 복합적으로 결합되면서 경학사는 종합화의 길로 접어들게 된다. 당시의 이런 분위기를 가장 잘 표현해 주는 용어는 아무래도 '통유通儒'라는 칭호일 것이다. 하나의 경 혹은 어느 한 부분의 경학에 대해서만 조예가 있었던 기존의 학자들과 달리 경과 경 사이 혹은 경학과 경학 사이를 넘나들며 폭넓은 학적 성취를 이룬 경학자들을 일컫는 이 용어는, 경학의 종합화를 주도한 사람들의 학문적 특성을 잘 보여 준다. 하휴何休, 허신許慎, 가규賈逵, 마융馬融 등으로 대표되는 이 그룹은 경에 대한 해박한 지식을 토대로 한대 경학의 마지막 단계를 엄청난 저술 활동을 통하여 화려하게 수놓았다. 그리고 이 '통유'들의 그러한 작업들은 정현鄭玄에 의하여 최종적으로 집대성되기에 이른다.[36] 그러므로 '정현에 이르러 경학은 소통일시대를 맞았다'고 한 피석서의 평가는[37] '독존유술'을 통한 유학의 변신으로부터 시작된 한대 경학사의 흐름이 금문경학과 고문경학, 참위 등으로 분화되다가 마침내 다시 종합되는 이상의 과정을 정확히 표현한 말이라고 할 수 있을 것이다.

---

36) 허신의 『설문해자』를 관통하고 있는 통합적 세계관에 대해서는 김근, 『한자는 중국을 어떻게 지배했는가』, 342~370쪽을 참조하라. 김근의 이 책은 경전해석학으로서의 한대 경학의 이데올로기적 성격을 거기에 투영되어 있는 언어관에 초점을 맞추어 분석하고 있는 노작이다.

37) 皮錫瑞, 이홍진 역, 『중국경학사』, 115쪽.

10. 한대 경학의 황혼

일반적으로 하나의 시대를 종합하는 학술적 성과가 등장한다는 것은 곧 그 시대의 종언을 알리는 서막이라고 보아도 좋다. 제자백가의 사상을 유학의 입장에서 종합하려 했던 『순자』나 법가의 관점에서 종합하려 했던 『한비자』가 중국의 선진 사상사를 마무리하는 역할을 하는 것이 그 좋은 사례이다. 한대 경학을 마무리하는 정현 경학의 가장 큰 특징 역시 우선 그 종합적인 성격에서 찾을 수 있다. 정현은 광범위한 학문 역정과 저술 활동을 통하여 한대 경학사를 종합한다.

『후한서後漢書』에 실려 있는 그의 열전에 따르면, 정현은 차례로 제오원선第五元先, 장공조張恭祖, 마융 등에게서 수학하면서 고문경을 비롯하여 금문경과 참위에 이르기까지 폭넓은 소양을 쌓았다. 이 과정을 통하여 그가 섭렵한 경전은 『경씨역京氏易』, 『공양춘추公羊春秋』, 『삼통력三統歷』, 『구장산술九章算術』, 『주관周官』, 『예기禮記』, 『좌씨춘추左氏春秋』, 『한시韓詩』, 『고문상서古文尚書』 등 여러 방면에 이른다.[1]

---

1) 이 가운데 『京氏易』과 『公羊春秋』, 『三統歷』, 『九章算術』은 第五元先에게서 배웠고, 『周官』과 『禮記』, 『左氏春秋』, 『韓詩』, 『古文尚書』은 張恭祖에게서 배운 것으로 되어 있다. 『後漢書』 권35, 「鄭玄傳」, 1207쪽 참조. 『三統歷』은 劉歆이 지었다고 하는 역법서이고, 『九章算術』은 黃帝가 隷首를 시켜 만든 '九章算術'이라는 계산법을 기반으로 하여 周公이 지었다고 하는 산술서이다. 두 책 모두 원본은 현재 전하지 않는다.

이러한 학문 역정을 바탕으로 그가 주석하거나 저술한 책 역시 타의 추종을 불허할 만큼 광범위하여 당시의 거의 모든 경학 영역에 걸쳐 있다. 『후한서』의 열전에 실려 있는 목록만 하더라도, 우선 주석한 책으로는 『주역』을 비롯하여 『상서』, 『모시毛詩』, 『의례』, 『예기』, 『논어』, 『효경』, 『상서대전尙書大傳』, 『중후中候』, 『건상력乾象歷』 등이 있으며, 또 저서로는 『천문칠정론天文七政論』, 『노례체협의魯禮禘祫義』, 『육예론六藝論』, 『모시보毛詩譜』, 『박허신오경이의駁許愼五經異義』, 『답임효존주례난答臨孝存周禮難』 등이 있어 모두 모두 백여 만 자에 이른다.[2] 여기에다가 『수서隋書』 「경적지經籍志」에 정현의 저작으로 기록되어 있는 것까지 합하면 그 수는 어마어마한 분량에 달한다.[3] 이러한 저술 목록에서도 보듯이, 정현의 학문 영역은 어느 한 경학 사조에만 안주하지 않고 금문경학과 고문경학, 참위 등에 두루 걸쳐 있었음을 알 수 있다.

정현이 어느 한 경학 사조를 묵수하지 않았다는 점은 이들 저작을 통하여 표현된 그의 학문적 입장에서도 드러난다. 정현의 경학이 기본적으로 뿌리를 두고 있는 곳은 고문경학이다. 그 스스로가 『시』는 『모시』를 기본 텍스트로 하여 주를 달았다고 말하고 있는 것이나,[4] "경례經禮는 주례를 일컫는다"라고 하여 『주례』를 중심으로 하여 삼례를 주

---

2) 『後漢書』 권35, 「鄭玄傳」, 1212쪽. 이 밖에 정현이 何休의 『公羊墨守』, 『左氏膏肓』, 『穀梁廢疾』 등에 대하여 일일이 반박하는 글을 지었다는 기록이 있는 것을 보면 이들과 관련된 저서도 있었을 것으로 짐작된다. 『後漢書』 卷35 「鄭玄傳」, 1208쪽 참조 또 그는 아들인 益恩에게 경계시키는 글을 지어 주기도 했는데, 이것은 『後漢書』 「列傳」 속에 들어 있다. 같은 책, 1209〜1210쪽 참조 정현의 저술 가운데 현재까지 온전하게 전하는 것은 『毛詩』와 三禮의 주석서인 『毛詩箋』, 『儀禮注』, 『禮記注』, 『周禮注』 4종뿐이다. 이들 외의 저술들은 대부분 輯佚本의 형태로 존재하는데, 『乾象歷』과 『天文七政論』 두 가지만은 전혀 전하지 않는다. 이 부분에 대한 정보는 皮錫瑞, 이홍진 역, 『중국경학사』, 110쪽 주13과 陳品卿, 「鄭玄」, 26〜27쪽을 참조하라.

3) 『隋書』, 「經籍志」에 정현의 것으로 기록되어 있는 저서는 『後漢書』에 기록되어 있는 것을 제외하고도 모두 15종에 달한다. 자세한 목록은 陳品卿, 「鄭玄」, 25쪽 참조

4) 『六藝略』, 4쪽 앞, "注詩, 宗毛爲主."

해한 것5), 『춘추』 삼전 가운데 고문인 『좌전』을 특히 중시한 점6) 등등
이 모두 이 점을 뒷받침해 준다.

　하지만 그는 결코 고문경학이라고 해서 무조건적인 호의만 보이지
는 않았다. 그는 금문이든 고문이든 문제가 있다고 판단되면 예외 없이
비판의 예봉을 들이댔다. 우선 금문경학에 대하여 비판한 대표적인 예
로는 하휴에 대한 비판을 들 수 있다. 하휴는 금문경학의 전통 위에서
『춘추공양전』을 자신의 개혁 사상의 발판으로 삼고 『좌씨전』과 『곡량
전』을 비판하였는데, 정현은 여기에 대해서 일일이 반박하는 글을 썼
다. 그러면서도 한편으로는 고문경학의 입장에서 허신이 오경의 차이
점을 논한 『오경이의五經異義』에 대해서도 '허신의 『오경이의』를 논박
함'이라는 뜻의 제목을 지닌 『박허신오경이의』를 써서 그 문제점을 논
박하였다. 우리는 이런 사례를 통하여 정현 경학의 또 다른 특징인 그
객관적 성격을 잘 엿볼 수 있다.

　학문에 대한 정현의 객관적 태도는 그의 주석 작업에서도 구체적
으로 나타난다. 정현은 경에 주를 달면서도 자신의 견해는 일일이 '내
가 말한다'(玄謂)라거나 '내 보기에는 의심 가는 점이 있다'(玄或疑焉),
'내가 들었다'(玄之聞也)라고 하여 그것이 자신의 견해임을 분명하게
밝혔다. 그리고 도저히 알 수 없는 부분에 대해서는 '들어본 적이 없
다'(未聞)라고 하여 판단을 보류하였다.7) "『시』는 『모시』를 기본 텍스트
로 하여 주를 달되, 만약 뜻이 은미하여 소략한 부분이 있으면 분명하

---

5) "經禮謂周禮也." 이것은 『禮記』, 「禮器」의 "經禮三百, 曲禮三千"이라는 구절에 대한
　注이다. 『禮記』(十三經注疏本. 정현 주의 경우 이 판본에 근거함), 「禮器」, 459쪽 위.
　『周禮』에 대해서 정현은 그것을 선진의 陰謀之士들의 글이라고 보는 하휴에 비해서
　『周禮』는 周公이 태평을 이룬 자취라고 보고 있다. 이런 관점에서 주례를 옹호하기
　위해서 쓴 것이 『答臨孝存周禮難』이다. 孔穎達, 『周禮正義』, 「序」 9쪽 위 참조
6) 章權才, 『兩漢經學史』, 252쪽.
7) 陳品卿, 『鄭玄』, 41~42쪽; 章權才, 『兩漢經學史』, 248쪽.

게 밝혔고, 또 같지 않은 점이 있으면 아래에 나의 견해를 붙여 식별할
수 있게 하였다"[8]라는 식의 말에서 그런 객관적인 학문 태도를 충분히
읽을 수 있다.

경학의 각 영역을 넘나들며 종합화를 시도한 정현의 이러한 특징
은 그 내용 면에서도 쉽게 확인된다. 이와 관련된 예들은 여러 가지가
있다. 그 가운데 몇 가지를 보면, 우선 정현은 금문경인『예기』「왕제」
편과 고문경인『주례』가 보이는 제도상의 차이점에 대해서 「왕제」에
말하는 것은 은대의 제도이고『주례』에서 말하는 것은 주대의 제도라
고 하여 그 차이점을 절충시킨다.[9] 그리고『주역』에 대해서도 고문인
비직費直의 설을 좇아 십익十翼으로 본경을 해석하면서도 다시 거기에
금문인 경방京房의 설을 계승하여 재이적 요소를 첨가한다.[10] 또『모
시』를 텍스트로 삼아『시』를 주석하면서도 종종 노魯・제齊・한韓 삼
가三家의 장점도 취하기도 한다.[11] 이런 것은 모두 정현 경학의 종합적
성격을 보여 주는 예들이다.[12]

참위에 대해서도 정현은 자신의 주석 작업에 그것을 세세히 거론
할 수 없을 정도로 대량으로 채용하고 있다. 동한의 학문적인 분위기나
정현의 학문 역정 자체가 참위와 밀접한 관계에 있었기 때문에 이 점
은 당연한 귀결일 수밖에 없다. 비록 신빙성은 그리 높지 않지만 그는

---

8)『六藝論』, 4쪽 앞 참조

9)『禮記』, 「王制」, 213쪽 위의 鄭玄注 참조 田地의 넓이에 관해 규정하고 있는「王制」
편의 이 부분은 동일한 내용을 언급하고 있는『周禮』, 「夏官・司馬」편의 그것과 차이
가 있다.『周禮』, 「夏官・司馬」, 501쪽 아래 참조 이와 비슷한 경우로는『禮記』, 「禮
器」편에서 천자의 冕은 朱綠藻라고 한 부분에 대해서 이것은 "夏와 殷의 예인 듯하
다.『周禮』에서 천자는 五采藻다"라고 한 것 등 여러 곳에서 보인다.『禮記』, 「禮器」,
455쪽 아래 참조

10) 陳品卿, 「鄭玄」, 31쪽.

11) 章權才,『兩漢經學史』, 250쪽.

12) 각각의 經에 대하여 정현이 금・고문을 종합한 개략적인 내용은 皮錫瑞, 이홍진 역,
『중국경학사』, 110~112쪽 참조하라.

어릴 때 큰바람이 부는 것을 보고 언제쯤에 화재가 일어날 것이라는 것을 정확히 예견하여 사람들을 놀라게 했다는 기록이 『세설신어世說新語』「문학文學」편의 주注에 보이는데,13) 『삼통력』이나 『구장산술』 같은 참위적인 요소가 강한 서적을 일찍부터 배웠다는 것은 이와 관련된 좋은 실례가 된다. 특히 마융의 문하에서 수학할 때 그의 눈에 띄게 된 직접적인 계기가 경에 대한 이해도 때문이 아니라 참위에 대한 능력 때문이었다는 점은 정현 경학과 참위와의 관계를 잘 대변해 준다.14) 참위에 대한 정현의 이와 같은 관심은 결국 "육예라는 것은 도圖가 비롯되는 곳"15)이라는 데로까지 발전하여, "하도河圖와 낙서洛書는 모두 천지의 신묘한 언어로서, 왕을 깨우치는 수단이다"16)는 주장으로 연결되기에 이른다. 이 점만 보더라도 정현의 시각 속에는 금문경학과 고문경학, 참위가 하나로 용해되어 있음을 알 수 있다.

　이렇듯 정현은 금·고문경학뿐만 아니라 참위까지 자신이 경학 속에 폭넓게 흡수함으로써 후세에 "경전을 개괄하고 여러 가법을 망라하며 번쇄하고 허탄한 것을 제거하고 빠진 것과 오류를 고쳐, 이로부터 학자들이 대략 돌아갈 곳을 알게 하였다"17)는 평을 받았다. 경학의 종합화를 시도한 그의 이와 같은 작업은 실질적인 성과도 거두어, 그 때까지 유포되던 모든 금·고문경전은 이 이후로 융합되어

---

13) 徐震堮, 『世說新語校箋』, 「文學」1, 103쪽, 劉孝標의 注, "『玄別傳』曰: ……年十七, 見大風起, 詣縣曰: 某時當有火災. 至時果然, 智者異之." 『玄別傳』은 『鄭玄別傳』을 가리킨다.

14) 『後漢書』 권35, 「鄭玄傳」, 1207쪽, "融門徒四百餘人, 升堂進者五十餘生. 融素驕貴, 玄在門下, 三年不得見.……會融集諸生考論圖緯, 聞玄善算, 乃召見於樓上, 玄因從質諸疑義. 問畢辭歸. 融 然謂門人曰: '鄭生今去, 吾道東矣!'" 정현과 참위와의 관계에 대한 구체적인 자료는 呂凱 『鄭玄之讖緯學』, 제2장 「鄭玄對讖緯之貢獻」을 참조하라.

15) 『六藝論』, 1쪽 앞, "六藝者, 圖所生也."

16) 같은 책, 2쪽 뒤, "河圖洛書皆天地神言語, 所以敎告王者也."

17) 『後漢書』 권35, 「鄭玄傳」, 1213쪽, "鄭玄括囊大典, 網羅衆家, 刪裁繁誣, 刊改漏失, 自是學者略知所歸."

거의 정현의 주 하나로 통일되는 상황을 가져왔다. 피석서皮錫瑞는
그 점을 다음과 같이 지적한다.

> 정현의 『주역주』가 성행하자 시수施讐 · 맹희孟喜 · 양구하梁丘賀 · 경방京
> 房의 『역』이 유행하지 못하였고, 정현의 『상서주尙書注』가 성행하자 구양
> 생歐陽生 · 하후승夏侯勝 · 하후건夏侯建의 『서書』가 유행하지 못하였으
> 며, 정현의 『시전詩箋』이 성행하자 노 · 제 · 한의 『시』가 유행하지 못하였
> 고, 정현의 『예주禮注』가 성행하자 대덕戴德 · 대성戴聖의 『예』가 유행하
> 지 못하였으며, 정현의 『논어주』가 성행하자 제 · 노의 『논어』가 유행하지
> 못하였다.[18]

그러므로 한대의 경학을 집대성하여 경학사의 '소통일시대'를 열
었다는 정현에 대한 평도 결코 지나친 것이 아님을 알 수 있다.
정현의 이처럼 거대한 경학의 종합화 작업도 물론 아무런 기준이
없이 이루어진 것은 아니다. 이것은 너무나 당연한 사실이다. 왜냐하면
종합의 어떠한 기준도 없는 말 그대로의 객관이란 존재하지 않기 때문
이다. 이 문제와 관련하여 그 결론부터 말한다면, 정현이 방대한 경학
의 종합화 작업을 통하여 구상한 것은 '예'를 핵심으로 하는 경학의
일원론적 세계관이다.[19] 따라서 그가 행한 경학의 거대한 주석 작업도
바로 이것을 구체화하기 위한 이론적인 지지 작업이었던 것이다. 그가
일원론적 세계관을 지향했다는 흔적은 여러 곳에서 발견된다. 특히
『주역』과 관련된 주석 작업 속에서 그는 이를 비교적 구체화하고 있는

---

18) 皮錫瑞, 이홍진 역, 『중국경학사』, 114쪽. 정현의 등장으로 특히 금문경은 그 이후 모
   두 없어지고 하휴의 『春秋公羊解 』 하나만이 유일하게 十三經注疏 속에 포함되어
   전해 온다.
19) 金谷 治 외, 조성을 역, 『중국사상사』, 149쪽.

데, 몇 가지 사례를 살펴보기로 하자.

정현은 우선 한대에 보편적으로 유행하던 계통적인 우주생성론을 긍정하고 있다. 『역위易緯』「건착도乾鑿度」에 대한 주석 속에 주로 집중적으로 표현되어 있는 이것은 '태역太易-태초太初-태시太始-태소太素'로 이어지는 우주발생론이다. 「건착도」에서는 이 네 단계를 각각 '기가 드러나지 않은 상태'-'기가 비롯되는 상태'-'형이 비롯되는 상태'-'질이 비롯되는 상태'로 구분하여 우주의 계통적인 생성을 설명하고 있는데,[20] 정현은 이 도식을 그대로 인정한다. 그러면서 그는 여기다가 한대에 유행했던 원기설元氣說을 다시 끌어들여 이 생성 도식을 더욱 구체화한다. 그것은 이렇다.

> 고요하여 아무것도 존재하지 않으므로 이름하여 태역이라고 한다. 원기가 비롯되는 근본처인 태역이 이미 스스로 고요하여 아무것도 존재하지 않는데, 어떻게 이 태초를 낳을 수 있는가? 그러므로 태초라는 것은 또한 홀연히 자생하는 것이다. 형이 드러난다는 것은 천지의 형체가 드러나는 근본시발처이다.[21]

물론 원기설을 끌어들여 이러한 도식을 설명하는 방식이 정현의 창작인 것은 아니다.[22] 그러나 중요한 것은 그가 「건착도」의 그러한

---

20) 『易緯』「乾鑿度」, "故曰: 有太易, 有太初, 有太始, 有太素. 太易者, 未見氣也; 太初者, 氣之始也; 太始者, 形之始也; 太素者, 質之詩也"(鐘肇鵬, 『讖緯論略』, 177쪽에서 재인용).

21) "以其寂然無物, 故名之爲太易. 元氣之所本始太易旣自寂然無物矣, 焉能生此太初哉? 則太初者, 亦忽然而自生. 形見, 此天地形見之小本始也"(呂凱, 『鄭玄之讖緯學』, 202~203쪽에서 재인용).

22) 緯書의 하나인 『孝經』「鉤命訣」에서는 이것을 元氣뿐만 아니라 다음과 같이 太極과도 연결시켜 전체를 氣의 움직임으로 설명하는 '五運說'을 탄생시키고 있다. "天地未分之前, 有太易, 有太初, 有太始, 有太素, 有太極, 是謂五運. 形象未分, 謂之太易 ; 元氣始萌, 謂之太初 ; 氣形之端, 謂之太始 ; 形變有質, 謂之太素 ; 質形已具, 謂之太極. 五氣漸變, 謂之五運"(庶僮, 「論'太極'學說之演變」, 14쪽에서 재인용).

계통적인 우주생성론과 원기설을 결합시킨 이론틀을 그대로 받아들이고 있다는 점이다. 이것은 그가 분명히 어떤 체계적인 구도에 관심을 두고 있다는 것을 보여 주는 예가 된다.

　　정현이 일원론적인 세계관을 지향하고 있다는 또 다른 예는 그의 '효진설爻辰說'에서 볼 수 있다. '효진설'은 한대 괘기역학卦氣易學의 일종으로서, 『주역』 64괘 가운데 기본괘 2개를 선정한 다음 그 각각의 효에 12지支를 음과 양으로 나누어 배속시키는 방식으로 천문 현상과 인간 세계의 일체를 설명하는 이론이다. 이것은 기본 2괘의 12효를 10간干에 배속시키던 경방의 '납갑설納甲說'이 「건착도」를 거치면서 응용된 것이다. 그런데 정현은 「건착도」의 기본 입장을 받아들여 건괘乾卦와 곤괘坤卦를 기본괘로 하면서도, 태괘泰卦나 비괘否卦와 같은 예외를 인정하던 기존의 방식을 거부하며 모든 괘는 예외 없이 건·곤 2괘의 효진을 근본으로 삼아 따르도록 하는 설을 창안하였다. 이것은 결국 건과 곤이 음양이 그치고 시작되는 근본으로써 만물을 포용한다는 논리를 반영한 것이다.[23] 이런 까닭에 정현의 효진설은 한대의 괘기역학 가운데 일관성이라는 면에서 가장 뛰어난 것이었다. 우리는 이것을 통해서도 정현의 일원론적인 경향을 엿볼 수 있다.

　　정현은 이와 같은 작업을 통해 자신의 일원론적인 세계관을 확립하면서 또 한편으로는 한대 천인상감론의 전통 위에서 자연과 인사의 상관성을 적극적으로 주장해 나간다. 예를 들어, 『주역』 항괘恒卦의 괘사에 대하여 "항은 영원하다는 것이다. 손巽은 바람이고 진辰은 우레이다. 우레와 바람이 서로 함께하며 사물을 양육시키니, 마치 장녀가 장남을 받들고 부부가 마음을 함께 하여 가정을 이루는 것과 같다. 오래

---

23) 정현의 爻辰說에 대한 이상의 정보에 대해서는 문재곤, 「한대역학연구」, 221~234쪽을 참조하라.

도록 영원하게 하는 도이다"24)라고 주를 달고 있는 것이 그와 같은 경우이다. 물론 이것은 『주역』 「대상전大象傳」의 "군자는 이로써(君子 以……)"의 용법과 같은 것으로 새로운 것은 아니다. 하지만 정현에게 서 독특한 것은 그런 용법을 응용하여 '본받음'을 뜻하는 '이以'자 대신 '유사성'을 가리키는 '유猶'자를 사용하면서 그것을 『주역』의 해석에 대대적으로 활용하고 있다는 점이다.25)

일반적으로 이처럼 천도와 인도가 유사성을 지니고 있다고 보는 태도 는 이 양자를 관통하는 하나의 연결고리에 대한 관심으로 이행되는데, 그 결과로 등장하는 것이 바로 '예'이다. 예의 성격을 이렇게 규정하는 것은 이미 전국 중·후기부터 유학의 일파로 자리잡기 시작하는 예학파 (禮家)의 보편적인 특징이다. 예학파의 이러한 특징은 순자를 거치면서 강력한 예치주의로 표명되었고 또 동중서를 통해 인간을 천의 복사품으 로 보는 한대의 강력한 천인상감론과 연결되면서 이른바 '예치천하禮治 天下'의 이론적 기반으로 작용하였는데, 경학의 일원화를 추구하는 정현 에게 그대로 관통되고 있는 핵심 요소 역시 예에 대한 유학의 이런 전통 적인 시각이다. "성인은 하늘의 밝음을 본받고 땅의 이로움을 따르며 귀 신에게 법도를 취하니, 그것을 바탕으로 예를 제작하여 가르침과 명령을 내린다"26)는 생각은 바로 그런 시각의 연장이다.

예를 경학의 핵심 요소로 보고 그것을 통하여 경학을 종합화하려 고 한 정현의 태도는 당시의 상황에서 볼 때 가장 적절한 선택이기도

---

24) 『周易鄭注』, 84쪽, "恒, 久也. 巽爲風. 辰爲雷. 雷風相須而養物, 猶長女承長男, 夫婦同 心而成家, 長久之道."
25) 현재 3~4할 정도가 輯佚되어 있는 정현의 『周易』 주에는 이런 용례의 문장이 17회나 보인다. 陳品卿, 「鄭玄」, 32~33쪽.
26) 『禮記』, 「禮運」注, 414쪽 아래, "聖人則天之明, 因地之利, 取法度於鬼神, 以制禮下敎令 也."

했다. 왜냐하면 예는 무수한 파벌로 분화되어 있던 동한의 경학계를 연결하는 매개고리였기 때문이다.[27] 체제지향적인 성격을 강하게 띠고 있는 그것의 특성상 경학은 당연히 예와 밀접한 관련을 맺을 수밖에 없다. 정현의 경학은 바로 그 점에 기반을 둠으로써 그 종합화의 기능을 훌륭히 수행할 수 있었던 것이다.

예에 대한 정현의 이와 같은 관심은 그의 주석 작업 곳곳에 스며들어 있다. 우선 그는 삼례를 모두 주석했는데, 이것은 한대의 경학사에서 보기 드문 일이다. 당시의 다른 경전들의 경우와는 달리, 예에 대한 주석으로는 『주례』와 『의례』「상복喪服」편에 주를 단 마융과 『예기』에 주를 단 노식盧植의 작업이 고작이었음을 보더라도[28] 이것은 정현의 경학에서 예가 차지하는 비중을 짐작하게 한다. 예는 또 『시』를 해석하는 기본틀로도 작용하고 있다. 정현은 이성간의 감정을 노래한 시조차도 철저하리만큼 예적인 관점에서 해석하고 있다. 그에게 있어서는 연인을 그리는 사모의 정도 군신간의 질서가 제대로 지켜지고 있지 않음을 풍자한 것이거나 위정자에게 소외당한 현자의 감회가 표현된 것일 뿐이다.[29]

물론 『시』에 대한 정현의 이런 해석 역시 그의 독창품은 아니다. 그것은 『시』에 대한 「시서詩序」의 시각을 그대로 따른 것에 지나지 않는다.[30] 하지만 자신의 주석 가운데 유독 『모시』만 '주注'가 아니라 '전

---

27) 章權才, 『兩漢經學史』, 251쪽.
28) 陳品卿, 「鄭玄」, 51쪽.
29) 『詩經』「國風·鄭風」의 '蘀兮'와 '狡童'의 주 참조 『詩經』 권4, 23～24쪽. 정현이 『시경』의 시를 이런 시각에서 해석한 것은 전편에 걸쳐 비일비재하다. 다만 여기서는 비교적 남녀의 감정의 노래한 부분이 많은 「鄭風」의 경우를 예로 든 것뿐이다.
30) 「詩序」는 『詩經』 각편 앞에 붙어 있는 서문을 말한다. 『詩經』의 시를 윤리도덕적인 관점에서 해석하는 것이 이 「詩序」의 특징인데, 그 작자에 대해서는 여러 가지 설이 있다. 그러나 이것이 한대에 이루어졌을 것이라는 것이 일반적인 정설이다. 『毛詩』뿐만 아니라, 齊·魯·韓 三家의 『詩』에도 이 「詩序」가 있었다고 하나 『毛詩』를 제외하고는 지금은 모두 전하지 않는다.

箋'이라고 부른 것이 『모시』를 특별히 숭상해서였다는 것이 사실이라면,31) 이것은 정현이 『시』에 대한 윤리도덕적인 해석을 지지하고 있음을 말해 준다. 따라서 여기에도 그의 예 중심적인 사고가 투영되고 있는 것이다. 『주역』도 마찬가지이다. 정현은 『주역』을 주석하는 과정에서도 수시로 예제를 인용하여 그 의미를 부연하고 있는데,32) 이것 역시 그의 예 중심적인 사고의 일단을 보여 주는 실례이다.

그런데 경학을 일원화하고자 하는 정현의 종합화 작업이 이처럼 예일원론적인 모습을 보인다는 것은 그의 경학이 지니고 있는 성격을 짐작하게 해 준다. 그것은 한대 경학의 일반적인 전통인 체제지향성을 동한말이라는 그 일원적 체제의 몰락기에 새롭게 재건해 보려는 시도인 것이다. 특히 그가 삼례를 주석하면서도 『주례』를 가장 중시하였다는 점은 그의 경학이 가지는 체제지향적 성격을 무엇보다도 잘 보여 준다. 앞에서 말했듯이, "경례는 주례다"라고 했을 만큼 그는 『주례』를 가장 중요한 텍스트로 간주하고 있다. 『예기』나 『의례』를 주석할 때 예제에 대해 언급하면서 곳곳에서 『주례』를 인용하여 자신의 주장을 보강하고 있는 것을 보면 그가 『주례』를 얼마나 중시하고 있는가를 알 수 있다. 이 점이 바로 예를 경전 해석의 핵심축으로 파악한 정현의 의도가 어디에 있는가를 다시 한 번 명확하게 확인시켜 주는 부분이다.

『주례』는 천자를 중심으로 한 계층적 질서 체계를 『예기』나 『의례』에 비하여 가장 완벽하게 제시하고 있는 책이다. 그러므로 『주례』를 중시한다는 것은 그러한 질서 체계를 긍정한다는 것을 의미한다. 예를 중심으로 해서 경학을 재편하려는 정현의 작업은 결국 여기에 그 최종

---

31) 陳品卿, 「鄭玄」, 26쪽.
32) 정현의 『周易注』에서 보이는 禮制的 요소에 대해서는 張惠言의 『周易鄭氏義』, 35~76쪽 참조하라.

적인 의도가 있다. 그러한 의도 속에서 정현은『주례』를 '대일통'의 바이블로 이용하고 있는 것이다. 그가『시』를 해석하는 곳곳에서 당시에 대한 자신의 '우국충정'을 토로하고 있는 것도[33] 체제의 붕괴에서 느끼는 안타까움에서 비롯된 것이며,『주역』괘의 육효를 체계적인 계층 질서의 구조로 배치하는 시각을 계승하고 있는 것도[34] 그러한 이원론적 질서 구도를 다시 회복시켜 보고자 한 염원의 발로인 것이다. 그가『효경』을 천·지·인을 관통하는 법도이며 오행의 벼리라고 강조하면서[35] 육경六經을 총괄하는 책이라고 높였던 것[36] 역시 이런 관점에서 보면 쉽게 이해가 가는 부분이다. '효'야말로 예 중심의 계층 질서를 떠받치는 핵심적인 덕목이기 때문이다.

경학은 그 탄생 과정에서도 보았듯이 체제지향적인 성격을 강하게 띠고 있다. 하지만 그렇다고 해서 이것이, 경학이 시종일관 권력에 기생하여 현실에 안주하려는 시도였을 뿐이라는 말은 아니다. 한제국에 대한 한초 유학자들의 시각에서도 확인할 수 있었듯이 경학적 세계관이 갖는 또 다른 측면의 의미는 한대인의 자신감에서 찾아야 한다. 한대인들은 세계와 인간의 구조 및 그 관계에 대하여 자신감에 충만해 있었다. 한대 철학의 가장 중요한 특징인 천인상감적인 사고 방식도, 결과적으로는 숱한 오류와 견강부회를 초래하긴 했지만 그 본질에 있

---

33)『詩』의 해석에 당시 시국에 대한 자신의 감회를 술회하고 있는 정현의 모습에 대해서는 陳品卿,「鄭玄」, 37쪽 참조하라.

34) 정현은 卦의 六爻를 初爻에서부터 각각 '元士→大夫→三公→諸侯→天子→宗廟'라는 구도로 배치하는「乾鑿度」의 시각을 그대로 자신의『周易』해석에 수용하고 있다. 그 실례는 張惠言,『周易鄭氏義』, 21쪽 참조하라.

35)『孝經鄭氏注』,「序」, 1쪽 앞, "『孝經』者, 三才之經緯, 五行之綱紀. 孝爲百行之首, 經者, 不易之稱."

36)『六藝論』, 5쪽 뒤, "孔子以六藝題目不同, 指意殊別, 恐道離散, 後世莫知根源, 故作『孝經』, 以總會之."『孝經』에 대한 정현의 이런 태도는 그것에 대한 한대의 다음과 같은 일반적인 평가와 궤를 같이하는 것이기도 하다.『漢書』권30,「藝文志」, 1719쪽, "夫孝, 天之經, 地之義, 民之行也. 擧大者言, 故曰:『孝經』."

어서는 세계와 인간을 통일적인 틀 속에서 처리하려 했던, 또 그것이 가능하다고 보았던 한대인들의 자신감에서 비롯된 것이다.[37]

경학은 바로 그러한 자신감이 유학의 영역에서 표현된 결과이다. 혼란을 종식시키고 맞이한 새로운 세계에서 오랫동안의 염원인 예치주의의 가능성을 실현시켜 보고자 한 지식인들의 시도가 경학이라는 세계를 탄생시킨 것이다. 이런 점에서 경학은 처음부터 체제지향적일 수밖에 없었다. 왜냐하면 그러한 염원의 실현은 현실의 안정을 전제로 하기 때문이다. 하지만 현실의 안정에 대한 강한 염원은 필연적으로 학문의 경직화를 초래한다. 더구나 권력의 이데올로기를 담당하면서 그 권력의 보호막 속에 안주하였던 경학의 경우는 이 방향이 필연적으로 예상된 진로일 수밖에 없었다.

한대 경학의 몇 가지 자기혁신을 위한 시도, 즉 금문경학에서 고문경학으로의 변화나 참위를 통한 체제견제적 기능의 회복 등도 다만 체제 변화의 행보를 다소 더디게 했을 뿐 결국 전체적인 구도는 바꾸어 놓지 못했다. 그것은 어떤 면에서 오히려 관방철학의 지위를 둘러싼 끊임없는 소모적 논쟁만을 야기함으로써 경학 내부의 힘을 소진시키는 결과만 초래하고 말았다. 이와 동시에 한대 경학의 위기는 밖으로부터도 왔다. 동한 말기로 가면서 그것은 자신이 딛고 서 있는 기존의 체제가 점차로 붕괴되어 가는 현실을 경험하고 있었다. 이러한 상황을 맞이하여 경학은 자신의 체제 정비를 통하여 위기를 극복하고 새로운 중흥의 초석을 다질 필요를 느꼈을 것이다. 정현의 경학은 바로 이런 구도 속에서 탄생하였다.

정현은 자신에게 연결되어 있던 모든 경학적 요소를 체계화시킴으로

---

37) 金春峰, 『漢代思想史』, 4~7쪽.

써 경학의 일원론적인 세계관을 재구축해 보고자 하였다. 하지만 결과적으로 볼 때, 예를 핵심적인 연결고리로 하는 그의 이러한 작업은 말 그대로 '종합'이었을 뿐이다. 그것은 기존의 서로 다른 경학들을 적절하게 끌어모아 그것을 다시 경학을 떠받치고 있던 핵심 개념인 '예'로 더욱 체계화한 것에 지나지 않는다. 이것은 경학이 자신이 부딪친 위기를 타개할 어떠한 새로운 내용을 개발해 내는 데 실패했음을 뜻한다.

한 시대를 풍미하던 학문 사조가 종합된다는 것은 곧 그것의 쇠락을 의미한다고 말한 바 있다. 그러므로 경학의 종합은 곧 그것을 대체할 새로운 학문의 등장을 예고하는 사건이다. 이것은 이미 천인상감론과 같은 경학적 사고의 근본을 공격하던 한대의 비판 사조에서부터 그 싹이 움텄던 부분이다. 체제로부터 자유로운 개인, 주어진 질서가 아니라 인간 내면의 질서로부터 새로 시작해 보려는 시도, 이런 것들이 경학적 세계관을 과감하게 거부하면서 위魏·진晉으로 치달아 갔던 것이다. 이런 면에서 본다면 정현의 경학은 본인이 의도하든 의도하지 않았든 새로운 시대를 예고하는,[38] 다시 말해서 한대 경학의 종언을 확인하는 절차였던 셈이다.

---

38) 정현은 역학 방면에서 위진의 단초를 여는 실제적인 역할을 하기도 했다. 그는 『老子』를 이용하여 『周易』을 해석하는 '以老解易'의 계기를 마련함으로써 역학이 의리 방면으로 발전해 가는 데 새로운 지평을 열었던 것이다. 이와 관련된 예는 金春峰, 『漢代思想史』, 609~611쪽 참조하라.

11. 에필로그

선진 유학은 그 출발점인 공자의 철학에서부터 하나의 딜레마적인 상황을 안고 출발했다. 그것은 자연과의 합일을 추구하는 동아시아적 전통 속에서 인문주의를 표방하고자 했던 유학으로서는 언젠가 한 번은 부딪칠 수밖에 없는 문제였다. 유학이 지향하는 인문 세계는 인간의 자연적 본성이라는 필연의 영역에서부터 출발하지만 그 필연의 영역의 진행방향이 인간의 능동적인 실천으로 구성되는 당위적 영역의 산물인 문화적 질서와 방향이 일치할 수 있느냐 하는 문제가 그 딜레마의 본질이다. 불행하게도 『논어』에 묘사되어 있는 공자의 말년은 이 일치에 대한 그의 신념이 몹시 흔들리고 있었음을 보여 준다.

출발선상에서부터 내재하던 유학의 이런 딜레마적인 상황은 공자 사후 외부로부터의 제기된 이론적 도전으로 말미암아 예각화한다. 묵자와 양주의 문제 제기로 상징되는 그 첫 번째 도전에 대해 맹자는 유학적 가치의 토대인 가족주의적 요소를 강화하고 필연의 영역인 천을 인간의 본성으로 내면화시킴으로써 그것이 당위적 실천의 훌륭한 출발점이 될 수 있음을 입증하려고 했다. 하지만 첫 번째 도전에 대한 맹자의 이러한 응전은 당시의 철학적 세계관이 전개되는 방향과 괴리되는 문제점을 노출함으로써 자기처럼 공자를 사숙했다고 자부하는 후배격의 또 한 명의 탁월한 유학의 전도사로부터도 비판을 받는 결과를 초래했다.

맹자의 응전 방식을 비판했던 또 한 명의 전도사 순자가 문제에 대처한 방향은 당위의 영역과 필연의 영역의 고리를 끊는 것이었다. 점증하는 법가적 분위기 속에서도 예제적 질서에 대한 신념을 포기하지 않은 순자는 그 예에 의해 구축되는 당위의 영역을 자연으로부터 분리시키고 선은 자연이 아니라 인위라는 도발적인 명제를 제출함으로써 출발점에서부터 유학을 괴롭히던 문제로부터 벗어나고자 했다. 순자가 선택한 이와 같은 방향은 인간의 작위의 영역을 옹호하는 방향이라는 점에서 제국적 질서가 가시화되던 당시의 시대적 상황을 반영하는 것이었다.

하지만 사상사적인 도전에 대한 순자의 그런 응전은 이후의 한대 유학사에서 절반의 성공으로 만족해야만 했다. 예제적 질서에 대한 그의 강력한 신념은 계승되지만, 당위의 영역과 필연의 영역을 분리하려던 기획은 후속되는 한대의 유학자 집단이 종교적 성향이 강한 자연관으로 돌아섬으로써 철저하게 거부당하기 때문이다. 순자의 자연관에 대한 한대 유학의 그러한 반전은 역설적으로 유학적 사유에서 노모스와 피지스의 완전한 분리라는 것이 얼마나 어려운 문제인지를 상징적으로 보여 주는 하나의 사례로 받아들여도 좋을 듯하다.

그러나 다른 한편으로 보자면 자연관 방면에서 한대 유학이 순자에 등을 돌리는 것은 시대적 요청에 따른 결과로 해석되어야 하는 측면도 있다. 그것은 당시의 음양오행론의 분위기를 타고 유행하던 수명受命론적 이데올로기들의 영향이다. 진을 멸망시키고 새롭게 제국의 패권을 장악한 한의 통치 집단은 자기들 정권의 정당성을 지지해 줄 수 있는 이데올로기를 필요로 했다. 특히 한을 건국한 중심 세력이 한미寒微한 출신들이 대부분이었다는 점에서 이 필요성은 더 증대되었을 것이다.

전통적인 정치 의식 속에서 볼 때 정권의 정당성은 가장 강력하게 옹호해 줄 수 이데올로기는 당연히 천명론에 입각한 수명론적 접근이다. 더구나 당시는 이미 그런 각도에서 오행의 순환 논리를 역사의 순환 논리와 일치시키는 오덕종시설과 같은 역사철학이 성행하고 있던 상황이었다. 현실과의 접점을 모색하던 유학의 입장에서는 이 부분을 그냥 간과해 버리기 힘들었을 것이다. 따라서 한대의 유학에서 발견되는 과도한 색채의 종교적 천관은 당시 유학자들의 임의적인 선택의 결과라기보다는 이와 같은 시대적 맥락 속에서 이해되어야 하는 측면이 분명 있다.

한초의 유학자 집단은 현실 권력의 이러한 요구를 다른 방식으로도 충족시키려는 시도를 한다. 그것은 강력한 예제적 질서를 통한 전제적 군주권의 확립이다. 바로 앞에서 말한 순자적인 요소가 대대적으로 한대로 흡수되어 들어오는 부분이다. 예제의 확립을 통한 질서의 유지라는 생각은 전국말에서 한으로 넘어 오는 시기에 하나의 유행처럼 퍼져 있던 담론이다. 그 전형적인 예가 바로 『예기』「예운」편에 나오는 소강사회론이다. 이 소강사회론은 여러 가지 면에서 새로운 통일 제국의 출현이라는 현실과 만나면서 당시의 지식인들이 범학파적으로 도출해 낸 지적 성과였던 대동사회론과 대비가 된다.

소강사회론은 예제적 규범 체계를 통하여 제국 질서의 유지라는 현실적 요구와 바람직한 이상사회에 대한 희구를 동시에 충족시키고자 하는 이상사회론이다. 예는 그 특성상 신분적 등급 구조를 기반으로 하여 사회 질서를 유지시키고 또 한편으로 사회 구성원들의 윤리적 수양을 유도함으로서 도덕적 성취를 가능하게 하는 두 가지 기능을 함께 지닌다. 예가 소강사회를 지향하는 지식인들에게서 새로운 이상 사회의 구현에 가장 적합한 규범 체계로 선택된 것은 이런 이유 때문이다. 그들은 새로운 제국의 통치자는 이 예의 두 가지 기능을 온전히 실현할 수 있는 자, 곧 제국 질서의 유지에 필요한 '힘'과 피통치자들을 교화할 수 있는 '덕'을 함께 갖춘 이상적 존재여야 한다고 보았다. 이런 전제들로부터 그들은 동아시아 정치문화의 대표적인 통치 양식인 군주전제주의를 정식화해 낸다.

그들은 이 군주전제주의를 통하여 새로운 제국 질서를 예제적 질서로 재편하려고 하였다. 이것은 구체적으로 국가를 가부장적 권위가 통용되는 거대한 가정으로 재구성하는 형태로 나타났다. 예가 조상에 대한 제례 행사에 그 기원을 두고 있다는 점을 고려하면 이러한 시도는 자연스러운 것이라고 할 수 있을 것이다. 국가가 그 구조에 있어 가족적 질서를 근본으로 한다는 것은 군주에게 가부장적 절대권위를 보장한다는 것뿐만 아니라 그 반대급부로 구성원들에 대한 온정적 관심을 동시에 요구한다는 것을 의미한다. 후자에 대한 그들의 관심은 '전제적 교화정치론'으로 구체화된다.

따라서 이런 점에서 볼 때 군주전제주의라는 이념은 당시 현실의 흐름을 적합하게 반영하고 있는 것이라고 우선 평가할 수 있다. 중국 정치사에서 한제국 초기에 국가 권력의 적극적 개입을 가급적 자제하는 이른바 무위정치가 시행되었던 적이 있다. 그것은 지속적인 전란의 후유증을 치유하기 위한 시책의 일환이었다고 일반적으로 설명되고 있는데, 이런 이유 외에도 거기에는 전국 시대의 열국列國이 하나로 통합되는 과정에서 오는 이해 관계의 충돌을 완화시키려는 목적이 있었다. 진은 이것을 강압적인 힘의 논리로 해결하려고 하였지만 그러한 방법이 효과적이지 못했다는 것은 바로 그 진의 멸망이라는 사실史實이 보여 주는 대로이다.

진의 과오를 누구보다도 깊이 인식하고 있었던 한의 통치 집단은 이것을 표면적인 소극적 방임 정치로 해결하고자 하였던 것이다. 그러나 제국의 논리상 이와 같은 정책은 어쩔 수 없이 한시적일 수밖에 없었다. 대외적으로 시행된 무위정치의 성과와 대내적으로 진행된 제후 세력에 대한 거세 작업으로 초기의 혼란이 점차 가라앉게 되자, 이제는 제국의 새로운 질서를 뒷받침해 줄 이념 체계가 요구되었던 것이다. 물론 여기에는 제국 질서를 가급적 오래 지탱하고자 하는 통치 집단의 의도가 강하게 개입되어 있다. 이와 같은 현실적 요구가 당시에 덕치에 의한 세계국가의 이상을 표방하던 지식인 계층의 관심과 맞물리면서 정식화된 것이 바로 군주전제주의이다.

이런 점에서 이것은 두 그룹의 집단이익과도 자연스럽게 융화되는 이념 체계라고 할 수 있다. 통치 계층의 입장에서 보면 그것은 제국적 힘의 논리에 덕치라는 명분을 가미시킴으로써 통치권을 더욱 공고하게 할 수 있는 길을 열어 주었다. 동시에 지식인 계층에서 보면 그것은 군주의 통치권을 예라는 규범틀 속으로 편입시켜 놓음으로써 통치권의 자의적인 남용을 막고, 나아가 그것을 자기들의 집단 이익에 유리하게 작용시킬 수 있는 입지를 확보할 가능성을 제공하였다. 이것이 가능한 것은 예란 천자만이 제정할 수 있다는 표면적인 주장과는 달리 실제로 그것의 구체적 내용은 예의 전문가인 자기들만이 규정할 수 있는 것이기 때문이다. 내부적으로 이와 같은 이해관계를 지니면서, 군주전제주의는 이 이후 힘과 덕이 이상적으로 결합된 정치 이념으로 중국 역사 속에 자리잡아 왔다.

한초 유학자들은 정치 이념과 정치 체제라는 서로 다른 관점에 의거하여 추출된 이 덕치와 전제를 효과적으로 결합시키기 위해 '항상적 준칙'(經)과 '임시적 변통'(權)이라는 이중 논리를 차용한다. 이것은 후자를 그 자체로서 긍정하는 것이 아니라 오직 전자를 실현시키기 위한 현실적 방책이라는 한계 안에서 긍정하는 논리이다. 이와 같은 과정 거쳐 탄생하는 것이 이른바 '외유내법外儒內法'으로 불리는 전통 시대 동아시아의 보편적인 통치 양식이다. 즉 밖으로는 유학적 이념을 표방하면서 안으로는 법가적 통치 기술에 의거해 질서를 잡아 나가는 정치 형태이다.

선진 유학이 한대 경학으로 이행하는 과정에는 이처럼 현실과 유학의 부단한 대화가 계기로 작용하고 있다. 이 대화 과정을 통하여 유학은 마침내 자신들의 생각을 바이블의 위치로 격상시키는 경학의 시대를 열 수 있었던 것이다. 하지만 경학의 탄생 과정에 개입되어 있는 이와 같은 과도한 정치적 요소는 경학의 자유로운 발전에 족쇄로 작용하였다. 그것은 항상 경학으로 하여금 현실의 정치 권력을 의식하게 만들었기 때문이다. 그 결과 한대의 경학은 금문경학에서 고문경학으로, 다시 참위로 변신을 거듭했지만 결국 체제지향적이라는 자신의 태생적 한계를 넘어서는 데는 실패했다. 경학의 이런 무기력은 곧 인간과 세계를 담아 낼 새로운 철학에 대한 갈망으로 대체되었으며, 시대의 요청을 확인한 중국 철학사는 이후 미련 없이 위진 현학으로 치달아 갔던 것이다. 동한 말에 일시 유행했던 경학의 종합화 열기는 이런 점에서 본다면 다만 경학의 종언을 확인하는 일종의 파산 의식이었던 셈이다.

선진의 유학이 한대의 경학으로 넘어오는 이런 일련의 과정에 대한 검토를 통하여 우리는 유학이 현실과, 특히 정치 권력과 결합하는 방식에 하나의 참고적인 패러다임을 도출해 낼 수 있어야 한다. 유학은 그 본성상 정치적이다. 유학이 추구하는 모든 가치는 마지막엔 정치의 장에서 구현될 수밖에 없다. 따라서 유학의 본성을 생각할 때 선진 유학에서 한대 경학으로 이행되는 중국 유학사의 첫 번째 마디는 유학의 그런 정치적 실천의 가능성과 한계를 이해하는 데 있어 반드시 천착해 보아야 할 귀중한 사상사적 자료라고 하지 않을 수 없다.

【 참고문헌 】

1. 원전 및 주·역서류

程樹德, 『論語集釋』(北京: 中華書局, 1990)

楊伯峻, 『論語譯注』(北京: 中華書局, 1980)

_____, 『孟子譯注』(北京: 中華書局, 1980)

吳毓江, 『墨子校注』(北京: 中華書局, 1993)

陳啓天, 『商君書校釋』(臺北: 臺灣商務印書館, 출판년도미상)

郭慶藩, 『莊子集釋』(北京: 中華書局, 1978 2刷本)

王先謙, 『荀子集解』(北京: 中華書局, 1988)

陳奇猷, 『韓非子集釋』(臺北: 世界書局, 民國61)

徐慧君·李定生 校注, 『文子要詮』(上海: 復旦大學出版社, 1988)

陳奇猷 校釋, 『呂氏春秋校釋』(上海: 學林出版社, 1984)

孫希旦, 『禮記集解』(北京: 中華書局, 1995 2刷)

『禮記』(十三經注疏本)

『中庸』(十三經注疏本)

『大學』(十三經注疏本)

胡培翬, 『儀禮正義』(江蘇古籍出版社, 출판년도미상)

陸 賈, 『新語』(臺北: 世界書局, 출판연도미상)

賈 誼, 『新書』(『漢魏叢書』坤, 臺北: 新興書局, 民國59)

蘇 輿, 『春秋繁露義證』(北京: 中華書局, 1996 2刷)

劉文典, 『淮南鴻烈集解』(北京: 中華書局, 1997 2刷)

陳 立, 『白虎通疏證』(北京: 中華書局, 1994)

北京大學歷史系論衡注釋小組, 『論衡』(北京: 中華書局, 1979)

鄭 玄, 『六藝略』(藝文印書官 百部叢書集成本)

_____, 『周易鄭注』(無求備齋 易經集成 176)

_____, 『詩經注』(漢文大系本)

_____, 『孝經鄭氏注』(藝文印書館 百部叢書集成本)

孔穎達, 『周禮正義』(十三經注疏本)

康有爲, 『孟子微』(北京: 中華書局, 1987)

張惠言, 『周易鄭氏義』(無求備齋 『易經集成』176)

徐震堮, 『世說新語校箋』(北京: 中華書局, 1994 5刷)

楊伯峻, 『春秋左傳注』(北京: 中華書局, 1983 2刷))

『史記』(中華書局 標點本, 北京: 中華書局, 1985)

『漢書』(中華書局 標點本, 北京: 中華書局, 1985)

『後漢書』(中華書局 標點本, 北京: 中華書局, 1985)

『說文解字』(臺北: 黎明文化事業公司, 民國75 增訂2版)

賴炎元 註譯, 『春秋繁露今註今譯』(臺北: 臺灣商務印書館, 民國69)

李宗侗 註譯, 『春秋公羊傳今註今譯』(臺北: 臺灣商務印書館, 民國62)

정범진 외, 『사기열전』 상·중·하(서울: 까치, 1995)

이세걸 解譯, 『한서예문지』(서울: 자유문고, 출판년도미상)

John Knoblock, *Xunzi: A Translation and Study of the Complete Works* (Stanford, California: Stanford Univ. Press, 1988)

2. 연구서류

김 근, 『한자는 중국을 어떻게 지배했는가』(서울: 민음사, 1999)

김승혜, 『원시유교』(서울: 민음사, 1990)

김충열, 『중국철학산고』 II(서울: 온누리,1988)

_____, 『중국철학사』(서울: 예문서원, 1994)

송영배, 『중국사회사상사』(서울: 한길사, 1988)

이성규, 『중국고대제국 성립사 연구』(서울: 일조각, 1993 중판)

이승환, 『유가 사상의 사회철학적 재조명』(서울: 고려대학교출판부, 1998)

이춘식, 『중국 고대사의 전개』(서울: 예문출판사, 1987)

郭沫若, 조성을 옮김, 『중국고대사상사』(서울: 까치, 1991)

金谷 治 외, 조성을 역, 『중국사상사』(서울: 이론과 실천, 1986)

勞思光, 정인재 역, 『중국철학사: 고대편』(서울: 탐구당, 1986)

벤자민 슈월츠, 나성 옮김, 『중국 고대사상의 세계』(서울: 살림, 1996)

傅樂成, 신승하 역, 『중국통사』(서울: 지영사, 1998 개정판 1쇄)

西嶋定生, 변인석 역, 『中國古代社會經濟史』(서울: 학연사, 1988)

陳正炎・林其錟, 이성규 역, 『중국대동사상연구』(서울: 지식산업사, 1990)

貝塚茂樹 외, 윤혜영 편역, 『중국사』(서울: 홍성사, 1988)

皮錫瑞, 이홍진 역, 『중국경학사』(서울: 동화출판공사, 1984)

高專誠, 『孔子・孔子弟子』(山西人民出版社, 1991)

顧詰剛, 『漢代學術史略』(臺北: 天山出版社, 民國74)

金春峰, 『漢代思想史』(北京: 中國社會科學出版社, 1987)

馬如森, 『殷墟甲骨文引論』(長春: 東北師範大學出版社, 1993)

方授楚, 『墨學源流』(上海: 中華書局, 1989)

徐復觀, 『兩漢思想史』2(臺北: 學生書局, 1976)

徐揚杰, 『中國家族制度史』(北京: 人民出版社, 1992)

徐平章, 『荀子與兩漢儒學』(臺北: 文津出版社, 民國77)

蕭公權, 『中國政治思想史』(臺北: 聯經出版事業公司, 1974)

呂　凱, 『鄭玄之讖緯學』(臺北: 臺灣商務印書官, 출판년도미상)

王靜芝 編著, 『經學通論』 上冊(臺北: 環球書局, 民國68)

兪啓定, 『先秦兩漢儒家敎育』(濟南: 齊魯書社, 1987)

兪榮根, 『儒家法思想通論』(南寧: 廣西人民出版社, 1992)

劉澤華, 『中國傳統政治思想反思』(北京: 三聯書店, 1987)

李澤厚, 『中國古代思想史論』(北京: 人民出版社, 1984)

任繼愈 主編, 『中國哲學發展史』 秦漢(北京: 人民出版社, 1985)

章權才, 『兩漢經學史』(廣東: 廣東人民出版社, 1990)

張立文, 『中國哲學範疇發展史』 天道篇(北京: 人民大學出版社, 1988)

張秉楠, 『孔子傳』(長春: 吉林文史出版社, 1989)

翦伯贊, 『秦漢史』(香港: 中國圖書刊行社, 1984)

鄭涵 編輯, 『趙紀彬文集』 I(河南: 河南人民出版社, 1985)

趙吉惠 外, 『中國儒學史』(鄭州: 中州古籍出版社, 1991)

鐘肇鵬, 『讖緯論略』(沈陽: 遼寧敎育出版社, 1992)

周桂鈿, 『董學探微』(北京: 北京師範大學出版社, 1989)

朱紹侯, 『軍功爵制研究』(上海: 上海人民出版社, 1990)

馮友蘭, 『中國哲學史新編』 3冊(北京: 人民出版社, 1984)

華友根, 『董仲舒思想研究』(上海: 上海社會科學院出版社, 1992)

黃中業, 『戰國變法運動』(長春: 吉林大學出版社, 1990)

侯外廬 外, 『中國思想通史』 二(北京: 人民出版社, 1980)

A.C. Graham, *Disputers of the TAO: philosophical argument in ancient China* (La Salle, Illinois: Open
　　　　Court Publishing Company, 1989)

3. 연구논문류

문재곤, 「한대역학연구」(고려대학교 박사학위논문, 1990)

민두기, 「중국에서의 역사의식의 전개」(『중국의 역사인식』 상, 서울: 창작과
　　　　비평사, 1985)

민후기, 「戰國 秦의 爵制 연구 — 爵制에서 官僚制로의 이행을 중심으로」(동양
　　　　사학회, 『동양사학연구』 69집, 2000. 1.)

박동헌, 「중국 고대 가내 방직경영의 성장과 그 의의」(『고대 중국의 이해』 II,
　　　　서울: 지식산업사, 1995)

이연승, 「董仲舒 연구사의 검토와 새로운 방향 모색」(성균관대 대동문화연구
　　　　원, 『대동문화연구』 35집, 1999. 12.)

이성구, 「전국시대 관료제의 전개」(동양사학회, 『동양사학연구』 25집, 1987. 6.)

＿＿＿, 「춘추전국시대의 국가와 사회」(『강좌 중국사』 I, 서울: 지식산업사, 1990)

이성규, 「諸子의 學과 이상」(『강좌 중국사』 I, 서울: 지식산업사, 1990)

＿＿＿, 「漢代의 官과 爵 — 官爵賜與의 실제와 그 의미를 중심으로」(『고대 중
　　　　국의 이해』 5, 서울: 지식산업사, 2001)

이인철, 「春秋決獄의 개념에 대한 재검토 — 董仲舒 『春秋決獄』의 사례를 중심
　　　　으로」(동양사학회, 『동양사학연구』 57집, 1997. 1.)

＿＿＿, 「漢代 春秋決獄과 權斷의 諸形態」(『고대 중국의 이해』 3, 서울: 지식산
　　　　업사, 1997)

정하현, 「황제지배체제의 성립과 전개」(『강좌 중국사』 I, 서울: 지식산업사, 1990)

葛榮晉, 「陸賈」(『中國古代著名哲學家評傳』 續編1, 山東: 齊魯書社, 1982)

高葆光, 「禮運大同章眞僞問題」(『大陸雜誌』 第15卷 第3期)

唐贊功, 「漢初‘布衣將相’淺論」(『中國史硏究』, 1984 제1기)

庶　僮, 「論‘太極’學說的演變」(『中國哲學史』, 1986 제4기)

閻步克, 「秦政漢政與文吏儒生」(『역사연구』, 1985 제6기)

王更生, 「陸賈」(『中國歷代思想家』 8, 臺北: 臺灣商務印書局, 1978)

于傳波, 「試論賈誼的思想體系」(『中國哲學史硏究』, 1987 제3기)

劉澤華, 「戰國時期的‘士’」(『歷史硏究』, 1987 제4기)

_____, 「漢代『五經』崇拜與經學思惟方式」(『中國哲學史』, 1993년 3월호)

林劍鳴, 「從秦人價値觀看秦文化的特點」(『歷史硏究』, 1987 제3기)

張慶捿, 「漢代儒學復興與儒學獨尊局面的形成」(『孔子思想硏究文集』, 山東: 山
　　　東人民出版社, 1988)

朱大昀, 「從旬子論秦看兩種不同的‘統一觀’」(『中國哲學硏究』, 1984 제2기)

晉　文, 「漢代的以經治國與社會生活」(中國秦漢史硏究會, 『秦漢史論叢』 5輯, 北京:
　　　法律出版社, 1992)

陳品卿, 「鄭玄」(『中國歷代思想家』 13, 臺北: 臺灣商務印書局, 1978)

예문서원의 책들

원전총서

북계자의 陳淳 지음 · 김충열 감수 · 김영민 옮김 · 295쪽 · 값 8,000원 · 『北溪字義』
역학계몽 — 주희 도서역의 해설 朱熹 지음 · 김상섭 해설 · 288쪽 · 값 7,000원 · 『易學啓蒙』
고형의 주역 高亨 지음 · 김상섭 옮김 · 504쪽 · 값 18,000원 · 『周易古經今注』
열선전 劉向 지음 · 김장환 옮김 · 392쪽 · 값 15,000원 · 『列仙傳』
열녀전 劉向 지음 · 이숙인 옮김 · 447쪽 · 값 16,000원 · 『列女傳』
왕필의 노자 王弼 지음 · 임채우 옮김 · 336쪽 · 값 13,000원 · 『老子王弼注』
서경잡기 劉歆 지음 · 葛洪 엮음 · 김장환 옮김 · 416쪽 · 값 18,000원 · 『西京雜記』
박세당의 노자 박세당 지음 · 김학목 옮김 · 312쪽 · 값 13,000원 · 『新註道德經』
주자가례 朱熹 지음 · 임민혁 옮김 · 496쪽 · 값 20,000원 · 『朱子家禮』
신서 劉向 지음 · 임동석 옮김 · 728쪽 · 값 28,000원 · 『新序』
한시외전 韓嬰 지음 · 임동석 역주 · 868쪽 · 값 33,000원 · 『韓詩外傳』
고사전 皇甫謐 지음 · 김장환 옮김 · 368쪽 · 값 16,000원 · 『高士傳』
율곡 이이의 노자 이이 지음 · 김학목 옮김 · 152쪽 · 값 8,000원 · 『醇言』
홍석주의 노자 홍석주 지음 · 김학목 옮김 · 320쪽 · 값 14,000원 · 『訂老』

강좌총서

강좌중국철학 周桂鈿 지음 · 문재곤 외 옮김 · 420쪽 · 값 7,500원 · 『中國傳統哲學』
강좌인도철학 Mysore Hiriyanna 지음 · 김형준 옮김 · 240쪽 · 값 4,800원
강좌한국철학 — 사상 · 역사 · 논쟁의 세계로 초대 한국철학사상연구회 지음 · 472쪽 · 값 12,000원

한국철학총서

한국철학사상사 朱紅星, 李洪淳, 朱七星 지음 · 김문용, 이홍용 옮김 · 548쪽 · 값 10,000원 · 『朝鮮哲學思想史』
기호학파의 철학사상 충남대학교 유학연구소 편저 · 665쪽 · 값 18,000원
실학파의 철학사상 朱七星 지음 · 288쪽 · 값 8,000원
실학의 철학 한국사상사연구회 편저 · 576쪽 · 값 17,000원
조선유학의 학파들 한국사상사연구회 편저 · 688쪽 · 값 24,000원
윤사순 교수의 한국유학사상론 윤사순 지음 · 528쪽 · 값 15,000원
실학사상과 근대성 계명대학교 철학연구소 홍원식 외 지음 · 216쪽 · 값 7,500원
조선유학의 자연철학 한국사상사연구회 편저 · 420쪽 · 값 15,000원
한국유학사 1 김충열 지음 · 372쪽 · 값 15,000원
해월 최시형과 동학 사상 부산예술문화대학 동학연구소 엮음 · 304쪽 · 값 10,000원
퇴계의 생애와 학문 이상은 지음 · 248쪽 · 값 7,800원
율곡학의 선구와 후예 황의동 지음 · 480쪽 · 값 16,000원
退溪門下의 인물과 사상 경북대학교 퇴계연구소 지음 · 732쪽 · 값 28,000원
한국유학과 리기철학 송영배, 금장태 외 지음 · 304쪽 · 값 10,000원
圖說로 보는 한국유학 한국사상사연구회 지음 · 400쪽 · 값 14,000원

카르마총서

불교와 인도 사상 V. P. Varma 지음 · 김형준 옮김 · 361쪽 값 10,000원
파란눈 스님의 한국 선 수행기 Robert E. Buswell, Jr. 지음 · 김종명 옮김 · 376쪽 · 값 10,000원
학파로 보는 인도 사상 S. C. Chatterjee, D. M. Datta 지음 · 김형준 옮김 · 424쪽 · 값 13,000원
불교와 유교 ― 성리학, 유교의 옷을 입은 불교 아라키 겐고 지음 · 심경호 옮김 · 526쪽 · 값 18,000원
유식무경, 유식불교에서의 인식과 존재 한자경 지음 · 208쪽 · 값 7,000원

성리총서

양명학―왕양명에서 웅십력까지 楊國榮 지음 · 정인재 감수 · 김형찬, 박경환, 김영민 옮김 · 414쪽 · 값 9,000원 · 『王學通論』
상산학과 양명학 김길락 지음 · 391쪽 · 값 9,000원
범주로 보는 주자학 오하마 아키라 지음 · 이형성 옮김 · 546쪽 · 값 17,000원 · 『朱子の哲學』
송명성리학 陳來 지음 · 안재호 옮김 · 590쪽 · 값 17,000원 · 『宋明理學』

노장총서

도가를 찾아가는 과학자들 ― 현대신도가의 사상과 세계 董光璧 지음 · 이석명 옮김 · 184쪽 · 값 4,500원 · 『當代新道家』
노자철학과 도교 許抗生 지음 · 노승현 옮김 · 232쪽 · 값 6,000원 · 『老子與道家』
유학자들이 보는 노장 철학 조민환 지음 · 407쪽 · 값 12,000원

강의총서

김충열 교수의 유가윤리강의 김충열 지음 · 182쪽 · 값 5,000원
김충열 교수의 노장철학강의 김충열 지음 · 336쪽 · 값 7,800원

일본사상총서

도쿠가와 시대의 철학사상 미나모토 료엔 지음 · 박규태, 이용수 옮김 · 260쪽 · 값 8,500원 · 『德川思想小史』
일본인은 왜 종교가 없다고 말하는가 아마 도시마로 지음 · 정형 옮김 · 208쪽 · 값 6,500원 · 『日本人はなぜ無宗教なのか』

동양문화산책

공자와 노자, 그들은 물에서 무엇을 보았는가 사라 알란 지음 · 오만종 옮김 · 248쪽 · 값 8,000원
주역산책 朱伯崑 외 지음 · 김학권 옮김 · 260쪽 · 값 7,800원 · 『易學漫步』
죽음 앞에서 곡한 공자와 노래한 장자 何顯明 지음 · 현채련, 리길산 옮김 · 290쪽 · 값 9,000원 · 『死亡心態』
공자의 이름으로 죽은 여인들 田汝康 지음 · 이재정 옮김 · 248쪽 · 값 7,500원
중국, 예로 읽는 봉건의 역사 王琦珍 지음 · 김응엽 옮김 · 260쪽 · 값 8,000원 · 『禮與傳統文化』
동양을 위하여, 동양을 넘어서 홍원식 외 지음 · 264쪽 · 값 8,000원
중국의 지성 5人이 뽑은 고전 200 王燕均, 王一平 지음 · 408쪽 · 값 11,000원
안동 금계 마을 ― 천년불패의 땅 안동대학교 안동문화연구소 지음 · 272쪽 · 값 8,500원
녹차문화 홍차문화 츠노야마 사가에 지음 · 서은미 옮김 · 232쪽 · 값 7,000원

동양사회사상총서

주역사회학 김재범 지음 · 296쪽 · 값 10,000원
유교사회학 이영찬 지음 · 488쪽 · 값 17,000원

연구총서

논쟁으로 보는 중국철학 중국철학연구회 지음 · 352쪽 · 값 8,000원
논쟁으로 보는 한국철학 한국철학사상연구회 지음 · 326쪽 · 값 10,000원
논쟁으로 보는 불교철학 이효걸, 김형준 외 지음 · 320쪽 · 값 10,000원
김충열 교수의 중국철학사 1 ─ 중국철학의 원류 김충열 지음 · 360쪽 · 값 9,000원
反논어 ─ 孔子의 논어 孔丘의 논어 趙紀彬 지음 · 조남호, 신정근 옮김 · 768쪽 · 값 25,000원 · 『論語新探』
중국철학과 인식의 문제 方立天 지음 · 이기훈 옮김 · 208쪽 · 값 6,000원 · 『中國古代哲學問題發展史』
문제로 보는 중국철학─우주·본체의 문제 方立天 지음 · 이기훈, 황지원 옮김 · 232쪽 · 값 6,800원 · 『中國古代哲學問題發展史』
중국철학과 인성의 문제 方立天 지음 · 박경환 옮김 · 191쪽 · 값 6,800원 · 『中國古代哲學問題發展史』
중국철학과 지행의 문제 方立天 지음 · 김학재 옮김 · 208쪽 · 값 7,200원 · 『中國古代哲學問題發展史』
중국철학과 이상적 삶의 문제 方立天 지음 · 이홍용 옮김 · 212쪽 · 값 7,500원 · 『中國古代哲學問題發展史』
현대의 위기 동양 철학의 모색 중국철학회 지음 · 340쪽 · 값 10,000원
동아시아의 전통철학 주칠성 외 지음 · 394쪽 · 값 13,000원
역사 속의 중국철학 중국철학회 지음 · 448쪽 · 값 15,000원
일곱 주제로 만나는 동서比교철학 陳衛平 편저 · 고재욱, 김철운, 유성선 옮김 · 320쪽 · 값 11,000원 · 『中西哲學比較面面觀』
중국철학의 이단자들 중국철학회 지음 · 240쪽 · 값 8,200원
유교의 사상과 의례 금장태 지음 · 296쪽 · 값 10,000원
공자의 철학 蔡仁厚 지음 · 240쪽 · 값 8,500원 · 『孔孟荀哲學』
맹자의 철학 蔡仁厚 지음 · 224쪽 · 값 8,000원 · 『孔孟荀哲學』
순자의 철학 蔡仁厚 지음 · 272쪽 · 값 10,000원 · 『孔孟荀哲學』
서양문학에 비친 동양의 사상 한림대학교 인문학연구소 엮음 · 360쪽 · 값 12,000원

역학총서

주역철학사 廖名春, 康學偉, 梁韋弦 지음 · 심경호 옮김 · 944쪽 · 값 30,000원 · 『周易研究史』
주역, 유가의 사상인가 도가의 사상인가 陳鼓應 지음 · 최진석, 김갑수, 이석명 옮김 · 366쪽 · 값 10,000원
왕부지의 주역철학 ─ 기철학의 집대성 김진근 지음 · 430쪽 · 값 12,000원
송재국 교수의 주역 풀이 송재국 지음 · 380쪽 · 값 10,000원

잡지

오늘의 동양사상(제1호-1998) 예문동양사상연구원 지음 · 385쪽 · 값 10,000원
오늘의 동양사상(제2호-1999) 예문동양사상연구원 지음 · 318쪽 · 값 8,000원
오늘의 동양사상(제3호-2000) 예문동양사상연구원 지음 · 360쪽 · 값 10,000원
오늘의 동양사상(제4호-2001) 예문동양사상연구원 지음 · 412쪽 · 값 10,000원

전집

이상은선생전집 이상은 지음 · 전4권 · 값 120,000원
이을호전서 다산학연구원 편 · 전9권 · 값 300,000원